老师早 身体好

主编　孙建光

副主编　邵　红　高　鹏　孙习东

青岛出版社
QINGDAO PUBLISHING HOUSE

前言

联合国教科文组织曾提出:"终身学习是21世纪的通行证。"而"学会生存"是其中最重要的一点。教师们在教学生们如何"学会生存"的时候,是否想到怎样呵护自己的生命与健康?当全社会称赞教师的"春蚕"、"蜡烛"精神的时候,是否想到过该怎样切实地关心、爱护他们?

教师是一个特殊的群体,从事着消耗脑力、体力的工作,在学校肩负着繁重的教学任务。高压力、高强度的教学工作,给教师群体带来了日益增多的健康隐患。

世界卫生组织认为,健康是指一种身体上、心理上和社会适应方面的良好状态,而不仅仅是没有疾病和不虚弱。健康,对于任何人来说都是最宝贵的财富,人如果没有了健康,一切都会变得暗淡,一切也将失去意义。教师是"人类灵魂的工程师",拥有健康也是每一位教师及其家人的共同心愿。

那么,教师应该如何善待自己的身体,如何才能呵护自己的健康呢?药物与金钱并不能拯救健康,唯有科学的生活方式和健康的生活理念,才能为我们的生命健康保驾护航。为此,我们特意编写了这本《老师早,身体好》,旨在帮助更多的教师爱惜身体,拥有健康。

老师早 身体好

　　本书是一本为教师量身定制的健康生活小百科。它从教师人群的健康现状、职业特点出发,结合中西医的观点,有针对性地提出各种防治疾病的方法和可操作性强的保健方案。全书共分九章:顺时保健、精神保健、饮食保健、运动保健、起居保健、美容保健、茶饮保健、中药保健、传统保健,具有很强的知识性、实用性、趣味性,是一本内容科学完备的教师健康指南。

　　每个人的成长都离不开教师的培养。从幼儿园到小学、中学、大学,可以说教师伴随着我们走过人生最重要的几个阶段。如果我们从更高、更深、更远的角度来看,教师的健康与否将会直接或间接地影响整个社会的发展,关系到中华民族的未来。

　　感恩老师,祝您健康!祝广大人民教师——辛勤的园丁,身体健康,天天快乐!

第一章 顺时保健：顺应天时保健康

古往今来，芸芸众生无不受春夏秋冬四时交替变化的影响。人体健康与气候变化息息相关，正如《黄帝内经》所说："智者之养生也，必顺四时而适寒暑……如是则辟邪不至，长生久视。"人类只有顺应周而复始的四季、昼夜变化的规律，才能长养生息，多福多寿。天人合一，顺时养生，是每个人都应该遵循的最科学、最健康的养生方法。

春季好养生，一年无病痛 ………………………………………… 2
夏季养生贵在"清" ………………………………………… 4
秋季养生在于"收" ………………………………………… 6
冬季养生重在"藏" ………………………………………… 8
春捂秋冻，不容小视 ………………………………………… 12
冬病夏治，事半功倍 ………………………………………… 14
十二时辰养生法 ………………………………………… 16

第二章 精神保健：好心态能防百病

精神养生，在中医上又称"摄神""养神""调神"，是指通过净化人的精神世界，改变自己的不良性格，纠正错误的认知过程，调节情绪，使人的心态变得平和、乐观、开朗、豁达，以达到健康长寿的目的的一种养生方式。精神养生法主要包括神志养生和情志养生两个方面的内容。它相当于现代医学的心理卫生保健法。

生命三要素——精、气、神 …… 22
神志养生——静则神藏,躁则消亡 …… 23
肾精足,人不老 …… 25
闭目养神,修心养性 …… 28
七情节制,延年益寿 …… 31
情志养生——喜怒有节,乐以忘忧 …… 34
心理健康从管理情绪开始 …… 36
好食物打败坏情绪 …… 39
"形神统一"四秘诀 …… 42
怡养精神,身心健康 …… 44

第三章 饮食保健:吃出健康好体质

> 饮食是供给机体营养物质,维持人体生长发育和各种生理功能的正常运行,维持生命活力的必不可少的条件。无论是"安谷则昌,绝谷则危","安身之本,必资于食",还是明代大医药学家李时珍说的"饮食者,人之命脉也",无一不说明"养生之道,莫先于食"。可见,养生,首先必须从饮食做起,做到真正懂得吃的科学和方法。

了解食物性味,助你吃出健康 …… 48
"药补"不如"食补" …… 50
进补如用兵,乱补会伤身 …… 54
以食代药,亦可治病 …… 57
合理搭配,无病到老 …… 60
合理膳食的"三二三一"原则 …… 62
常吃四种米,健康长寿来 …… 65
吃对一日三餐,保证身体健康 …… 67
饮食好习惯,健康你一生 …… 69

第四章 运动保健：动出健康好身体

中医理论有"久卧伤气，久坐伤肉"之说。名医华佗曾用"流水不腐，户枢不蠹"来告诫人们经常活动可防病养生；孙思邈也曾指出："人欲劳于形，百病不能成。"运动的重要性，由此可见一斑。传统养生学认为，适量的运动可活动筋骨，调节气息，畅达经络，疏通气血，调和脏腑，增强体质，从而使人健康长寿。

符合传统养生之法的简易运动	74
无汗运动也健身	76
交替运动：自我健身新方法	79
有氧和无氧交替健身法	81
生命在于运动而不是盲动	84
运动损伤的应急处理	87

第五章 起居保健：生活有序更健康

早在2000多年前，中医的经典医著《黄帝内经》就曾指出："起居有常，不妄作劳，故能形与神俱，而尽其天年。"反之"以酒为浆，以妄为常……逆于生乐，起居无节，故半百而衰也。"这段话告诉我们要重视生活起居养生。生活起居养生，主要是对日常生活包括居处环境、作息睡眠、坐卧立行、苦乐劳逸、慎避外邪等各方面进行科学的安排，并采取一系列保健措施，以达到生活愉快、身心健康、延年益寿的目的。

日出而作，日落而息	92
预防"五劳"，让你更健康	94
健康居室，健康生活	96
低温养生："冻一冻更长寿"	99
"穿"出你的健康来	102

洗浴也能"洗"出健康来 ·············· 104

睡眠避开这十忌,还你健康好身体 ·············· 107

这样才能睡得更好 ·············· 110

晨起做好八件事,精力充沛一整天 ·············· 112

第六章 美容保健:让美丽由内到外

> 由于面部只是人身体的一个部分,要想达到美容的目的,仅做面部保养是不够的,人只有在全身阴阳平衡,气血通畅旺盛的条件下,才可能容光焕发,展现美丽生机。美容养生是在祖国医学理论指导下衍生的,其特点是重在自然美、整体美,讲究身心、脏腑、经络、气血的全面调整,注重整体效应,既治表又治里,由此达到一种天然雕成的效果。

健康容颜,从调养"五脏"做起 ·············· 118

美丽容颜"吃"出来 ·············· 120

平时常喝汤,养生又养颜 ·············· 123

面部按摩成就健康美人 ·············· 125

面部清洁:冰肌玉肤"洗"出来 ·············· 128

面膜美容,让肌肤焕然一新 ·············· 130

中药沐浴,护肤祛病 ·············· 133

美发养发:让美丽从头开始 ·············· 136

第七章 茶饮保健:轻松泡出好茶来

> 不同的茶,由于所产的地域不同,品种不同,加工方法不同,所以茶的品质特征也不尽相同。科学的泡茶,就是用科学的方法,使茶的色、香、味、形充分展示出来。人们还可以根据自身的身体状况,选择饮用养生茶:养生茶取药物之性,饮茶之味,两者相辅相成,起到茶借药力、药助茶功的协同作用。

好茶需配好水 …………………………………………………… 142
"门当户对"选茶具 …………………………………………… 144
科学冲泡五要素 ………………………………………………… 147
好茶是这样泡出来的 …………………………………………… 150
办公室简易泡茶法 ……………………………………………… 154
开胃消食茶饮 …………………………………………………… 156
补血养血茶饮 …………………………………………………… 160
安神助眠茶饮 …………………………………………………… 162
提神解乏茶饮 …………………………………………………… 164
排毒通便茶饮 …………………………………………………… 167
解毒护肝茶饮 …………………………………………………… 170
补肾壮阳茶饮 …………………………………………………… 173
清热消暑茶饮 …………………………………………………… 175
保健益寿茶饮 …………………………………………………… 179
乌发养发茶饮 …………………………………………………… 181
护眼明目茶饮 …………………………………………………… 185
润肤美白茶饮 …………………………………………………… 187
抗衰去皱茶饮 …………………………………………………… 190
祛斑除痘茶饮 …………………………………………………… 194
消脂减肥茶饮 …………………………………………………… 198

第八章　中药保健：抗衰防老寿延年

"中药养生自古传，枸杞补身还童颜。五味提神又保肝，健脾益气用淮山。当归补血又通脉，人参扶元把气转。白术利湿脾胃健，人们长寿熟地填……"这首《中药养生歌》生动地道出了中药不同寻常的养生功效。在人体明显出现气、血、阴、阳方面的不足，依靠食补已不能纠正其亏损时，可以选择适当的补益药物。

科学选药不滥用	204
抗衰老中药,让你长命百岁	205
名贵药材选用全攻略	208
名贵中药的"平价替身"	211
秋季干燥,中药调理	213
补药乱吃也能"药命"	215
六大进补误区,让你越补越虚	218
用药如用兵,科学使用方剂才治病	220
有色"药引"让你吃中药不那么苦	223

第九章 传统保健:动静适宜巧按摩

> 《类经附翼·医易》说:"天下之万理,出于一动一静。"我国古代养生家们一直很重视动静适宜,主张动静结合、刚柔相济。动为健,静为康,动以养形,静以养气,柔动生精,精中生气,气中生精,是相辅相成的。实践证明,能将动和静,劳和逸,紧张和松弛这些既矛盾又统一的关系处理得当,协调有方,则有利于养生。

按摩健身原理	226
常用的按摩手法	227
鸣天鼓——醒脑怡神鸣天鼓,倦怠时刻做一做	230
梳头——头贵为精明之府,日梳三百不老春	230
拉耳——人之肾气通于耳,扯拉揉搓健全身	232
叩齿漱津——朝暮叩齿三百六,日咽唾液三百口	234
擦胸——提升免疫勤擦胸,防癌防病又延年	236
揉腹——闲来揉腹一百遍,调和气血求安康	237
捶背——夫妻之间互捶背,解疲强身可防病	238
搓腰——夜间尿频养生操,保肾固本体自强	240
收肛——日撮谷道一百遍,治病消疾身轻松	240

手指操——全身经络连手指,活动活动巧养生 …………………… 241

穴位指压——合谷内关足三里,日压一遍身体健 …………………… 243

按摩脚心——脚可谓第二心脏,常搓涌泉保平安 …………………… 244

古代养生家方开的延年九转法 ………………………………………… 245

健康之"三脖"养生术 ………………………………………………… 247

热敷保健法……………………………………………………………… 248

第一章

顺时保健：顺应天时保健康

古往今来，芸芸众生无不受春夏秋冬四时交替变化的影响。人体健康与气候变化息息相关，正如《黄帝内经》所说："智者之养生也，必顺四时而适寒暑……如是则辟邪不至，长生久视。"人类只有顺应周而复始的四季、昼夜变化的规律，才能长养生息，多福多寿。天人合一，顺时养生，是每个人都应该遵循的最科学、最健康的养生方法。

春季好养生,一年无病痛

《黄帝内经》称:"春三月,此谓发陈。天地俱生,万物以荣。"春季阳气升发、大地回春、万象更新、生机盎然,是一年中最好的季节。然而,春天不但是流感、流脑等各种传染病的高发季节,而且冠心病、胆结石、肝炎、精神性疾病也常常容易在这个季节复发。俗话说"一年之计在于春",因此,我们一定要做好春季的养生保健,为一年的健康打下基础。

一般来说,春季养生应当注重以下几点:

1. 养阳气

在春季,人们应注重对体内阳气的保养。所谓阳气,即通常人们所说的"火力",也就是人体的新陈代谢能力。若火力不足,就会出现畏寒、肢冷等症状。春季保养人体阳气的方法很多,重要的一点是要"捂",即俗话中的"春捂秋冻",衣着方面不要顿减,正如宋代著名病学家陈直所言的"春季天气渐暖,衣服宜渐减,不可顿减,以免使人受寒"。体弱之人要注意背部保暖。

保养阳气,还需多吃韭菜。韭菜,虽然四季常青,终年供人食用,但"韭菜春食则香,夏食则臭",故以春季多吃最好。中医认为韭菜性温,春季常食,最助人体养阳。

2. 重养肝

中医学认为,肝脏在五行中对应"木",春季为草木繁荣的季节,故春季主肝。对此《红楼梦》中的林黛玉就是最好的证明。

林黛玉每至春分时节,屡发咳嗽、痰血之疾,这是由于黛玉多愁善感,自幼犯有肺痨宿疾。春天生发之际,再加上情怀郁结,易造成肝气郁结,横逆犯肺,引起痰血。

人体五脏之一的肝脏是与春季相应的。因为春天温暖的气候将会使人的活动量日渐增加,促使新陈代谢日趋旺盛。因而,在人体内,无论是血液循环,还是营养供给,都会相应地加快、增多,以适应人体各种生命活动的需求。中医

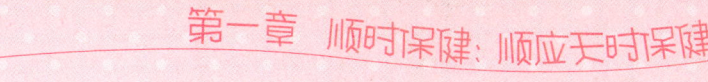

认为,这些均与肝脏的生理机能有关。若肝脏机能失常,适应不了春季气候的变化,就会在以后出现一系列病症。精神病和肝病患者易在春夏之季发病,就是这个原因。俗话说"菜花黄,痴子忙"。据统计,精神病发病率以三四月份最高,这也是季节对机体影响的一种反映。中医所说的"春宜养肝"的道理就在于此。

保养肝脏的方法很多,如春天不要过于劳累,以免加重肝脏的负担。肝病及高血压病的患者,也应在春季到来之时,按医嘱及时服药。精神病患者,在春天尤其要注意避免精神刺激,以免病情加重。

3. 防花粉

春天的时候,百花绽放,花粉会随着大风飘向空中,给人体带来一些麻烦,引发一些疾病,也就是俗称的"花粉症"。它是由植物的花粉所引起的过敏性疾病。通常植物开花期一到,所散播的花粉进入鼻、眼、口内,会引起打喷嚏、流鼻水、鼻塞、眼睛痒及喉咙发肿等症状,严重者甚至会并发头痛、睡眠不足、发热的现象。由此可见,花粉症给人带来的痛苦也是非同一般的,我们不能小看它,不过,只要提防适宜,还是可以避免的。

建议患有花粉症的老师常注意天气变化,特别是在春天这个流行季节,如果风太强,最好不要出门,以免遭到花粉侵袭。同时花粉症的体质容易由遗传而来,有过敏体质的怀孕老师最好避免大量摄取牛奶、蛋等容易导致婴儿过敏的食品,以免遗传给胎儿。

4. 勤锻炼

春天里,人们常会出现"春困"现象,表现为精神不振、困乏嗜睡。"春困"可以通过运动来予以消除,而绝不能贪睡,因为中医认为"久卧伤气",久睡会造成新陈代谢迟缓,气血循环不畅,筋骨僵硬、脂肪积聚,吸收与运载氧的功能下降,毒素不能及时排出体外,遂致体质虚弱,病患滋生。

《黄帝内经》里还指出:"夜卧早起,广步于庭,披发缓形,以使志生。"意谓春天人们应当晚睡早起,披散着头发、舒展着形体,在庭院中信步漫行,可使智慧、灵感生发不息。这些都是古人春天养生的宝贵经验,很值得现代人去认真执行。

保健小贴士

春天清火排毒四方法

春天风多雨少,气候干燥,天气变化反复无常,人体很难保持新陈代谢的平衡和稳定,容易导致生理机能失调而致使人体"总管家"——大脑指挥失灵,引起"上火"症候。"上火"症候具体表现为咽喉干燥疼痛、眼睛红赤干涩、鼻腔热烘火辣、嘴唇干裂、食欲不振、大便干燥、小便发黄等。

那么,怎样做才能防止春天上火,为自己的身体清火排毒呢?

中医认为通过各种方法把身体中的毒素排出体外,人才会重新恢复健康活力。

(1)多喝水:排泄是人体排毒的重要方法之一。每天喝够两升水,可以冲洗体内的毒素,减轻肾脏的负担,是排毒最简便的方法。

(2)改变饮食习惯:以天然食品取代精加工食物,新鲜水果是强力净化食物,菠萝、木瓜、奇异果、梨都是不错的选择。如果平时多吃富含纤维的食物,比如糙米、蔬菜、水果等,能增加肠道蠕动,减少便秘的发生。

(3)定期去除角质:肌肤表面的老化角质会阻碍毛孔代谢毒素。定期去除角质,可帮助肌肤的代谢机能维持正常运作。

(4)蒸桑拿:每周进行一次蒸汽浴或桑拿也能帮助加快新陈代谢,排毒养颜。蒸桑拿时要注意饮水。浴前喝一杯水可帮助加速排毒,浴后喝一杯水补充水分,同时排出剩下的毒素。

夏季养生贵在"清"

在夏天,人的身体消耗超过了春秋冬季节,加上人在夏季的睡眠休息质量较差,就更需要靠增加营养来支撑。这里说的"清",并不是说少吃甚至不吃富含营养的食物,也不是说减少饮食,而是说吃东西要讲究卫生,不吃过多的油腻食物,多吃水果多饮水。这是从人体要适应自然环境、季节气候的变化的角度来说的。夏天的特点是"热",故养生的关键在于"清"。

1. 思想宜清静

盛夏酷暑蒸灼,人易感到困倦烦躁和闷热不安,因此首先要使自己的思想平静下来,神清气静。医学典籍《养身纂》中说夏季养身"静养勿躁","节嗜欲,定心气……可远眺望,可入山林,可坐台榭空敞之处,以避炎夏",即人们常说的"心静自然凉"。

2. 饮食宜清淡

炎夏的饮食应以清淡质软易于消化为主,少吃高脂厚味及辛辣上火之物。因为清淡饮食可起清热、防暑、敛汗、补液的作用,还能增进食欲。多吃新鲜蔬果、如番茄、木瓜、黄瓜、丝瓜等,既可满足所需营养,又可预防中暑。主食以稀干搭配为好,可吃些绿豆粥、莲子粥以清暑。适当饮些清凉饮料,如酸梅汤、菊花茶等。此外还可适当吃些醋,既能生津开胃,又能抑制杀灭病菌,预防肠道病。

3. 居室宜清凉

合理启闭门窗,早晚室外气温低,应将门窗打开,通风换气。中午室外气温高于室内,可启动风扇,那阴凉的意境,会使人心静神安。

4. 游乐宜清幽

炎夏不可远途跋涉,应就近寻幽。早晨,曙光初照,空气清新,可到草木繁茂的园林散步锻炼,吐故纳新。傍晚,若漫步徜徉于江边湖畔,那习习的凉风会使你心静似水,神怡如梦,涤尽心头的烦闷,暑热顿消。

> **保健小贴士**
>
> ### 夏日吃"苦"才快乐
>
> 中医理论认为,"凡和,春多酸,夏多苦,秋多辛,冬多咸……以甘养气"。

意思是说,大凡调配饮食,春天多酸味,夏天多苦味,秋天多辣味,冬天多咸味……以甜味的食物滋养气血。夏日气候燥热,以热者凉之,燥者清之的原则,清燥解热乃夏季养生之要道。中医认为苦能清热坚肾。因此,夏季在饮食上多吃点"苦"对人们的保健是很有好处的。

生活中,一般人很难把"苦"和"补"联系起来,其实苦味食物中含有氨基酸、维生素、生物碱、甙类、微量元素等,具有抗菌消炎、解热去暑、提神醒脑、消除疲劳等多种医疗、保健功能。现代营养学家也认为,苦味食品可促进胃酸的分泌,增加胃酸浓度,从而增加食欲。带苦味的食品中均含有一定的可可碱和咖啡因,食用后醒脑,有舒适轻松的感觉,可使人们从夏日烦热的心理状态中松弛下来,从而恢复精力。

秋季养生在于"收"

秋季是阳气收而敛降的季节。如秋"收"不足,人体阳气亏虚,在冬季一遇饥饱劳倦、寒冷侵袭,就容易得病。留心一下就会发现,许多动物都会在秋季收藏一些食物,以备过冬;冬眠的动物则在秋天吃得多一些,贴上肥膘,实际上就是把营养贮存在体内,以备冬季消耗使用。人类也应如此,所以秋季的养生秘诀,就在一个"收"字。

1. 调摄精神,远离悲秋

进入秋天之后,从"天人相应"来看,肺属金,与秋气相应,肺主气司呼吸,在志为忧。肺气虚者对秋天气候的变化敏感,尤其是一些年龄大的人目睹秋风冷雨、花木凋零、万物萧条的深秋景况,常在心中引起悲秋、凄凉、垂暮之感,易产生抑郁情绪。

陈直说:"秋时凄风惨雨,草木黄落,年高之人身虽老弱,心亦如壮,秋时思往昔亲朋,动多伤感,季秋之后,水冷草槁,多发宿患。"故秋季养生首先要调摄精神,使人心情愉快,尽享收获硕果的喜悦。正像《素问·四气调神大论》说的:"使志安宁,以缓秋刑。收敛神气,使秋气平。无外其志,使肺气清。此秋气之应,养收之道也。"

因此,我们应谨记"心无其心,百病不生"之养心哲理,养成不以物喜、不为己悲、乐观开朗、宽容豁达、淡泊宁静的心态,收神敛气,保持内心宁静,可减缓秋季肃杀之气对精神的影响,以适应秋季容平的特征。所以,秋季不妨去野外山乡,登高远眺,饱览大自然秋花烂漫、红叶胜火等胜景,如此,一切忧郁、惆怅自然烟消云散。

2. 调和饮食,润肺防燥

过了"秋分"之后,由于雨水渐少,空气中湿度小,秋燥便成了中秋到晚秋的主要气候特征。秋季又是肺金当令之时,稍有疏忽,便易被秋燥耗伤津液,引发口干舌燥、咽喉疼痛、肺热咳嗽等症。因此,秋日宜吃清热生津、养阴润肺的食物,如泥鳅、鲫鱼、白鸭肉、芝麻、核桃、百合、糯米、蜂蜜、牛奶、花生、鲜山药、白木耳、广柑、白果、梨、红枣、莲子、甘蔗等清补柔润之品。

3. 早睡早起,以应秋候

《素问·四气调神大论》说:"秋三月,此谓容平。天气以急,地气以明,早卧早起,与鸡俱兴。使志安宁,以缓秋形,收敛神气,使秋气平,无外其志,使肺气清,此秋气之应,养收之道也。"这就是说,在秋季三个月,秋风清肃,万物收藏,起居调摄应与气候相适应,才能避免秋天肃杀之气对人体的侵害。一言以蔽之,就是要做到早睡早起。

(1)早睡以敛肺气 秋季早睡,正合人体需求,又有安睡的条件,天气凉爽,舒心爽身,经过一个少眠的夏天,正好借此以补偿。

(2)早起"使肺气清" 秋季,为肺所主。秋季正是肺气旺盛之时,早起锻炼,可收到良好的效果。此外,还可接受大自然给予的美的享受,获得乐趣。

4. 健身锻炼,动静和谐

金秋时节,天高气爽,是开展各种健身运动的好时期。面对诸多的锻炼项

目,应因人而异,如老年人可散步、慢跑、练五禽戏、打太极拳、做健身操、八段锦、自我按摩等;中青年人可跑步、打球、爬山、洗冷水浴、游泳等。在进行"动功"锻炼的同时,可配合"静功",如六字诀默念呼气练功法、意守功等,动静结合和谐,动则强身,静则养神,可达到身心康泰之功效。需注意的是,喜爱耐寒锻炼的人,从秋天开始,与天气变化相应相和,循序渐进,持之以恒,才能增强机体对多变气候的适应能力和抵抗力。

保健小贴士

秋天预防"情绪疲软"

随着天气渐渐凉快,秋日里的人们容易出现"情绪疲软"。这是因为,人们在秋季身体能量消耗过多,情绪自然也会出现疲软、困乏等状况。如果此种情况严重下去还会影响一个人的正常生活,因此要注意避免。预防情绪疲软,要做到以下几点:

(1)在日常生活中,要处处注意培养自己的乐观情绪,否则遇上不称心的事,极易导致心情抑郁。此时登高赏景,令人心旷神怡;静练气功,收敛心神,则内心宁静。

(2)为调整人们的"疲软情绪",最好能保持充足睡眠,尽量争取在晚上10点前入睡,可以防止一上班就进入犯困状态;中午适当"充充电",小睡10~30分钟也利于化解困顿情绪。

(3)为预防低落情绪还可以在室内放些绿色植物,如吊兰、橡皮树、文竹等,可释放氧气、调节室内空气。在饮食上,最好吃得清淡些,油腻食物会在体内产生酸性物质,加重困倦。

冬季养生重在"藏"

《黄帝内经·素问·四气调神大论》指出:"冬三月,此为闭藏,水冰地坼,无扰乎阳,早卧晚起,必待日光。"换言之,冬季养生应以"藏"为要务。

冬天三个月,天地之气渐渐收敛,整个大自然阳气藏于下,而阴气弥漫于天地之间。冬季气温骤降,天气寒冷,万物都处于潜藏的状态,人也要相应减少活动,这是适应节令的养藏行为。冬季养生要适应气候的变化,不要轻易地扰动阳气,要使精、气、神都深藏于内,避寒取暖,养肾保精,才能以康体迎接春天的问候。所以,冬天务必保养好自己的精气。精气内存,才能身体健康,颐养天年。

1. 科学饮食,正确进补

冬季饮食上应以保阴潜阳为原则。元代营养学家忽思慧在《饮膳正要》中指出冬气寒,宜食以热性治其寒。主张进热食,并给予温补阳气类膳食,故多选用羊肉、狗肉、虾、韭菜、麻雀蛋、木耳、龟等食物。不可食用生冷食物,宜食用菠菜、豆芽等新鲜蔬菜。冬季饮食宜少咸增苦,以养心气。因为冬季肾水正旺,咸属水,心属火,多食咸味则助水克火,令心受病。心属苦味,多食苦味之品,以保心肾相交。

冬是肾主令之时,要顺应肾主闭藏,藏精及冬至后阳气萌生的自然规律。冬令适度地进补,可滋养五脏,扶正固本,培育元气,以促使体内阳气的升发,增强抵抗力,起到预防开春瘟疫的作用。

进补者应根据机体的阴阳盛衰、虚实寒热,因人而补。如偏于阳虚者,以羊肉、鸡肉等温热食物为宜,可起到温中益气、补精填髓之功效。偏阴虚者,以食鸭肉、鹅肉为好。鸭肉性甘寒,有益阴养胃、补肾消肿、化痰止咳的作用;鹅肉性味甘平,鲜嫩松软,清香不腻。

2. 起居有常,身心安康

冬三月,应以敛阳护阴,养"藏"为原则。《素问·四气调神大论》指出:"早卧晚起必待日光。"清代石成金在《养生镜》中告诫人们:"冬三月乃水藏闭涩之时,最宜固守元阳,以养真气。"这就要求在起居方面,做到作息有时以顺乎自然规律。早睡以养人体阳气,待日出后起床以养阴气,有利于人体"阴平阳秘,精神乃治"。

在穿戴睡卧上要注意防寒保暖。张仲景在《金匮要略》中有"冬衣伸足卧,则一身俱暖"的名言,穿的内衣、棉袄、棉裤以纯棉为宜,和暖贴身,再套上外衣,可抵御寒冷;冬季手脚易冻,外出要戴手套,鞋袜宜保暖透气、吸湿性好,鞋底要防滑,脚暖则一身皆暖和舒畅。

冬季北方多睡火炕,近些年来用电热毯者日益增多,无论采取哪种,以温度适宜为好。同样,无论是用火炉、暖气或空调,室温宜18~20℃左右,切忌温度过高,以免内扰阳气,使之外泄,或积热于内,形成阴虚火旺,痰热瘀血,至春就会发温病、时病,或诱发宿疾复来。

3. 调养情志,动静有度

祖国医学认为,肾主水,藏精,在志为惊与恐,与冬令之气相应。《黄帝内经·素问·六节脏象论》说:"肾者主蛰,封藏之本,精之处也。"心主火,藏神,只有水火相济,心肾相交,方可神清心宁。因此,在冬月闭藏之时,应调养心肾,以保精养神。《素问·四气调神大论》指出:"使志若伏若匿,若有私意,若已有得。"就是要人们避免各种干扰刺激,处于淡泊宁静状态,方可使心神安静自如,含而不露,秘而不宜,给人以愉悦之美。

由于冬季朔风凛冽,阴雪纷纷,易扰乱人体阳气,变得萎靡不振。现代医学研究表明,冬天易引发抑郁症,使人情绪低落,懒得动弹。这就要求在情志养生方面,应做到在风和日丽的天气到外面晒太阳,坚持适度锻炼和参加丰富多彩的娱乐活动,注意动静结合,动可健身,静可养神,体健神旺,可一扫暮气,精神振奋,充满朝气。

4. 冬练三九,筋骨强健

"冬练三九",是我国劳动人民在长期的锻炼中总结出来的宝贵经验。俗话说:"冬天动一动,少生一场病;冬天懒一懒,多喝药一碗。"实践证明,冬天怕冷,终日紧闭门窗,恋床、睡懒觉,或在空气污染的室内通宵打麻将、玩扑克,极易导致体质迅速衰退,抵抗力下降,容易患感染性疾病。而长期坚持冬季锻炼的人,耐寒力强,不易患感冒、支气管炎、肺炎、冻疮等病,也是预防骨质疏松的良方。

冬季锻炼,要因人因地制宜,如身体较弱的人或有慢性病不宜外出者,可在室内锻炼,做强身按摩、保健功,打太极拳等;凡是身体好者都应积极到户外锻炼,如长跑、竞走、武术、滑冰、滑雪、做健身操、打球、冬泳等。特别值得一提的是冬泳,这是一项融空气浴、日光浴、冷水浴为一体的锻炼方式,当肌肤受到冷空气、冷水的刺激后,会急剧地收缩,随后又扩张,皮肤变得潮红。请莫小觑这一现象,它是极好的血管体操,对改善和增强血管的弹性,促进血液循环,保护心血管健康大有裨益;能提高中枢神经系统对体温的调节功能,抵御寒冷的侵袭;还可使造血机能得到加强,预防贫血,增强机体的抗病能力。

锻炼时要注重自我保健,冬天早晨外出锻炼,以太阳升起后为宜。不要在寒潮过境时的大风、雨雪、大雾中锻炼。冬季锻炼要注意预防感冒、冻伤,尤其是中老年人、儿童不要在冰雪路滑的场地上跑步、玩耍,以免摔伤和发生骨折。锻炼前应做好准备活动,活动肢体,以防止肌肉、筋腱拉伤和关节扭伤。开始锻炼时不可脱衣服,待运动至身上暖和时再脱去厚衣服,运动后要及时穿上,如内衣被汗浸湿应及时更换。外出活动时应戴帽子、耳套和手套,以防皮肤冻伤。

冬季的"三点式"保暖

中医认为,人体头、胸、脚三个部位最易受寒邪侵袭。进入冬季后,气温会骤降,这三个部位尤其要注意保暖。

(1)头:头为"诸阳之会"。天气寒冷令血管收缩,人们就会出现头痛头晕的症状,对于年龄大的人来说,很容易诱发脑血管病。因此,在冬季外出时一定要,注意头部保暖,戴好棉帽。

(2)胸:冬天风寒侵入人体,往往最先受累的就是胸腹,这里所说的胸准确地说应是胸腹部。在冬天,胸部受寒之后,易折伤体内阳气,从而引起心脏病发作。腹部保护不好会诱发胃肠病,因此胸腹部保暖也是不容忽视的环节。

(3)脚:人们常说寒从脚下起,脚离心脏最远,血液供应慢而少,皮下脂肪层薄,保暖性较差,一旦受寒,会反射性地引起呼吸道黏膜毛细血管收缩,使抗病能力下降,导致上呼吸道感染。因此,冬季保暖应从脚下做起。

春捂秋冻,不容小视

春捂秋冻,不生杂病。这是一条保健防病的谚语,其意思在于劝导人们春天不要急于脱掉棉衣,秋天也不要刚见冷就穿得太多,适当地捂一点或冻一点,对于身体的健康是有好处的。现在,就让我们一起来分析"春捂秋冻"的深意。

1. 春捂有讲究,千万别盲目

"二月休把棉衣撇,三月还有梨花雪","吃了端午粽,再把棉衣送"这两句谚语都是在提醒人们要春捂。由于初春气候多变,乍暖乍寒,早晚温差较大,且常有寒潮来袭,加上此时人体代谢功能较弱,不能迅速调节体温,对外界适应抵抗能力较弱,如果衣着单薄,极易感受风寒。特别是年龄大的人,抗病力差,稍受风寒,会使血管痉挛,血液黏稠,血流速度减慢,引起脏器缺血,易发生感冒、肺炎、气管炎、哮喘、中风、冠心病等疾病,危及健康。唐代医家孙思邈就主张"春天不可薄衣,令人伤寒、食不消、头痛",穿衣宜"下厚上薄",以养阳收阴。这种防寒保暖方法,能够维护人体正气,抵御邪气。

因此,初春时节,人们一定要做好防风御寒准备,不要顿减衣物,被褥也不可马上减薄,应时备夹衣,根据气候寒热变化,随时添减,以安度早春。

人体下部的血液循环要比上部差,容易遭到风寒侵袭,因而不能把衣裤鞋袜穿得过于单薄,尤其是不要把下身衣服减得太多,还有女性不要过早穿短裙。寒风刺骨入下身,容易生病。

春捂重下身,还要加强下身的锻炼,以促进血液循环。可以采取干洗脚等方法进行锻炼,方法是双手紧抱一侧大腿根,稍用力从大腿根向下按摩直到足踝,再从足踝往回按摩至大腿根。同样方法再按摩另一条腿,重复10~20遍。还可采用甩腿、揉腿肚、扭膝、搓脚、暖足、蹬腿等方法来活动下身以增强抵抗力。

2. 秋冻要适度,千万别"强撑"

所谓"秋冻",就是说秋季气温稍凉爽,不要过早过多地增加衣服。适宜的凉爽刺激,有助于锻炼耐寒能力,在逐渐降低温度的环境中,经过一定时间的锻炼，能促进身体的物质代谢，增加产热，提高对低温的适应能力。不过，不同的人群、不同的"天时"，都应区别对待，一味地冻就会把身体冻坏。

（1）因人而异　年轻人血气方刚，对外界寒冷的适应及抵御能力都比较强，可以冻一冻；而年龄大的人大多肾阳衰微，禁不起太冷的刺激；还有一部分慢性病患者，如心血管和哮喘病人，他们对寒凉的刺激更加敏感，稍不注意就会引起疾病发作。因此，这些人不仅不能"秋冻"，还应采取一些保暖措施。

（2）"秋冻"应看"天时"　当天气变化比较平缓时，少穿点衣服，使身体略感凉意，但不感觉寒冷，是可以的。但一旦有强冷空气活动，造成气温急剧下降时，还一味地追求"秋冻"而不及时、适当地增衣保暖，不但达不到强身健体的目的，反而会招灾惹病，感冒和某些呼吸道疾病就会"不请自来"。

"春捂秋冻"是我国传统医学总结出来的养生之道。在这些气候条件突变的季节，掌握"春捂秋冻"可以帮你有效调节身体机能，适应气候变化并强身健体。此外，在季节转换之际，你还应该注意加强体育锻炼，提高身体素质，保持良好、乐观的心态，避免元气外泄、耗气伤阴，并在饮食上减肥腻，少吃荤、多食新鲜蔬菜。这样一来，你便可以顺利度过敏感的气候转化期了。

保健小贴士

要注意保暖的四个部位

"秋冻"对身体的不同部位要区别对待，人体以下4个部位一定要注意保暖：

（1）腹部：上腹受凉容易引起胃部不适，甚至疼痛，特别是有胃病史的人更要加以注意；下腹受凉对女性伤害大，容易诱发痛经和月经不调等，经期尤其要加以重视。

（2）脚部：脚是人体各部位中离心脏最远的地方，血液流经的路程最长，而脚部又汇集了全身的经脉，所以人们常说"脚冷，则冷全身"。全身若冷，机体抵抗力就会下降，病邪就有可能乘虚而入。

（3）脖子：这个部位受凉，向下容易引起有肺部症状的感冒，向上则会导致颈部血管收缩，不利于脑部供血。

（3）双肩：肩关节及其周围组织相对比较脆弱，容易受伤。

冬病夏治,事半功倍

"冬病夏治"的疗法是我国传统中医药疗法中的特色疗法,它是根据《素问·四气调神论》中"春夏养阳"的原则,结合天灸疗法,在人体的穴位上进行药物敷贴,以鼓舞正气,增加抗病能力,从而达到防治疾病的目的。

药王孙思邈就曾经说过:"上医治未病之病,中医治将病之病,下医治已病之病。"所谓"将病之病"就是现在虽然未发,但却会在将来某个时候必发的疾病。那就要在未发之时,赶快去除其必发的条件及主诱因。消除主因就是要改变体质,去除诱因就是要改变环境。所谓"冬病",就是在冬天易发的病,比如哮喘、慢性支气管炎、肺气肿、冻疮、鼻炎、风湿性关节炎、类风湿性关节炎、肌肉劳损症、慢性结肠炎、肩周炎、颈椎病等都是这个意义上的"冬病"。

为什么要选择夏天治疗冬天的易发疾病呢?之前已经提到,中医讲究的是"不治已病治未病",唯有选准疾病未发作的最佳时机来治疗才会起到事半功倍的效果。上述冬季发作或病情于冬季加重的疾病,大都以寒邪入侵为主要原因,具有阳虚的特点,治疗当以温热药物助阳祛寒为主。在寒气上升达到顶点的冬季,人体以阳气抵御自然界的寒气,难以配合药物祛除体内寒邪,所以治疗效果差,见效缓慢。而夏季由于气温升高,人体内阳气上升,经络通达,此时加紧治疗,温阳祛寒药物在人体升达的阳气推动下,会使体内阴寒病邪得到彻底清除,使病人虚阳恢复正常,增强抗病能力,从而预防和减少疾病在冬季的发作。

依据中医"急则治标、缓则治本"的原则,在夏天未发病时,可"培本"以扶助正气。由于夏季自然界阳旺阳升,人体阳气有随之欲升欲旺之趋势,体内凝寒之气易解。对阳虚者用补虚助阳药,或内寒凝重者用温里祛寒药,可以更好地发挥扶阳祛寒的治疗作用。同时,这样做也可以为秋冬储备阳气,阳气充足则冬季不易被严寒所伤。人体正气旺盛,抵抗力增强,到了冬天就可以少发病或不发病。

"冬病夏治"的一个常用方法便是敷贴。从小暑到立秋的这段时间,老百姓称之为伏夏,此期是全年气温最高,阳气最旺的时期,冬病夏治正是利用这个时间治疗。在进行敷贴时,有几个问题需要注意。

第一章 顺时保健：顺应天时保健康

首先，要注意敷贴的时间。一般来讲，成人不超过6小时，少儿及敏感者应酌减。如果患者属体质敏感者，或既往用药曾出现起疱等反应，应缩短贴药时间至2小时左右，或在有感觉后及时取下药物。

其次，贴敷药物期间，应减少运动、避免出汗，尽量避免电扇、空调直吹，以利于药物吸收；应尽量避免食用寒凉、过咸等可能减弱药效的食物；应尽量避免烟酒、海味及辛辣、牛羊肉等食物，以免出现发疱现象。此外还要注意防止药膏污损衣物。

最后，如背部有红、肿、刺、痒等症状，或背部贴药处出现针尖至小米大小的水疱，属药物贴敷后的正常反应，患者仅需保持背部干燥即可，或局部涂抹哈西奈德乳膏止痒；如果水疱较大或有少量渗出，可用消毒过的针刺破水疱，用消毒棉球吸干水疱中的渗出液，再用紫药水涂抹局部；如果渗出液体较多，可使用2‰的黄连素溶液冷敷患处，待渗出减少后再用紫药水涂抹局部；如果水疱体积巨大，或水疱中有脓性分泌物，或出现皮肤破溃、露出皮下组织、出血等现象，应到专业医院寻求治疗。

总而言之，"冬病夏治"是治疗哮喘、慢性支气管炎、肺气肿、冻疮、鼻炎、风湿性关节炎等疾病的良方，敷贴便是大家常用的方法。但需要提醒的一点是，中医敷贴也不是万能的，它只是疾病治疗的一种手段，不能完全替代其他治疗，因此原本在服药的慢性病患者在进行中医敷贴期间也不要盲目减药、停药，而应当将其作为一个辅助措施。

保健小贴士

三伏斗哮喘，冬季平安过

对于哮喘的防治，中医自古就形成了多种类、多形式、多途径的综合疗法。夏季是大多数哮喘病患者的相对缓解期，这时气候炎热，人体腠理开泄，采用敷贴疗法治疗哮喘，在穴位所贴的药物易由皮肤进入穴位，从而发挥防病治病的作用，增强身体的抗病能力，从而预防哮喘在冬季发作或减少发作。

十二时辰养生法

在中医理论中,不仅四季的变换是一个完整的循环,有一套相应的养生理论,一天24小时也是如此。由于古人将一天划分为十二个时辰,因此这套养生之法又被清代养生家尤乘称为"十二时辰无病法"。

中医认为,人体内的经气就像潮水一样,会随着时间的流动,在各经脉间起伏流注,且每个时辰都会有不同的经脉"值班"。如果能够顺应这种经脉的变化,采用不同的方法,就可以达到良好的养生效果。

1. 子时(晚上23点~凌晨1点)胆经当令

《黄帝内经》曰:"凡十一脏皆取于胆。"胆气生发起来,全身气血才能随之而起。子时睡眠了,胆经才能完成代谢。"胆有多清,脑有多清。"凡在子时前入睡者,晨醒后头脑清新,气色红润;反之,子时不入睡者,日久面色青白,易生肝胆疾病。因此,人在此时入睡,也就是在养阳气。

2. 丑时(1~3点)肝经当令

《素问·五脏生成篇》曰:"故人卧血归于肝。"肝内血液充足,可维护肝的疏泄功能,使之冲和条达,充分发挥解毒滤过的作用。因此,此时一定要睡好,以养好肝血,否则易出现急躁易怒、焦虑、神经衰弱等症。

3. 寅时(3~5点)肺经当令

《素问·经脉别论》说:"脉气流经,经气归于肺,肺朝百脉,输精于皮毛。"血的运行要依赖气的推动,肺主呼吸,调节全身的气机。此时肺经旺盛,有助于肺气调节和输布血液,运行百脉。这个阶段是从静变为动的开始,它是通过深度睡眠来完成的。所以,心肺功能不太好的教师不要急于起床,也不提倡早起晨练。等太阳出来之后,空气新鲜时,可以活动一下。

4. 卯时（5~7点）大肠经当令

中医有"肺与大肠相表里"之说，卯时肺经气血入大肠经，此时天已亮了，早晨起床喝适量水，促进排便，要养成良好的习惯。排便后多做提肛运动，可防止便秘、痔疮、脱肛等病。

5. 辰时（7~9点）胃经当令

此时是人们吃早点的时候，一定要吃好，这也是胃部消化吸收能力最旺盛的时辰。

6. 巳时（9~11点）脾经当令

脾主运化，吸收食物中的营养。中医有"脾与胃相表里"之说。脾统血，为气血生化之源，后天之本。脾经旺盛可运化水谷，升清化浊，五脏六腑之精气来源于脾胃运化之水谷精气。

7. 午时（11~13点）心经当令

子时和午时是天地气机的转换点，人体也要注重这种天地之气的转换点。中午吃完饭以后，应小憩片刻，不要超过40分钟。适宜养心，可使下午至晚上精力充沛。

8. 未时（13~15点）小肠经当令

《素问·灵兰秘典论》曰："小肠者，受盛之官，化物出焉。"就是说小肠吸收被脾胃腐熟后的食物精华。

9. 申时（15~17点）膀胱经当令

膀胱有"化气行水"的功能，负责排泄人体水液。如气化功能失常，就会导致小便不利，甚至尿闭或者小便频数失禁等。

10. 酉时（17~19点）肾经当令

肾是生命之根，为"先天之本"。主管人体的生长、发育和其他的重要生命

活动。肾藏精,先天之精是禀受于父母的生殖之精,与生俱来;后天之精,为水谷之精气,由脾胃运化而来,即"后天养先天"。肾在酉时进入贮藏精华的阶段,有利于贮存一日的脏腑之精华。肾精盈满,先天之本才能稳固,生命力旺盛,才能延年益寿。如果吃饭过了酉时,即错过了人体营养吸收的最好时间,不但起不到补养精气的作用,还会给代谢带来负担。如同一堆垃圾不能及时处理,影响体内环境,因此晚饭不要超过晚7点。

11. 戌时(19~21点)心包经当令

心包络相当于膻中,张琦《素问释义》云:"膻中即心包络,为心主之宫城也。"其功能活动,是"臣使之官"而主"喜乐"。犹如心脏的屏障,是阻止时邪侵犯心脏的外围防线,故《灵枢·邪客》说:"诸邪之在于心者,皆在于心之包络。"此时可做适量的活动,有利于强壮心功能。人在这个时候,应准备入眠或进入浅睡状态。

12. 亥时(21~23点)三焦经当令

三焦虽为六腑之一,但三焦总的生理功能是其他几个脏腑在水谷消化吸收、营养排泄等方面功能的总和,而这一总的作用是宗气(积于胸中,贯注于心肺之脉)、中气(脾胃之气)、元气(肾气)三者相辅相成的集合体。因此三焦的病理变化大都表现在胸腹体腔内,三焦要通,不通则生病。此时宜进入睡眠阶段,百脉得以休养生息,才对身体有益。

总之,这种养生法的核心就是顺应日出而作、日落而息的规律,重点睡好子午觉,以此达到养生的目的。

保健小贴士

多方位配合你的生物钟

(1)膳食定时:首先要注意三餐定时,以配合人体消化吸收功能的节律。同时要注意饮食定量、合理搭配营养,如粗细粮各半,蔬菜水果多样化,动植物蛋白适量,少盐、少油、少糖、少调味品等。

（2）定时运动：选择适合自己身体条件的运动项目，在固定的时间进行锻炼，以保证心血管系统的应激适应性。有氧运动的心率应控制在"170－年龄"的水平。

（3）按时服药：高血压、高血脂、高血糖是引起心脑血管急性事件发生的高危因素，因此必须按时服药，将血压、血脂、血糖控制在正常范围内，同时对各种感染性疾病积极进行防治。

（4）定时参加兴趣活动：定时参加兴趣活动，如参加老年大学，学习书法、绘画、吹拉弹唱、舞蹈、拳剑等，可以陶冶情操，颐养身心。

（5）定时参加家务劳动：定时参加家务劳动，对保持大脑灵活有帮助。

（6）随时保持乐观心态：知足常乐，不怨天尤人。邻里要和睦相处，对人包容大度，生活上随遇而安。积极参加社会公益活动，在充满和谐的社会大家庭里享受关怀、奉献爱心。

第二章

精神保健：好心态能防百病

精神养生，在中医上又称"摄神""养神""调神"，是指通过净化人的精神世界，改变自己的不良性格，纠正错误的认知过程，调节情绪，使人的心态变得平和、乐观、开朗、豁达，以达到健康长寿的目的的一种养生方式。精神养生法主要包括神志养生和情志养生两个方面的内容。它相当于现代医学的心理卫生保健法。

生命三要素——精、气、神

养生,是中国人所追求的最高境界之一。俗话说:"天有三宝,日月星;地有三宝,水火风;人有三宝,精气神。"生命有三个要素,那就是精、气、神,所以,养生有三大法宝,那就是养精、养气、养神。中医养生很讲究精气神,精是人体生命活动的基础;气是人体生命活动力;神是人体生命活动的体现。这三者的盛衰存亡,都关系到人的生死,所以精气神是人的生命根本。

那么,究竟什么是精气神呢?

精有广义和狭义之分,广义的精泛指一切精微物质,包括人体内所藏的精气:脏腑之精、水谷精微、气血津液,以及天地之间精华之气;狭义的精指生殖之精,也就是说精是构成人体和维持人体活动的基本物质。

气存在宇宙间,甲骨文的"气"字是三根长短不一的横线,表示地气蒸腾而上,直达天际。三横象征天地人,天在上,地在下,人居中。因而气是人生命活动的动力物质,故有"气者,人之根本","人之有生,全赖此气"之说。人体之气包括肺吸入的清气,脾胃运化的水谷精气,肾中所藏先天之气。气在人体内以升降出入形式有序运动,使机体产生新陈代谢,实现物质和能量的转化。同时气的运行也将从空气和食物中摄取的精微物质输送到脏腑,营养着脏腑,使脏腑维持正常生理功能,因此气机调适匀称是养生关键。

神是思想意识以及整个生命现象的概括名称,是人体生命活动的主宰,若"精"是物质,"神"就是精神。神包含两方面,一是指机体的生命活动及其外在表现;一是指人的精神活动,包括意识、思维、情志、智慧等。精神与人体健康有着密切的关系,精力充沛,情绪乐观,则五脏功能协调统一,气血运行顺畅,有益于人体的健康;如果精神抑郁,七情内伤,气血失和,会影响脏腑功能,产生各种疾病。由此可见精神内守乃为养生之道。

"精""神"之间由"气"统一为一体,精气神构成中国传统养生和生命学说的重要部分。古人非常重视精气神的保养,记载着不少养生的原则,如"正气存内,邪不可干","邪之所凑,其气必虚";"得神者昌,失神者亡";"精神内守,病安从来"等,指导我们饮食有节,谨和五味,不宜厚腻,不宜偏嗜;戒醇酒,节制房事,保精气;调畅情志,保持精神愉悦,不断增强自身修养,提高心理承受能力,积极乐观向上。

> **保健小贴士**
>
> ### 阴阳平衡保健康
>
> 现代医学研究证明:在活动过程中,由于新陈代谢的不协调,可导致体内出现某些元素的不平衡状态,有些元素的积累超量,有些元素的含量不足,均容易致使疾病发生。当今世界上危害人类健康最大的心血管病和癌症,都与体内物质交换平衡失调密切相关。
>
> 究其原因,都是阴阳失调引起的。平衡保健理论研究认为,在不同的年龄段,根据不同的特点,调整饮食结构,补充微量元素,维持体内各种元素的平衡,将会有益于健康。

神志养生——静则神藏,躁则消亡

中医学中所称的"神志",主要是指人的精神、意识及思维活动。形为神之母,无形则神无以生。人的生命体是精神、情绪的物质基础,离开了人的形体,就不能产生人的意识和思维活动。神志养生就是通过内心世界的自我调节,排除贪念,保持平和心态,从而获得健康长寿的方法。它包括以下几点:

1. 少私寡欲

少私寡欲,即对自己的"私心"和"贪欲"要进行自我克制并清除。人生在世很难做到无私无欲,但私欲不可过多过高。"贪欲",是指希望得到那些可望而不可求的事物,贪欲常是造成痛苦的根源。只有通过自我克制来控制自己的欲望,清除那些不可能得到满足的"贪欲",才能减少自己的精神压力和痛苦。人生最重要的是要保持身心健康,要学会进行自我调节、自我限制、自我清除,

只有私欲少和没有"贪欲"的人才能做到淡泊名利,处世豁达,性格开朗,也只有这样才有助于心神的清静内守,保持良好的心理状态。

2. 知足常乐

知足常乐,即对自己所处的生活与工作环境要有充分的满足感。老子曰:"乐莫大于无忧,富莫大于知足。""无忧"和"知足"即是自我内心世界的体验和感觉,是情感世界自我调节的结果。一个人如果能做到无忧无愁、知足常乐,就会有一个好心情,就会感到人生的道路上充满着阳光和欢乐,这样的人自然能够健康长寿。"满足现状,积极进取",即是在满足自己目前生活与工作现状的同时,还要积极地进取,以取得更大的成绩。

3. 心胸豁达

心胸豁达,即性格开朗,心胸坦荡,气量大。我国有关人员对90岁以上的长寿老人进行的一项调查结果表明,长寿的主要原因不在物质而在精神。长寿老人能够长寿的原因与其心胸豁达、性格开朗、知足常乐、衣食随缘、与世无争、随遇而安的精神状态有关。

4. 多行善事

多行善事,即要多做好事,并从中体验人生的幸福感和满足感。善事可大可小,大者可捐献千百万元以救灾或助学,小者可为迷路人指点道路,但无论事大事小,爱心是一样的。但凡行善事者必能从助人行善中实现自身价值,并获得快乐和健康。

保健小贴士

天人相合保精神

人类生活在自然界中,自然界存在着人类赖以生存的必要条件,同时自然界的变化又直接或间接地影响人体,使机体相应地产生反应。属于生理范围的,即是生理的适应性,超过了这个范围,即是病理性反应。

第二章 精神保健：好心态能防百病

人与天地相应，不是消极、被动的，而是积极、主动的。人类不仅能主动地适应自然，更能主动地改造自然，不断地与自然进行调适，从而提高健康水平，减少疾病。

肾精足，人不老

人体有一种非常细微的物质，这种物质就叫做精。它是构成人体生命的精华，也是构成人体形态、维持人体生命活动的物质基础。所以说，精是身体的根本，没有这种最基本的精微物质，就不可能有人的身体。

《黄帝内经》将"精"分为两类。一类是广义的，只要是维持人的生命健康、生命活力的最基本的物质都叫做精，包括精、血、津液等等。第二类是狭义的，更具体一些，主要是指肾精，特指主管人的生殖、生长发育的精微物质。

"精"的来源有两个，一个是先天的，是从父母亲那里遗传下来的，是秉承于父母的，它在整个生命活动中起到了"生命之根"的作用；一个是后天的，也就是人出生以后吃的食物，喝的水，叫水谷精微，这是一种营养物质。先天之精需要有营养物质不断地补充，才能保证人的精不亏，才能发挥其功能，才能维持人体生命活动，这种物质就是后天之精。所以，一个人要健康、长寿，最关键的就是要养精，既要保住先天的肾精，又要调养后天的水谷之精。可以说，人的生长、发育、壮盛、衰老的全过程，主要是由肾精及肾气所决定的。个人的健康程度怎样，这要看人体内的肾精是否充足，也就是说，肾精直接影响着人的健康和生命，所以，保精是养生的关键。

那么，我们应该如何养精呢？

1. 节欲保精

养精首先要节欲，这是最关键的一种做法。《黄帝内经》里面常常提到的，人要有节制，尤其是"行房事"，男女交合一定要节制，这样能保住精，这个精主要是肾精。按《黄帝内经》的话来说叫"积精全神",要把精蓄积在那里,就像人体里有一个水库一样。"水库"里面有水,这个水不能随便地泄了,要把它积攒在那里,否则水就干了,水干了,这个水库还有什么用?

有一句话叫做"色字头上一把刀"。这是把什么刀?古书说:"淫声美色,破骨之斧锯也。"即是说这是一把砍伐我们骨头的刀。房事太多会泄精,会泄掉人的精气。这个精藏在肾里,肾有"生髓主骨"的作用,肾主管骨头,肾精丧失了,我们的骨头就会受到损伤。所以如果房事太多,无节制,那就像一把斧子一样,是在砍伐我们自己的骨头。

2. 节劳养血

养生之道,还要节劳,劳逸适度,才是保精之法。

纵欲耗精,这是人人皆知的道理。但精成于血,日常疲劳过度,照样会损血伤精。如果用脑过度,天长日久,思虑必耗血;如果用眼过度,久视而耗血;如果用耳过度,则久听而耗血。所以,要注意劳逸适度,保精又养血。

3. 息怒养筋骨

人若时常发怒必伤肝。肝主疏泄,肾主闭藏,有火妄动,肝脏疏泄太过,肾不得封藏,虽无房事也伤阴精,故养精必息怒。

肝主筋,肾主骨,如经常发怒或行房事,必伤肝肾,自然筋骨也得不到滋养,而身体必然衰退。另喜怒失节,精神活动异常,引起情志失调,气机不畅,也不利于肝肾,易损伤身体。

4. 经络推拿

肾精最怕严寒。养精要常常进行经络的推拿,肾精是在人体的下部,这个地方后来称为下丹田。保精、养精要推拿下丹田。

下丹田在哪里呢?一般人都知道下丹田就在肚脐下面的位置,正确的位置是肚脐下 1.5 寸处。肚脐下面 3 寸有一个穴位叫关元穴,在关元穴和肚脐连线的中点就是下丹田。在下丹田的位置我们可以两手交叠,用手掌心的劳宫穴按揉下腹,按揉下丹田的位置。把手掌劳宫穴对准下丹田,整个手掌笼盖肚脐(神阙穴）和脐下3寸关元穴之间，整体推拿120次，顺时针推拿60次，逆时针推拿60次。

为什么要120次？这是取人体的"天年"数，就是正常的寿限。一般按120次，就会暖和、发烧。

同时，还要按揉命门穴，命门穴和肚脐相对应，在人体的后背上，肚脐相对的正后方。方法同按揉丹田一样，也是两手交叠，用手掌心劳宫穴按揉命门。

命门就是生命的大门，是主管生命开阖的。我们要把这个门给它守住了，不要让精外泄，所以这个部位也要常常推拿。同样也是推拿120次，顺时针推拿60次，逆时针推拿60次。

以上穴位每天早晚各按揉一次，每次按揉120次。

5. 合理饮食

肾为先天之本，脾胃为后天之本。人脾胃功能的强健，是保养精气的关键，所以全面均衡营养的饮食，是保精的重要手段。"精"字，左边是"米"字，右上方是"生"字简化，"生"字下面是"月"，"月"古代通"肉"，"米肉生"为精，指的是食物的精华，米与肉一素一荤，均衡营养，为养生的首要。

饮食时还要注意定时、定量、不偏、不嗜。只有在饮食得宜的基础上，才能考虑药物滋补的问题。要多吃养精的东西，比如黑芝麻、黑豆、山药、核桃、芡实。平常多吃这些食物有利于延年益寿、强身健体。

"有氧代谢"调节身心

有氧代谢运动是指人体在氧气充分供应的情况下进行的体育锻炼，特点是强度低，有节奏，持续时间较长。要求每次锻炼的时间不少于1小时，每周坚持3~5次。常见的有氧运动项目有：步行、慢跑、滑冰、游泳、骑自行车、打太极拳、跳健身舞、做韵律操等。

闭目养神,修心养性

闭目养神是我国先民养神修性的一种简便易行而又收效明显的方法。祖国医学认为,神是人体生命活动和精神活动的总称,对身心健康关系重大。《内经》曰:"得神者昌,失神者亡。"可见神的充耗,关系到人的壮老;神的得失,又关系到人的昌亡。养生者当慎养之。目为人之灵窍,心灵的窗户,传神的灵机,人体五脏六腑之精气皆上注于目。闭目可以养生,闭目养神对于终日劳心用脑的教师们是大有裨益的。闭目养神时,要排除杂念,精力集中,无思无虑,达到入静的境地,才称得上专意保养。有暇之时,闭目养神,持之以恒,定会获益。日常生活中的闭目养神法主要有以下十五种:

1. 闭目静心

在日常诸事纷扰、头痛脑涨之时,找一清静之地,正襟危坐,双目闭合,眼睑下沉,调匀呼吸,意守丹田。良久则头脑清醒,心平气和,心静如水,烦恼渐渐消失,进入静谧祥和状态,机体阴阳气血通达顺畅,心理平衡,情绪愉悦,头脑清晰,浑身轻松。

2. 闭目降气

凡遇愤愤不平或遭受屈辱,于暴躁难平之时,要理智地控制感情,离开是非之地,闭目思量。同时用自己的双手食指端轻轻压在眼睑上,微微揉摩,至眼珠发热发胀,便觉胸膛闷塞顿开,肝火胃气下降,躁怒平息,心情和缓。

3. 闭目行悦

在忧郁悲伤、失望空虚、心烦意乱之时,退避静舍,闭目独坐,眼珠上视,神聚头顶,微微仰面昂首,放松思想,尽量默忆、想象能愉悦身心的以往得意欢愉之事,即会觉得心神平衡,悲伤烦乱之情就会逐渐消失。

4. 闭目意驰

当事不如意,若有所失、心中烦闷时,闭目抬头,臆想浩渺广阔的天空,您就会精神振作,如释重负。或静立于高处,闭目俯视人间万景,定会使人心旷意驰。人身犹如沧海一粟,何堪忧虑,为何患得患失庸人自扰。至此境界就会精神振作,如释重负。

5. 闭目卧思

人有三种思维方式:第一为睁眼思维形式,第二为梦境思维形式,第三即是闭目思维形式。闭目思维是一种临界思维"现象",即卧而不寐,闭目意想联翩。在这种思维状态下,大脑排除了外界的物象干扰,又处于充血充氧状态。如此,可促使大脑细胞的潜能最大限度地发挥作用,以提高思维的深度和广度。

6. 闭目消食

吃完饭后静坐休息10~30分钟,再去睡午觉、散步或是做别的事情。这对人们肝脏的保养,尤其是有肝病的人来说是非常必要的。当人们在吃完饭后,尤其是午饭,因为午饭吃得一般都比较多,身体内的血液都集中到消化道内参与食物消化,而且,有数据说明,当身体由躺下到站立,流入肝脏的血流量就要减少30%,如果再行走、运动,血液就又会有一部分流向手足,此时,流入肝脏的血流量就要减少到50%以上。如果肝脏处在供血量不足的情况之中,它正常的新陈代谢活动就会受到影响,从而导致对肝脏的不同程度的损害。因此患有肝病的朋友,建议饭后闭目养神10~30分钟。

7. 闭目养气

"人活一口气",这"气"就是心气儿,是精神状态,是活到100岁的动力。体弱的人常感到气不够用,特别是患呼吸道感染和哮喘的教师,闭目静养以培补元气,是十分必要的。

8. 闭目赏乐

您可以常常闭目听一些自己喜爱的音乐和戏曲,或引吭高歌,或弹奏乐器。

优美的旋律可增进大脑活动,调节中枢神经系统的功能,使人产生心旷神怡的感觉,对身心健康十分有益。

9. 闭目解乏

劳逸结合对老年人来说特别重要,当体力劳动累了,或读书看报写字作文疲乏了的时候,不妨闭目静养片刻,这对迅速恢复精力和养生保健都大有益处。

10. 闭目释烦

常言道:"眼不见,心不烦。"这话是很有道理的。意思是说闭上眼睛不但可以养目,而且可以静心。心静则神安,神安则灾病不生,福气永存。所以,当身处繁杂吵闹的场合、自己不愿看的场面,又不便避开之时,不妨闭目静养,既能洗目清心、闹中取静,消除烦忧,又能偷空养生,何乐而不为?

11. 闭目动形

不妨试试找一处清静之地,双目微闭,全身放松,以尽可能慢的动作打一套太极拳,充分体会缓慢柔韧、圆活连贯的要领,定会有意想不到的收获。

12. 闭目强记

随着年龄的增长,记忆力日渐衰退,常常会遇到要记起某个人、回忆某件事却怎么也想不起来的时候。此时不妨闭目静养几分钟,待全身放松,心平气和,或许会灵机一现,豁然开朗。

13. 闭目神游

静坐闭目,给想象插上翅膀,飞向野外,观灵山秀水、望天高云淡、攀泰山华山、听飞瀑松声、游长江大海……此时心怡神驰,心灵与天籁之声窃窃私语,人天合一,会有一种身轻如燕的感觉。忙碌的工作,虽不能日行百里,却能神行万里,这种"精神畅游"非常有利于身心健康。

14. 闭目静息

工作忙的时候,睡眠欠佳是常有的事。遇到一时睡不着,或半夜醒来再也难以入睡时,千万不要心烦意乱,不妨闭目养神,以静其心。或许不久就能安然入眠,即使不能入睡,静息也能达到养生的效果。

> **保健小贴士**
>
> ### 经常握拳可提神
>
> 中医传统养生强调"握固"二字,其含义是不让精气随意流失,具体方法多种多样。例如在日常空闲时经常握拳就是"保持精力"的方法,这可能就是对"握固"的一种具体应用。
>
> 有关专家认为,疲劳时将双手(一手亦可)紧握成拳,全身同时稍稍用力,直到手心出汗。这时人会感到疲劳已减去许多,甚至消退,同时头脑也会明显地感到清醒,从而又能集中精力地去工作和学习了。

七情节制,延年益寿

人是一个极其复杂的有机体,七情六欲,人皆有之,属于正常的精神活动。异常的情志活动,可使情绪失控而导致神经系统功能失调,引起人体内阴阳紊乱,从而出现早衰,甚至短寿的后果。

七情六欲究竟指什么?究竟应该怎样调节七情六欲,调节人的情志呢?《黄帝内经》里面有着非常精彩的论述。

《黄帝内经》将我们通常说的七情六欲做了一个分类,将七情——喜、怒、忧、思、悲、恐、惊归结为五类,那就是怒、喜、思、忧、恐,这叫五志。

根据中医的理论,七情与人体内脏器及其功能活动有密切的联系,例如,怒是肝之志,在某种情况下,它有利于发泄,对人体内气的流通,是有一定促进作用的;喜是心的情志,在正常情况下,它可使人的气血调和,心情舒畅,这是有利

于人体的健康的。

一般说,情志可支配人体的生理活动。一个人的行为,常决定于情志、理智和欲望。当这些情感是正面的时候,也即在可耐受的限度以内时,它支配人去做各种动作,这将对社会产生有益的效果。此时,人的精神奋进,力量倍增,干劲充足,工作效率也高。相反,如果人的情绪是负面的消沉低落,则人的精神萎靡不振,反应迟钝,思维欠敏捷,工作效率当然也就不高。下面我们来具体了解下:

1. 喜

愉悦的心情在一定程度上对人体来说是有益的,但如果是突然的狂喜,就会喜则气缓,即心气涣散。心主血脉,心气虚则不能行血,血运无力导致血液瘀滞于心脉,出现心悸、心痛、中风,甚至死亡。清代医学家喻昌写的《寓意草》里记载了这样一个案例:"昔有新贵人,马上扬扬得意,未及回寓,一笑而逝。"《岳书传》中牛皋因打败了完颜兀术,兴奋过度,大笑三声,气不得续,当即倒地身亡。这些都说明过度的欢喜对身体有很大的消极影响,甚至有致命的危害。《儒林外史》有范进少时多次进京赶考,屡考屡败,到五十多岁终于中举,由于过度高兴突然癫狂的故事,这是典型的喜伤心的病例。至于现代人因为过喜导致猝死的病例也并不少见。

2. 怒

中医认为暴怒可以伤及肝,可导致肝气横逆,肝气逆而上升,肝气本来的功能即疏泄的机能也呈亢进的状态。肝脏的一个功能是藏血,暴怒使肝气横逆,血就随横逆之气而行。肝气逆于上,则面红耳赤、青筋暴张、毛发也会竖立起来,此时人会感到头痛、头晕、眩晕、胸满胀痛,严重者还会出现晕扑。血随逆气而行,则可出现呕血、衄血、咳血。历史上这种事例并不罕见,《三国演义》中孔明用计多次激怒周瑜,气得周瑜最后竟口吐鲜血、金创破裂而死便是其中一例。

3. 忧

忧可使人体内之气结聚,意气消沉。忧可以伤脾气,郁郁寡欢,使人烦闷,直至饮食不进,从而导致发生种种疾病。

4. 思

思指思考、考虑问题,冥思苦想可导致体内气机郁结。隋代巢元方的《诸病源候论·气病诸候》就提出"结气病者,忧思所生"。思虑也可致病,主要伤及脾。脾与胃是一阴一阳,互相表里的两个脏器,累及脾胃则消化吸收功能受损,造成消化不良,大便溏泻,腹胀痞满,不思饮食。此外,还会有头痛、头晕、失眠、消瘦等现象,严重者甚至导致精神错乱。

5. 悲

悲的情绪使人气消。致病时使人意志消沉,哀愁烦恼,痛苦沮丧。常表现愁眉紧锁,面色淡而不泽,还会造成肢体麻木,甚至筋腱疼痛,垂头丧气。重者也可造成精神错乱,终致脏气竭绝,正如《黄帝内经·灵枢·本神篇》所说的"因悲哀动中者,竭绝而失生"。

6. 恐和惊

这两种情志基本上属于同一性质。恐可使气下行,惊则气失其序而乱。前者使肾气受损,而后者则导致心气紊乱,其结果是心悸,寐不踏实,噩梦,癫痫,不省人事,痴呆,有时可窒息憋气,呼吸停止而死亡。

看来,情绪的变化,除了喜一项对人体有一定的好处外,其他对人体均有害而无利。而人是感情动物而非草木,当外界的各种客观事物刺激到来时,不可能没有情绪方面的波动,那不是时刻在威胁着人体的健康吗?要一个人没有情志的活动,那是不现实的。

其实,上面所说的这些情志波动,引致疾病,并非一般情况下即可引起,而是在异常的刺激,也即超乎日常所能承受的程度,或长期而持久的刺激,始能为害。

保健小贴士

保持淡泊宁静的心态

在现实生活中,难免会遇到各种挫折,使人陷入恐惧、苦闷和失望等复杂的消极情绪中。中医认为,对受挫折的人或受挫折后情绪异常的患者,要进行正确的劝导。

(1)补偿:在原目标受挫后,用另一种可能成功的目标来替代,以获得成功后的心理安慰。

(2)转移:发生挫折后,不纠缠于个人的伤感、叹息,而把注意力转移到其他目标上去。如果爱好文艺或体育,不妨去听音乐、跳舞或者打球,借以松弛一下绷紧的神经。如果天生好静,性格内向,也可读一读轻松愉快的有趣味的书刊。

(3)超脱:你可以漫步在公园的林荫道上或夜色笼罩的街灯下,如果有条件,还可以做短期的旅游,置身于绮丽的自然美景中。在这种情景中,环境会使你产生豁达明朗的心境,从而驱除烦恼。

(4)幽默:当遇到挫折时,使用巧妙的自我解嘲法,可把原先的难堪或窘境转变一下,以维持自己的心理平衡,从而顺利地渡过难关。

情志养生——喜怒有节,乐以忘忧

中医学所称的"情志",是指人对外界客观事物的刺激所做出的情绪方面的反应,并将其概括为七情,即喜怒忧思悲恐惊。七情过度会干扰机体的调节系统。情志养生主要是通过对客观环境或事物情绪反应的自我调节,来转变人的思维方式,调节人的情绪状态,从而达到心身健康的方法。调节人的情绪状态应从以下几方面入手:

1. 戒骄戒躁

戒骄戒躁,即要注意避免自己的骄傲与急躁情绪,保持心态平和。骄傲者常常对自己的能力评价过高,自我感觉良好,听不得别人意见,好大喜功,甚至勉强做一些力不能及的事情。急躁者常常不顾及客观现实而急于求成,易于草率从事。由于骄躁者的理想世界与现实生活存在较大差距,所以在日常生活中经常会出现理想与现实发生冲突的情况,从而造成内心的痛苦。所以,一个人首先要了解自己的优势与不足,正确地认识和评估自己的能力,注意克服骄躁情绪,顺应自然环境,保持平和心态。

2. 善调情绪

善调情绪,即要善于化解不良情绪,使自己的心情达到最佳状态。人们对外界的事物引起的内心的相应情绪反应是判断情绪是否健康的标志之一。换言之,就是遇到令人高兴的事就应该高兴,遇到沮丧的事就应该忧伤,这是正常的情绪反应,是代表此人情绪表现健康的标志之一。人们的思维方式对情绪反应有着重要的影响,可通过改变自己不良的思维方式,纠正自己错误的认知过程,用正确的思维方式去认识客观事物,用积极态度解决现实问题,这样可消除许多不必要的烦恼,保持轻松愉快的好心情。

3. 免生"三气"

免生"三气",即指在日常生活中要避免生闲气、怨气和闷气。首先是免生闲气,就是不要为日常生活中鸡毛蒜皮之类的琐事而生气。其次是免生怨气,就是不要总对一些人或事心生怨恨之气。如果一个人总是与在某些方面比自己强的人攀比,就难免要生怨气。第三是免生闷气,就是说遇到不高兴的事,要及时说出来,以求得到解决或化解,不要总闷在心里,自己跟自己较劲。"三气"之中生闷气对身心健康的影响最大,尤其是较长时间地生闷气,会引起疾病特别是心脏病和肿瘤。因此,一定要注意情志修养,免生"三气"。

> **保健小贴士**
>
> ### "七情相克"可治病
>
> 中医学理论不仅认为七情会致病,还根据阴阳五行相生相克道理,提出了情志相克,用七情治病的理论。按照中医学原理,肺、肝、肾、心、脾五脏其性分别属金、木、水、火、土。其基本原理溯源于我国古代的五行学说和中医的脏象学说。即将人的脏腑、情志与五行相配,即悲属肺金、怒属肝木、思属脾土、恐属肾水、喜属心火。
>
> 所谓相克就是表示事物间相互克制、相互制约、相互对立、相互抗争和相互控制的关系,五行相克按木、土、水、火、金的顺序,即木克土、土克水、水克火、火克金、金克木。所谓相生就是表示事物间相互资助、相互养育、相互促进的关系。五行之相生,按木、火、土、金、水的顺序相互滋生,即木生火、火生土、土生金、金生水、水生木。

心理健康从管理情绪开始

拿破仑曾统兵数百万,取得了许多次胜利,但是他却说:"我就是胜不过我的脾气。"是的,人遇事尤其是当遇到比较危急或不太如意的事情时,就会情绪化,甚至钻进牛角尖,然后以一种消极的态度去处理,这样很容易将事情搞砸,逼自己走向极端,所以一定要管好自己的情绪。

想要管理好自己的情绪,方法有很多,但根本原则只有一条:要么改变你的处境,要么改变你对处境的反应。

以下是一些管理情绪的方法,仅供参考。

1. 像看感冒一样,去看心理医生吧

在心理医生面前,并不是所有人都愿意把自己的心事和盘托出的,很多人

第二章 精神保健：好心态能防百病

始终还是有所保留的，其实这也是一种严重的心理疾病。

在当今社会，人们的心理疾病中最大的问题，是不够重视自己的心理状态。如很多人长期存在失眠、全身疲乏无力的生理问题，他们却将之认为是正常的生理疲惫而置之不理。其实这些都有可能是抑郁、焦虑等心理疾病出现的征兆。又如睡眠增多或睡眠质量下降、性欲减退或丧失、体重下降、内脏功能，尤其是消化系统和心血管系统的功能下降等，都很有可能是抑郁症的躯体化表现。很多人就是因为讳疾忌医而延误了治疗和调整的最佳时机。

2. 学会找人倾诉

在生活中，当你被人际关系问题、情绪问题、感情问题、心理压力问题等诸多问题所困扰时，最好的排解方法就是及时宣泄，找人倾诉。当你被悲伤、愤怒、急躁、烦恼、怨恨、忧愁、恐惧等情绪所占据时，可以大声地喊出来或哭出来，同时要勇于向亲友倾诉、唠叨，在他们的劝慰和开导下，不良情绪便会慢慢消失。

3. 放慢自己的工作速度

当你感觉到自己已经被紧张的工作压得喘不过气来时，可适当放慢自己的工作速度或者立即把工作放下，轻松休息一下，休息之后可能你会做得更好。

4. 平时多做运动

运动能够让你那由于压力过大而萎缩的细胞重新活跃起来，帮助你换一种心情看待自己。在运动中，压力、烦恼、困惑、焦虑等都能在不知不觉中销声匿迹。

5. 充足的睡眠很重要

充足的睡眠可以减少人的压力，所以为了自身的健康，你最好在晚上11点之前上床。很多人都习惯于晚上工作到深夜一两点，甚至更晚，这样做是得不偿失的，睡眠不足，不仅会影响第二天的工作，还很容易引起心理问题。

6. 保持一颗平常心

不要争强好胜，与自己过不去。要注意保持一颗平常心，职业女性尤其要注意及时进行自我调节,因为过于沉重的心理压力不仅会让人情绪压抑,还有可能会引起头晕、偏头痛、失眠、痛经、月经不调等问题。

7. 合理安排工作,量力而行

我们在工作中要正视自己的精力,凡事不要勉强,把所有事情尽量进行全面安排,分清轻重缓急。同时,要正确、客观地评价自己,对自己的期望值不要过高。讲究方法,寻求支持,在学会合理地安排生活、工作时间的同时,要相信家人和朋友、同事,不要事事亲力亲为,而是要发动大家共同把事情做好。

8. 劳逸结合,有张有弛

不管自己的生活、工作如何紧张和繁忙,都要保持有规律的生活,有张有弛,尽量避免做过多的事情。此外还要注意丰富个人业余生活,发展个人爱好,彻底放松自己,享受属于自己的时间。

9. 洗澡能使心情好起来

洗澡除了能使机体得到水的冲刷、按摩,促进血液循环外,还有更多也许你意识不到的作用。

(1)当你走进浴室时,面对洁白的墙壁、浴具,而且没有任何干扰,你会有一种安全感。

(2)当洁净的清水从头到脚浇过你的身体时,除了洁身去污外,还让人感到"心灵的净化,凡尘的离去"。

(3)在公共洗澡间,当你、我、他体无遮拦、彼此相互对视时,我们也许意识到人与人之间本质上都是一样的,从而有可能建立如此的心态:人与人之间应当相互尊重。

(4)洗澡的同时,若我们主动联想、回忆曾经有过的令自己愉悦的情景,如与伴侣、密友漫步于细雨中,曾在大海边、森林里尽情享受自然的美感等,放松的效果更会超出你的想象。

这样制怒最有效

（1）充分认识发怒的不良后果：发怒可造成心血管功能的紊乱，出现心律不齐，诱发高血压和冠心病等。严重时还会导致脑血栓或心肌梗死。所以，当要发怒时，首先想到这对自己的健康是极为不利的。

（2）躲开"触媒"：要在"怒发"尚未"冲冠"之际，善于运用理智有意识地去转移兴奋中心。比如，有意躲开一触即发争吵的对象、发怒的现场，去其他地方干点别的事情。

（3）自我暗示：给自己提出任务，坚信自己有能力控制个人的情绪。通过这样积极的自我暗示，自我命令，可组织自身的心理活动获得战胜怒气的精神力量。

（4）适当宣泄：可利用摔打一些无关紧要的物品宣泄或是对空中大喊缓解一下自己的冲动。最好是跑到楼下，再爬上楼，每步登两个台阶，跑步上楼更好。

（5）闭目深呼吸：闭上眼睛几秒钟，再用力伸展身体，使心神慢慢安定下来。

好食物打败坏情绪

吃东西不仅能够解除饥饿感、补充营养，还能对人的情绪起到一定的影响。

1. 能缓解焦虑的食物

中医认为焦虑属于中医上的"郁证"，是由于情志不舒、气机郁滞所引起的一大类病症。中医认为情志所发生的病变的中心病机是"气郁"，而多思善虑最容易伤脾。脾胃为后天气血生化的来源，因此又会引起血、痰、湿、热、食等方面的郁结，以及中医所说的心、脾、肝等的虚证。所以元代著名医家朱丹溪说："故人身诸病,多生于郁。"

现代医学研究也表明,处于焦虑状态下的人,比一般人需要更多的维生素和矿物质,尤其是需要维生素 B 族。维生素 B 族、维生素 C 及钙、镁被证实与焦虑性症状有关联。

（1）维生素 B 族包括多种,如 B_1、B_2、B_{12} 等,其主要的食物来源有动物内脏（肝、心、肾等）、豆类、谷类、蛋、蘑菇、鳝鱼、瘦肉、奶。

（2）钙是天然的神经稳定剂,能够抚慰情绪、松弛神经,以牛奶、豆制品、金针菜、小鱼干、杏仁含量较多。

（3）镁可以让肌肉放松、心律平稳,在香蕉、豆子、土豆、菠菜、葡萄干等食物中含量较高。

（4）维生素 C 可刺激肾上腺皮质素的分泌,以对抗精神压力。绿色蔬菜如菠菜、花椰菜等以及柑橘、柠檬、葡萄柚、草莓、木瓜、芒果、奇异果、哈密瓜等都是高维生素 C 的食物。

2. 能抗压的食物

加拿大一所大学的研究者发现,当体内皮质醇长时间处于高水平状态时,人的精神则会过度亢奋,大脑的反应能力会逐渐变缓慢,而维生素 C 具有减轻心理压力的作用。因此应大量摄取草莓、菠菜等富含维生素 C 的食物,此外诸如洋葱头、菜花、菠菜、柠檬、柚子等也富含维生素 C。

3. 能树立自信心的食物

美国加利福尼亚大学的心理学博士阿尔伯特说:"我们平日里所吃的食物能有效地改善我们的智力水平、心理状态和生理状态,帮助我们建立自信心。"

（1）**深海鱼**　研究显示,全世界住在海边的人都比较快乐和自信,愿意与人交往,这与他们把鱼当作主食有关。哈佛大学的研究报告指出,鱼油中的 Ω-3 脂肪酸具有缓解压力的作用。

（2）**葡萄柚**　葡萄柚可以净化繁杂思绪,也可以提神醒脑,增强自信心,这与其富含大量维生素 C 有关。

（3）**菠菜**　菠菜含有人体所需的叶酸。有报告指出,缺乏叶酸会导致精神疾病，包括社交恐惧症和早老性痴呆等。

（4）大蒜　德国一项针对大蒜对胆固醇的功效的研究，从病人回答的问卷中发现，他们吃了大蒜丸之后，感觉不容易疲倦、不容易发怒，而且自信心增强。

4. 能改善心情的有色食物

食物的不同颜色，不仅对人的健康有不同的作用，而且对人的心情也会产生不同的影响。

（1）红颜色的食物可以减轻疲劳，驱除寒冷，并能够增强人的自信心，使人精神抖擞，充满力量。但也不宜过量食用红色食物，否则可能会引起烦躁不安或易怒。红色食物有番茄、牛肉、猪肝、红辣椒、草莓和苹果。

（2）橙色食物中含有丰富的橙色素——胡萝卜素，它是一种强有力的抗氧化物质，经常食用可以减少空气污染对人体造成的伤害，并能够起到抗衰老的作用。而且由于橙色接近光谱中红色的一端，所以橙色食物也有振奋精神的作用。橙色食物有柑橘、芒果、胡萝卜等。

（3）绿色食物可以维持人体的酸碱平衡，有利于稳定心情和减轻紧张情绪，与其他颜色的食物一起摄入则效果倍增。绿色食物主要有绿色蔬菜，此外还有鳄梨、橄榄油等。

（4）经常吃黄色食物可以培养开朗的心情，并能增加幽默感，更可以强化消化系统，清除血液中的毒素，皮肤也会变得细滑柔嫩。

（5）蓝色的食物在生活中很少见，除了蓝莓及一些浆果类以外，一些白肉的淡水鱼也算蓝色食物。蓝色食物具有镇静作用，但吃得太多却会适得其反，因为冷静过度会令人情绪低落。吃蓝色食物的时候，最好放点橙色的食物相陪衬，可以减少蓝色食物带来的副作用。

保健小贴士

学会释放坏情绪

生活中，难免会有这样那样的坏情绪，甚至因为心情不好而走进死胡同。当坏情绪来袭时，我们切不可垂头丧气，甚至轻言放弃。心情不好不要紧，但是要懂得适时释放自己的坏情绪。释放坏情绪犹如重装系统后的电脑,将负担——删掉后,才会有正常运转的动力。以下几种方法你可能会用得上:

(1)放松法:如果你感到心情不好或情绪过于紧张,你可以这样做:先紧张手部的肌肉,然后再缓缓放松,接着对手臂、颈部、脸部等身体各部的肌肉"如法炮制",直至你的脚趾。你的头脑要想象一些美好的感觉,如在海风轻吹、海鸥低飞的海滨漫步。事实上,这些"放松技巧"可以很快使你血液里乳酸盐(它是一种可能加剧沮丧情绪的化学物质)含量降低。

(2)微笑法:如果你发现自己的情绪出现异常的苗头,你应该尽量保持"真心诚意"地微笑,开始时可以笑得很轻,逐渐"发展"到满面笑容,最后再变成开怀大笑。朗读一些笑话或看滑稽电影都会有这样的效果。

(3)冷静法:要知道,镇静同惊恐一样是会传染给他人的。如果遇到了一些重大的意外事件,关键的是你不仅要在情绪上而且在外表上都要显得镇定自若。

"形神统一"四秘诀

传统养生学强调"形神统一"的理论。

所谓的"形"即形体,指人的机体而言,而"神"则有广义与狭义之分。广义之"神",是指整个人体生命活动的外在表现,包括全部的生理性或病理性的表现在外的征象。狭义之"神",是指人的精神意识思维活动,即人体内在的、主观的想法。

形神统一,是指形体与精神相统一。形是神的物质基础,神是形的生命表现,只有形神统一,才能达到神是生命活动的主宰,才能够统率人体脏腑组织的功能活动,这就是通常所说的"形神相因"。

"形神相因"理论认为人体生理功能与精神活动是密切相关的,精神因素可以直接影响脏腑阴阳气血的功能活动。一个人如果精神愉快,性格开朗,对人生充满乐观情绪,就会阴阳平和,气血通畅。五脏六腑协调,机体自然会处于健康状态。反之,不良的精神状态,可以直接影响到人体的脏腑功能,使得脏腑的功能失去正常的平衡状态,身体内气血的运行不通畅,抗病能力下降,存在于体内可以抗击病邪的保护机能也逐渐不足,而易于导致各种疾病。

那么,如何做到"形神统一"呢?在此借用乾隆皇帝的养生四诀来概括,即"吐纳肺腑,活动筋骨,十常四勿,适时进补"。

1. 吐纳肺腑

就是每天黎明即起,到空气清新的地方,像公园、广场等地方,吸入新鲜空气,呼出体内混浊气体,促进体内气体的交换,促进身心的健康。

2. 活动筋骨

就是注重身体锻炼,增强抗病能力,这里要强调的不仅是常年坚持运动,还要尽量到户外活动。很多人喜爱到健身房做运动,认为这样很时尚,其实,在相对封闭的空间里,氧气含量有限,空气的清新度也有限,长期进行这样的有氧运动并不利于身体健康,甚至还可能出现头晕、气闷等不适症状。而户外的条件对于强身防病更加有利,也更符合中医"天人相应"的理论。

3. 十常四勿

"十常"是指身体的十个部位应经常活动,即:齿常叩、津常咽、耳常弹、鼻常揉、睛常运、面常搓、足常摩、腹常旋、肢常伸、肛常提。虽然只是简单的三十个字,但其中所包含的养生道理却发人深思。

"四勿"第一个是"食勿言",吃饭的时候别说话,这个道理大家都懂,吃饭时说话容易将食物吸入气道内,引起咳嗽,甚至容易出现意外。第二个是"卧勿语",睡觉的时候别说话。说话时需要思考,睡觉时说话,容易刺激大脑的神经中枢,导致思维活跃,过于兴奋了以后会睡不着,影响睡眠质量。第三个是"饮勿醉",酒要适度。适度的饮酒有利于心血管系统的健康,但大量的饮酒则会加重肝脏的负担,并且,醉酒也会出现很多难以控制的危险。第四个是"色勿迷",所谓"窈窕淑女,君子好逑"。喜欢美好的事物没有什么不好,但是一定要有度,

只是欣赏的程度最好,若如商汤,因迷恋美色而亡国,就是过分的了。

4. 适时进补

适时进补,就是说吃补品要谨慎和适当。当然也并不是说完全不吃保健品、不吃药,但要知道怎么吃,这就叫适时进补。经常有人将保健品当饭吃,每天不落,导致食欲下降,营养不良,这就是颠倒主次了。以正餐、饭菜为主,在保证机体基本需要的情况下,适量服用保健品,这才符合人体健康的进补之道,才能够起到事半功倍的效果。

养生四秘诀,说着容易做着难,若能持之以恒,形神统一便离我们不远了。

保健小贴士

良好性情可以提高抵抗力

现代医学研究证明,性情受大脑皮质植物功能区、大脑边缘系统、下丘脑和脑干网状结构、中枢神经系统控制和调节,这四个部位正好也是人体各内脏和内分泌腺体活动的控制者,因此对外界事物的不同心理反应,也同时影响内脏、腺体、内分泌以及肌肉组织等系统的活动。

所以心情好坏,可以产生不同的生化反应。良好的性情能使人心理状态平衡,保持机体内环境的稳定,有助于提高人体免疫力。内脏活动不同程度地失常,一般情况下不会危及健康,只有在突然强烈或长期持久的精神刺激超过正常生理限度时,才会导致人体生理功能紊乱,从而成为许多疾病的诱发因素。

怡养精神,身心健康

古代圣贤常把修身养性作为第一要务,并总结了很多精神养生的方法,虽然现在的都市节奏让我们很难像古人那样生活,不过学习其精髓、领会其精神,对我们的养生保健还是很有帮助的。

1. 静卧

古时人们养生的首要秘诀是静坐,使身体和精神都处于一种放松的状态,配合佛经或者舒缓的音乐,进入一种忘我的境界。对于现代人来说,生活的琐事使我们很难静下心来,不去思考,不去行动。在"时间就是效率"的激励下,许多人没有时间审视自我,24小时精神都处于紧张的状态。但是,我们仍可以试着在入睡前或醒来后,给自己5~10分钟的时间,躺在床上,闭上眼睛,什么都不想,平静地呼吸,让身体放松一下。相信你会很安静地入睡,并在新的一天充满活力,工作的效率也会有所提高。

2. 阅读

读书不仅可以使人知识渊博,更可以修身养性,让你变得更加豁达。古时如此,现代亦是如此。在读书时,你会很容易地被书中的内容所吸引,忘记时间和空间,呼吸会随之平和,思想也会随之放松。同时,知识的汲取也会让你的思路更加开阔,读书过后,人的眼界和思想都会有所提高,不再拘泥于眼前鸡毛蒜皮的小事,心情好了,身体便健康了。

3. 感受大自然

古时的人们,本就处在大自然的怀抱之中,很容易看到蓝天绿树,心情也随之开朗起来。而当下,居住于钢筋水泥的城市的人们,很难感受到大自然的魅力,因此闲暇的时候,多去大自然中走走,呼吸一下新鲜空气,眺望一下远处的风景,青山绿水,不仅可以排除体内的浊气,增加氧气的汲取,还能够释放压力,解放心灵,使头脑更加清晰,思维更加活跃,心情更加舒畅。

4. 聚会

古代文人多喜三五知己,吟诗作对;粗人也能在田间地头聊聊家常,说说时事。多与朋友交流,是能够分享快乐、共担忧愁的。当今人们之间的联系越来越少,其实,挑个周末,约上几个好友,吃吃饭,聊聊天,说说自己的如意或不如意,不仅可丰富生活,也可以排解内心的不良情绪,避免因长时间独处而产生的

孤独感,从而达到身心健康的目的。

5. 兴趣爱好

培养一些适合自身的兴趣爱好也是怡养精神的好方法。在家养一些花鸟鱼虫,闻着花香,听着鸟鸣,看着鱼游,可以调节心情;若是喜欢听戏、唱歌,约上几个票友,到公园里开嗓练声,也能使心情开朗、性格活泼些;喜好琴棋书画的,在家泼墨挥毫、抚琴执子,调养身心的同时又可在技艺上有所提高,假以时日,没准身份也成了某某家呢。

其实,怡养精神的活动还有很多,关键是找到适合自己的养生方法,有的人喜欢逛街,有的人喜欢吃东西,有的人喜欢整理东西……只要是在条件允许的范围内,不影响身体健康的情况下,都是可选的。不需要一味地模仿他人,照搬理论,只要将书中所讲转化为对自己行之有效的方法,就能够使心情愉悦,身心健康。

保健小贴士

科学缓解精神疲劳

(1)睡眠:睡眠是保护大脑、恢复体力和精力的最佳手段,但不能依靠安眠药物。

(2)体育锻炼:锻炼能够有效转移思维紧张,提高人体的活力和精力,提高人体在应付复杂枯燥工作时的适应能力。

(3)理疗:采用理疗治疗精神疲劳需要一定的专业治疗环境,如静电浴、高压氧治疗和溴离子导入,其中以高压氧治疗最为有效。

(4)辅助药物:在迫不得已的情况下,治疗精神疲劳时才配合使用一些药物,并仅限于辅功治疗。

(5)食物搭配:一方面是选取自己平时爱吃的,另一方面是注意摄取高蛋白质、高糖类以及富含钙、磷、维生素 B 族和维生素 C 的食物。

第三章

饮食保健：吃出健康好体质

饮食是供给机体营养物质，维持人体生长发育和各种生理功能的正常运行，维持生命活力的必不可少的条件。无论是"安谷则昌,绝谷则危"，"安身之本，必资于食"，还是明代大医药学家李时珍说的"饮食者，人之命脉也"，无一不说明"养生之道，莫先于食"。可见，养生，首先必须从饮食做起，做到真正懂得吃的科学和方法。

了解食物性味，助你吃出健康

中药有四气五味及归经之说，"药食同源"，故食物也有寒凉热温、辛甘酸苦咸以及食物归经的理论。饮食养生就是要针对机体的不同状态，适当运用食物的四气、五味即食物本身的药性功能，随日常饮食摄取，来调和阴阳，补益气血，调整脏腑，补其不足，泻其有余，从而改善机能状态，恢复自身能力，祛除病邪，防止和消除损害致衰的内在影响因素，从而使面部肌肤红润光泽，眼神充满生机，从而达到健康长寿的目的。

下面简单介绍一下保健食物的性、味和功能。

1. 食物四气：寒、凉、温、热

四气，又称四性，即寒性、凉性、温性和热性，连同不寒不热的平性，故也有人称为五性。中医认为，能够治疗热证的药物，大多属于寒性或凉性；能够治疗寒证的药物，大多是温性或热性。即如《神农本草经》云："疗寒以热药，疗热以寒药。"

同样的道理，凡热性或温性的食物，适宜寒证或阳气不足之人服食；凡属寒性或凉性食品，适宜热证或阳气旺盛者食用。换言之，寒证病人或阳气不足者，忌吃寒凉性食品；热证患者或阴虚之人，忌吃温热性食物。寒与凉，温与热，是区别其程度的差异，温次于热，凉次于寒。温热性的食物多具有温补散寒壮阳的作用，寒凉性食物一般具有清热泻火、滋阴生津的功效。平性食物是指性质比较平和的食物。

不了解食物之性，就很难明白饮食宜忌的道理。食物入口，与药之治病同为一理，合则于人脏腑有益，不合则于人脏腑有损。

（1）寒凉食品　凡寒性或凉性食品，都具有清热、生津、解暑、止渴的作用，对热性病证或者阳气旺盛、内火偏重者为宜；对虚寒体质，阳气不足之人则不宜。它们包括绿豆、芹菜、菊花脑、马兰头、枸杞头、柿子、梨子、香蕉、冬瓜、丝瓜、西瓜、鸭肉、螺蛳、金银花、胖大海等。

（2）温热食品　热性或温性食物多有温中、散寒、补阳、暖胃等功效，对阳虚怕冷,虚寒病症食之为宜;热性病及阴虚火旺者食之则无异于火上浇油。它们包括羊肉、狗肉、雀肉、辣椒、生姜、茴香、砂仁、肉桂、红参、白酒等。

此外,食性还要与四时气候相适应,这就是说,寒凉季节要少吃些寒凉性食品,炎热季节要少吃些温热性食物,饮食宜忌也要随四季气候而变化。

总而言之,食性犹如药性,饮食宜忌要根据食物之性,结合身体素质、疾病性质、四时气温变化而灵活掌握,合理选择,科学搭配。

2. 食物五味:辛、甘、酸、苦、咸

五味,就是饮食物的辛、甘、酸、苦、咸五种味,实际上还有淡味、涩味,习惯上把淡附于甘味,把涩附于咸味。不同的味有不同的作用和功效。

(1)辛味入肺、大肠,具有发散作用　可促进胃肠蠕动,增强消化液分泌,增强淀粉酶的活性,促进血液循环和新陈代谢,并有祛散风寒、疏通经络的功能。如风寒感冒者,宜吃具有辛辣味的生姜、葱白、紫苏等食品以宣散外寒;对寒凝气滞的胃痛、腹痛、痛经之人,宜吃辣椒、茴香、荜茇、砂仁、桂皮等辛辣食品以行气散寒止痛;风寒湿痹患者宜适量饮用辛辣的白酒或药酒,借以辛散风寒、温通血脉。

(2)甘味入脾、胃,有补益强壮作用　凡气虚、血虚、阴虚、阳虚以及五脏虚者,适宜味甘之品。甘味虽能补充气血,又能消除肌肉紧张和解毒,但若过吃甜食易发胖,是心血管疾病如动脉硬化症的诱因,故这类人及糖尿病,又当控制吃甜食。

(3)酸味入肝、胆,有收敛、固涩作用　适宜久泄、久咳、久喘、多汗、虚汗、尿频等人群。酸味还可增进食欲、健脾开胃、增强肝脏功能,提高钙、磷吸收率。但过食酸物,又会导致消化功能紊乱。

(4)苦味入心、小肠,能清泄、燥湿　适宜热证、湿证患者服食。例如,苦瓜味苦性寒,用苦瓜炒菜,佐餐食用,取其苦能清泄之力,达到清热、明目、解毒、泻火的效果,适宜热病烦渴、中暑、目赤、疮疡疖肿者服食。再如绿茶,苦甘而凉,也具有清泄的功效,适宜夏日饮用,有清利头目、除烦止渴、消食化痰的好处。

(5)咸味入肾、膀胱,能软坚、散结,也能润下　凡有结核、痞块、便秘者宜食之。具有咸味的食物,多为海产品及某些肉类。如海蜇味咸,有清热、化痰、

消积、润肠的作用,对痰热咳嗽、痞积胀满、大便燥结者,食之最宜。海带味咸,有软坚化痰作用,适宜瘿瘤瘰疬、痰火结核者服食。猪肉味咸,除能滋阴外,也能润燥,同样适宜热病津伤、燥咳、便秘之人食用。

> **保健小贴士**
>
> **以下几种人不宜多吃辣椒**
>
> 如今含辣椒的菜肴越来越深入家庭。但从健康保健的角度讲,并非人人都适合吃辣椒。
>
> 患热性病、溃疡病、慢性胃肠病、痔疮、皮炎、慢性支气管炎及高血压等疾病的人,不宜大量食用辣椒。
>
> 瘦人不宜多吃辣椒。从中医角度讲,瘦人多属阴虚和热性体质,所谓"瘦人多火"即指虚火。这一类人常常表现为咽干、口苦、眼部充血、头重脚轻、烦躁易怒,如果多吃辣椒不仅会使上述症状加重,而且容易导致出血、过敏和炎症,严重时还会发生疮痈感染等。
>
> 甲亢患者不宜食辣椒。甲亢患者常常处在高度兴奋状态,故不宜吃辣椒等强烈刺激性食物。
>
> 肾炎患者不宜食用辣椒。研究证明,在人体代谢过程中,其辛辣成分常常要通过肾脏排泄,这对肾脏实质细胞均有不同程度的刺激作用。

"药补"不如"食补"

中国传统的中草药具有补气、补血、滋阴、壮阳、安神等多种功效,其显著的保健作用是不容轻视的,然而"是药三分毒",长期食用药材必定会导致人体出现一些不良反应。

相反,大部分常见疾病和病态体质,都可通过饮食来改善。如有食欲不振、倦怠乏力、气短懒言等症状的气虚体质者,可通过适量食用羊肉、牛肉、猪肉、蛋类、奶制品、花生、核桃、松子等具有补气效果的食物，来改善气虚体质。只要不是非常严重或长期存在的气虚证，"食补"之后都能缓解症状。

相对"药补"来说，"食补"更能有效而安全地起到补益的作用。

中医主要饮食调补法则有：补肺气法、补脾气法、补血法、滋阴法、温补肾气法、补肾阴法、益胃生津法和润燥生津法。

1. 补益肺气法

选用补益肺气的食物，或补益肺气的中药与食物配伍，经烹调加工制成饮食，治疗肺气虚证的方法，称为补益肺气法。如选用大枣、饴糖、蜂蜜、鸡肉和人参、党参、黄芪，制成补虚正气粥、芪参糖等。用于肺虚气弱证，证见喘息短气、语声低怯、易感冒汗出等。

2. 补脾气法

（1）补益脾气法　选用补益脾气的食物，或补益脾气的中药与食物配伍，经烹调加工制成饮食，治疗脾虚证的方法，称为补益脾气法。如选用糯米、大枣、猪肚、鸡肉、鹌鹑和党参、白术、山药等，制成大枣粥、山药面等，用于脾虚证，症见精神困顿、四肢无力、食少便溏等。

（2）益气升陷法　选用补益元气的食物，或补气升阳的中药与食物配伍，经烹调加工制成饮食，治疗气虚下陷证的方法，称为益气升陷法。如选用鸡肉、羊肉、鸽肉、大枣、糯米和人参、党参、黄芪、升麻等，制成归芪鸡、人参粥等，用于气短声怯、大便滑泄、子宫下垂、胃下垂、崩漏、带下等属中气下陷者。

（3）益气摄血法　选用益气摄血的食物，或益气摄血的中药与食物配伍，经烹调加工制成饮食，治疗气不摄血证的方法，称为益气摄血法。如选用花生、大枣、龙眼肉、墨鱼和黄芪、三七等，制成花生红枣糖、归芪鸡等，用于气不摄血证，症见吐血、便血、齿衄、肌衄、崩漏等。

（4）健脾除湿法　选用健脾除湿的食物，或健脾除湿的中药与食物配伍，经烹调加工制成饮食，治疗脾虚湿滞证的方法，称为健脾除湿法。如选用莲子、芡实、薏苡仁、赤小豆、扁豆、鲫鱼、鳝鱼和茯苓、白术等，制成莲子猪肚、赤小豆鲤鱼汤等，用于脾虚水湿不运证，症见面浮身重、四肢肿满、肠鸣泄泻等症。

3. 补血法

（1）益气生血法　选用具有益气生血的食物，或补气养血中药与食物配伍，经烹调加工制成饮食，治疗气血两虚证的方法，称为益气生血法。如选用胡萝卜、菠菜、花生、大枣、龙眼肉、鸡肉、猪肝、羊肉和黄芪、当归等，制成归参鳝鱼羹、济生当归羊肉汤等，用于气血两虚证，证见面色苍白、爪甲无华、眩晕心悸等。

（2）补血养心法　选用补血养心安神的食物，或具补血养心的中药与食物配伍，经烹调加工制成饮食，治疗心血不足证的方法，称为补血养心法。如选用龙眼肉、荔枝肉、猪心、鸡肉和人参、当归、酸枣仁、茯苓等，制成玉灵膏、蜜饯姜枣龙眼、归参炖猪心等，用于心血不足证，症见心悸怔忡、健忘失眠等。

（3）补血养肝法　选用补血养肝的食物，或补血养肝的中药与食物配伍，经烹调加工制成饮食，治疗肝血不足证的方法，称为补血养肝法。如选用胡萝卜、菠菜、猪肝、鸡肝和枸杞子、桑葚、何首乌、当归等，制成猪肝炒枸杞苗、枸杞当归葡萄酒等，用于肝血亏虚证，症见视物昏花、眩晕胁痛、手足麻木等症。

4. 滋阴法

（1）滋阴熄风法　选用滋养肝阴，平肝熄风的食物，或滋阴熄风的中药与食物配伍，经烹调加工制成饮食，治疗阴虚风动的方法，称为滋阴熄风法。如选用桑葚、黑豆、鳖肉、牡蛎肉、鸡子黄和龟板、鳖甲、白芍等，制成小定风珠羹、阿胶鸡子黄汤等，用于肝阴不足、虚风内动，症见手足蠕动、筋脉拘急、头目眩晕等。

（2）滋阴清热法　选用滋阴清热的食物，或滋阴清热的中药与食物配伍，经烹调加工制成饮食，治疗阴虚阳盛证的方法，称为滋阴清热法。如选用梨、藕、龟肉、鳖肉、牛乳、鸡子黄和生地黄、龟板、枸杞子、桑葚等，制成生地鸡、清炖乌鱼、百合枸杞鸡蛋汤等，用于阴虚火盛证，症见五心烦热、骨蒸潮热、盗汗颧红等。

5. 温补肾气法

选用温补肾气的食物，或温补肾气的中药与食物配伍，经烹调加工制成饮食，治疗肾气虚弱证的方法，称为温补肾气法。如选用胡桃仁、栗子、韭菜等，用于肾气虚证，症见腰膝酸软、畏寒肢冷、夜尿清长等。

6. 补肾阴法

（1）补肾滋阴法　选用补肾滋阴的食物，或补肾滋阴的中药与食物配伍，经烹调加工制成饮食，治疗肾阴不足、精血亏虚证的方法，称为补肾滋阴法。如选用芝麻、黑豆、枸杞子、桑葚、牛乳、猪肾等，制成枸杞炒腰花、双耳汤、法制黑豆等，用于肾虚亏损证，症见眩晕耳鸣、腰膝酸软、潮热盗汗等。

（2）填精补髓法　选用填精补髓的食物，或补肾益精的中药与食物配伍，经烹调加工制成饮食，治疗精髓不足证的方法，称为填精补髓法。如选用芝麻、黑豆、龟肉、海参、淡菜、猪脊髓、羊脊髓和肉苁蓉、鹿茸、枸杞子等，制成羊蜜膏、圣济猪肾等，用于肾精亏虚证，症见腰脊酸痛、足膝痿软、须发早白、虚羸少气等。

7. 益胃生津法

选用养胃阴、生津液的食物，或益阴生津的中药与食物配伍，经烹调加工制成饮食，治疗胃阴虚亏或津枯肠燥的方法，称为益胃生津法。如选用梨、甘蔗、荸荠、藕、牛乳、芝麻、蜂蜜或麦冬、石斛等，制成五汁饮、益胃汤等，用于胃阴不足证，症见口渴口燥、咽干、大便燥结等。

8. 润燥生津法

选用润燥生津、滋养肺阴的食物或清燥润肺的中药与食物配伍，经烹调加工制成饮食，治疗阴虚肺燥证方法，称为润燥生津法。如选用梨、百合、藕、荸荠、柿、枇杷、蜂蜜、冰糖、猪肺、牛乳和沙参、麦冬等，制成雪羹汤、蜜饯雪梨、银耳百合羹等，用于肺燥阴伤证，症见鼻干、咽喉干痛、干咳无痰或痰中带血以及肌肤干燥等。

保健小贴士

饮食进补四法

随着生活水平的提高，进补已经不仅仅是病人的专利了。人人都希望通

过吃来使自己的身体更健康,但怎样才是正确的进补方法,却很少有人知道。

传统饮食养生的补益方法主要分为平补法、清补法、温补法和峻补法等,并根据食物的温凉寒热平的性质适当选用不同的食品。

(1)平补法:是指应用性质平和的食物进行补益的方法,较适用于普通人群中身体偏虚的人群,一年四季均可使用。大多数的谷类、豆类食物、大多数的蔬菜水果、禽蛋肉乳等食品都具有不寒不热、性质平和、滋补气血、阴阳双补等作用,都属平补食物。

(2)清补法:是指应用偏凉或泻实作用的食物进行补益的方法,较适用于偏于实热体质的人群,或夏秋季食用。小米、萝卜、冬瓜、西瓜、梨等偏于寒凉的食物有清热通便,促进胃肠蠕动,增强吸收功能,有清中求补、泻实补虚等作用,可用于清补。

(3)温补法:是指应用温热食物进行补益的方法,较适用于因阳气虚弱而有畏寒肢冷、神疲乏力等症状的人群,或冬春季食用。羊肉、狗肉、河虾、海虾、大枣、龙眼肉等偏温的食物均有温补肾阳、御寒增暖、增强性功能等作用,可用于温补。

(4)峻补法:是指应用补益作用较强,显效较快的食物进行补益的方法,较适用于体虚而需要尽快进补的人群,但应结合体质、季节、病情等条件适当进补。可用于峻补的食物有羊肉、狗肉、鹿肉、动物肾脏、甲鱼、龟肉、鳟鱼、黄花鱼、巴鱼等。需要注意的是,大病初愈的人虽然身体虚弱,但并不适合马上用峻补法,尤其是手术后或刚分娩的人,应先用清补或平补法,等身体稍微恢复一点,再使用峻补法。

进补如用兵,乱补会伤身

用食物来进补身体有很多的好处,但所有的事情都必须遵照一定的法度,逾越它就可能达不到最初的目的甚至可能会适得其反。尤其是我们现代人,做事总是急功近利,什么事情都恨不能一步登天。这个态度也被人们用到养生上,很多人听说食补好处多,就吃一些膏粱厚味、肥腻荤腥,再不就是买一大堆保健品,恨不得一下就把身体补好,其实,这些进补的方法都是不科学的,不仅对身体没好处,甚至还会伤害身体。民间谚语就说:"进补如用兵,乱补会伤身。"进补就跟用兵一样,要用得巧、用得准才能击溃敌人,否则反而给对方以可乘之机。下面我们就明确一下进补的几个误区,给大家提个醒。

1. 胡乱进补

并不是每个人都需要进补,所以在决定进补之前我们应该先了解一下自己属于何种体质,到底需不需要进补。需要进补的话,究竟是哪个脏腑有虚证。这样才能做到有的放矢,真正起到进补的作用,否则不仅浪费钱财,还会扰乱机体的平衡状态而导致疾病。

2. 补药越贵越好

中医认为,药物只要运用得当,大黄可以当补药;服药失准,人参也可为毒草。每种补药都有一定的对象和适应证,实用有效才是最好。

3. 进补多多益善

关于进补,"多吃补药,有病治病,无病强身"的观点很流行,其实不管多好的补药服用过量都会成为毒药,如过量服用参茸类补品,可引起腹胀、不思饮食等症状就是这个道理。

4. 过食滋腻厚味

食用过多肉类,就会在体内堆积过多的脂肪、胆固醇等,可能诱发心脑血管疾病。因此,冬令进补不要过食滋腻厚味,应以易于消化为准则,在适当食用肉类进补的同时,不要忽视蔬菜和水果。

5. 带病进补

有人认为在患病的时候要加大进补的力度,其实在患有感冒、发热、咳嗽等

外感病症及急性病发作期时,要暂缓进补,否则,不光病情迟迟得不到改善,甚至会有恶化的危险。

6. 以药代食

对于营养不足而致虚损的人来说,不能完全以补药代替食物,应追根溯源,增加营养,平衡膳食与进补适当结合,才能达到恢复健康的目的。

7. 盲目忌口

冬季吃滋补药时,一般会有一些食物禁忌。但是,有的人在服用补药期间,为了怕犯忌,只吃白饭青菜,严格忌口,这是完全没必要的。盲目忌口会使人体摄入的营养失衡,导致其他疾病的发生,反而起不到进补的作用。

> **保健小贴士**
>
> ### 补钙并非多多益善
>
> 骨质疏松的人存在着骨钙的丢失和某些维生素的缺乏等问题,因而可以服用一定量的钙剂、维生素制剂来补充体内的不足。服用钙剂时要注意以下几点。
>
> (1)选择对胃肠道刺激小的制剂:因为钙剂需要长期服用才有效,因而要选择服用方便的活性钙、碳酸钙或葡萄糖酸钙,而氯化钙对胃肠道有一定的刺激,不宜长期服用。
>
> (2)服用钙剂需要增加饮水量:增加饮水量的目的是增加尿量,减少泌尿系结石形成的机会。因尿中钙离子的浓度过高是产生结石的原因之一。对于已经有泌尿系结石者,服用钙剂后应定期做B超等检查,以了解结石变化的情况。
>
> (3)补钙绝非越多越好:人体每日需要的钙为1~1.5克,主要从食物中摄取。补钙要遵循"补充不足,略有超出"的原则,不能无限制地补。因为补入过多的钙必然会增加钙从尿中排出的量,而尿钙过多容易导致泌尿系结石产生,因而补钙过多对身体也是有害的。

第三章 饮食保健：吃出健康好体质

（4）服用钙剂的时间：因为血钙的水平受体内各种激素的影响和调节，而这些激素具有"昼夜节律"的特性，也就是说激素白天和夜间的分泌量有所不同，因而血钙的水平也不稳定，具有上下波动的特征。一般讲，血钙水平在后半夜及清晨最低，白天最高。所以，为了有效地发挥钙的作用，骨质疏松者最好每晚睡前服用一次钙剂，以抵消夜间的低血钙。

以食代药，亦可治病

我们的祖先早就发现，一些日常食物不仅可以充饥，而且可以治疗某些疾病。所以食物和药物是不可分的，食物也是药物。下面我们就来介绍一些常见食物的药用功效。

1. 黄瓜

黄瓜性凉味甘，具有清热解毒、利水消肿、止渴生津功效，可用于身热烦渴、热毒疮疡、黄疸热淋、小便赤黄等症。《本草求真》称黄瓜"气味甘寒，能清热利水"，《滇南本草》称其"解痉癖热毒，清烦渴"。不过由于黄瓜性味偏寒凉，故多食易耗损正气，伤脾胃，因此气血不足者、久病体虚者、孕妇、胃寒腹泻者、四肢不温者均不宜多吃。

2. 白萝卜

白萝卜中含有能诱导人体自身产生干扰素的多种微量元素，可增强机体免疫力，并能抑制癌细胞的生长，对防癌、抗癌有重要作用。此外，其性味辛甘，有下气定喘、止咳化痰、顺气利尿、清热解毒之功效。适用于支气管炎、咽喉疼痛、鼻子干燥、胃炎、风寒咳嗽、口舌生疮、耳朵痒痛等症。

3. 木耳

历代医书对于黑木耳的功效都有详细的记载，明代李时珍在《本草纲目》中记载："木耳生于朽木之上，性甘干，主治益气不饥，轻身强志，并有治疗痔疮、血痢下血等作用。"我国医学历来认为黑木耳具有滋润强壮、清肺益气、补血活血、镇静止痛等功效。

4. 西瓜

西瓜中含有多种人体所需的营养成分和有益物质，如蔗糖、果糖、葡萄糖、丰富的维生素 C、有机酸、氨基酸及钙、磷、铁等矿物质。

中医认为，西瓜味甘淡、性寒，具有清热解暑、生津止渴、利尿等功能。对于盛夏酷暑没有食欲的"苦夏"者来说，多吃西瓜具有开胃助消化、促进新陈代谢、滋养身体的作用。《本草纲目》中，李时珍称其有"消烦解渴，宽中下气，利小水、解酒毒"等功效。常吃可清肺润肠、和中止渴，具有软化血管、降低血压、抗坏血病等功效。

5. 大枣

大枣又名红枣，长期食之可提高人体免疫力，并可抑制癌细胞。中医认为其气味甘平，有强筋壮骨、补血行气、滋养容颜、宁心安神、益智健脑、增强食欲之功效。适用于过敏性紫癜、贫血、高血压、肝炎、肝硬化、胃肠道肿瘤等症。

6. 栗子

栗子含有蛋白质、脂肪、维生素 B 族等多种营养素。中医认为其味甜性温，有补脾健胃、补肾强筋、活血止血之功效，尤其对肾虚有良好的疗效，故又称为"肾之果"。适用于防治筋骨肿痛、小便频数、腰脚无力、高血压、冠心病、动脉硬化、骨质疏松等症。

7. 鲤鱼

中医认为，鲤鱼味甘性平而温、无毒，有益气健脾、利尿消肿、清热解毒、滋养开胃、止咳嗽、通乳汁等功效。历代医家都将鲤鱼作为食疗佳品。《本草纲目》

中认为鲤鱼"煮食,下水气,利小便;烧末,能发汗,定气喘、治咳嗽、消肿"。《神农本草经》也将鲤鱼列为食疗的上品。

8. 红薯

《本草纲目》中记载:"甘薯补虚,健脾开胃,强肾阴。"中医视红薯为良药。入药始见于清代赵学敏的《本草纲目拾遗》,称红薯性平味甘、无毒,入脾、肾二经,常食可凉血活血、益气生津、宽肠通便,产妇最宜,又称红薯"补中,和血,暖胃,肥五脏。白皮肉者,益肺生津"。《随息居饮食谱》称其"食补脾胃,益气力,御风寒,益颜色"。

9. 芝麻

芝麻有白芝麻和黑芝麻两种,食用时以白芝麻为好,药用则以黑芝麻为佳。

芝麻的药用价值,自古以来备受推崇。《本草纲目》中记载:芝麻"补五脏,益气力,长肌肉,填髓脑"。

中医认为,芝麻尤其是黑芝麻,味甘性平,为滋养强壮剂,有补血、明目、祛风、润肠、生津、补肝肾、通乳、养发等功用,适于身体虚弱、头发早白、贫血乏力、肌肤干燥、大便燥结、头晕耳鸣等。

10. 猪血

中医认为,猪血性平,味咸,有利肠道通便、清除肠垢之功效。在民间,猪血常用于食疗,以血补血,是防治缺铁性贫血的佳品。《本草纲目》中称猪血有"生血之功"。

猪血中的血浆蛋白被人体内的胃酸分解后,会产生一种解毒、清肠的分解物,对侵入人体内的粉尘、有害金属微粒发生生化反应,然后从消化道排出体外。因此,长期接触有害有毒粉尘的人可多吃猪血。教师长年与粉笔"打交道",猪血是很好的排毒食物。

11. 海带

从中医角度讲,海水性属阴冷寒凉,生长在海水中的海带也具有极强的抗

寒能力。海带味咸，长期食用还有温补肾气的作用。因而，冬季食用海带，可增加人体的抗寒能力。

《本草纲目》中记载海带可"治水病瘿瘤，功同海藻"。《医林纂要》指出它能"补心行水，消滞，消瘿瘤结核，攻寒瘕疝，治脚气水肿"。因此常吃海带能补血润脾，医治或防止甲状腺肿大，降低血液中的胆固醇，防治血管硬化、癞皮病及肝脏疾病，还具有化痰、利水泄热等功效。

保健小贴士

吃胡萝卜避免眼衰老

经常在电脑前工作的人常会觉得眼睛干涩疼痛，如果经常吃胡萝卜，就能起到一定的缓解作用。

胡萝卜中含有大量的β-胡萝卜素。当人体缺乏这种物质时，眼睛就会变得疼痛，多吃香蕉不仅可减轻这些症状，还可在一定程度上缓解眼睛疲劳，避免眼睛过早衰老。

合理搭配，无病到老

中医认为，最好的饮食其实是平衡膳食，只有合理搭配膳食，才能充分吸收营养，无灾不病伴终身。具体需要做到以下几点：

1. 酸碱要平衡

人体内环境呈弱碱性，保持pH值在7.35~7.45。低于7.35或高于7.45时就会发生中毒，前者叫酸中毒，后者叫碱中毒，都会影响人体的健康。因此，在膳食结构中，要注意酸碱平衡。

中医认为，酸性食品与碱性食品搭配食用，才能保证人体健康。这里所说的食物酸碱性，并非指味觉上的直接感觉，而是指生物化学性质，如吃时感到酸味的葡萄、醋等,却是碱性食品。

2. 主食多样化

中医认为,最好的饮食其实是平衡膳食。平衡膳食首先要求食物多样化。多样化有两个层次,一个是"类"的多样化,即要尽量吃粮食、肉类、豆类、奶类、蛋类、蔬菜、水果、油脂类等各类食物;另一个是"种"的多样化,即在每类中要尽量吃各种食物,如肉类要吃猪肉、牛肉、羊肉、鸡肉、鱼肉、兔肉、鸭肉等。粮食也如此,不仅要吃精米、白面等,还要吃粗杂粮,如小米、玉米、荞麦、高粱、燕麦等。《黄帝内经》中记载:"五谷为养,五果为助,五畜为益,五菜为充,气味合而服之,以补益精气。"在五谷中,通常认为稻米、小麦属细粮;粗杂粮是指除稻米、小麦以外的其他粮食,即玉米、荞麦、燕麦、小米、高粱、薯类等。

3. 荤素要平衡

俗话说:荤素搭配,长命百岁;偏食偏爱,不病才怪。在现代生活中有许多人对食素颇有好感,认为食素能使人健康长寿。但是,科学的膳食养生却要荤素平衡。

荤食主要指动物性食品如畜肉、水产品等,素食主要是指植物性食品如粗粮、蔬菜等。多吃肥厚油腻的荤食,会导致胆固醇含量过高,从而导致血管壁弹性下降、管腔狭窄、动脉硬化和心肌梗死等心脑血管病症,还易导致肠癌的发生。多吃荤食固然不好,但也不能不吃荤而全部吃素,因为荤食中富含人体必不可少的蛋白质和脂肪。而果蔬等素食含有较多的维生素和纤维素,属于低热量的食物,生物活性极高,是延年益寿的良好食物。

在日常进餐中,荤素搭配,且素食的分量最好是荤食的1~2倍,这样可使人体均衡地获得丰富的蛋白质、脂肪、维生素和无机盐等各种营养物质,是最符合营养需求的。

4. 干稀搭配

不同的气候决定不同的饮食习惯,我国南北饮食就有很大的不同:南方多水,喜欢清汤或稀粥;北方多旱,喜欢馒馍和面食。传统饮食中不少人都没注意这个干稀搭配的问题。其实在我们日常生活中都有过这样的经历:单吃过干的

食物如米、馍,总觉得干巴巴的,不易下咽,而单喝稀汤或稀粥,肚子又很容易饥饿。干稀搭配既能增加饱腹感,又可使蛋白质等营养素得到互补。尤其是在中老年人的饮食中,干稀搭配尤为关键。

食物的种类多种多样,所含的营养成分各不相同,只有将各种食物合理搭配,才能使人体得到各种不同的营养,才能广摄精微,满足生命活动的需要。

保健小贴士

服药期间的合理饮食搭配

《汤液本草》中说:"药气与食气不欲相逢,食气消则服药,药气消则进食,所谓食前食后盖有义在其中也。"可见古人对药物与食物之间的关系及相互影响是有深刻体会的。服药时,若能做到合理配膳,不仅能减少药物的毒副作用,而且能够促进药物吸收,增强药效。

(1)服用含铁药物时,应多食富含维生素C的新鲜蔬菜和水果,或喝些橘子汁,增加铁盐的溶解度,促进身体对铁的吸收。服驱虫药时,应多吃含纤维素多的蔬菜,如土豆、红薯、萝卜、黄瓜、芹菜、豆芽、绿叶蔬菜及海藻类等,增强肠管蠕动,促使虫体排出。

(2)服用维生素A等脂溶性药物时,应多吃脂肪类食品,以促进药物的吸收,提高疗效。

(3)服用利尿药时,因人体内的钾离子易随尿液排出,故应多食含钾丰富的食物,如土豆、番茄、香蕉等。

合理膳食的"三二三一"原则

2008年,世界癌症研究基金会曾在北京发布了《食物、营养、身体活动与癌症预防》的报告,其中对改变不合理的膳食结构、科学饮食提出了意见和建议,这就是"三二三一"原则。

1. 第一个"三"是3种食物多多益善

（1）十字花科蔬菜　十字花科蔬菜像花椰菜、甘蓝、卷心菜，花椰菜和羽衣甘蓝都是抗癌明星。研究显示，十字花科蔬菜可以减低患直肠癌、肺癌和胃癌的危险。专家认为，卷心菜等蔬菜中含有激活人体内天然的解毒酶的化学物质。而密歇根州大学的一项研究也表明，在患乳腺癌的概率上，一周吃3份以上生的或者稍微烹调一下的卷心菜的人，比那些一周只吃1.5份甚至更少的人患癌症的危险低了72%。

（2）高纤维食物　膳食纤维不仅能够促进肠道蠕动，还对女性乳房有益。瑞典研究人员跟踪调查了6万多名妇女，发现每天吃4.5份膳食纤维较多的全谷类食物的人患结肠癌的概率降低了35%。粗粮不仅膳食纤维含量高，还可以清理掉两种与乳腺癌有关的激素——雌激素和胰岛素的多余部分。

（3）富含维生素D和钙的食物　维生素D和钙的结合有保护乳房和结肠的作用。乳制品富含维生素D和钙，美国《国家癌症研究所》杂志显示，经常食用乳制品的人降低了患直肠癌的危险，科学家认为是钙发挥了保护作用。维生素D和钙能抑制激素的影响，可以使人们在早期避开乳腺癌。

2. "二"是两种食物要经常吃

（1）番茄　番茄能够降低罹患胃癌、卵巢癌、胰腺癌和前列腺癌的危险，其所含有的番茄红素有助于预防细胞受到损害。

（2）浆果　浆果这种食物也有抗癌作用，草莓、黑莓和蓝莓都富含抗氧化剂，抗氧化剂可以防止细胞受到损害。

3. 第二个"三"是有三种食物要少吃

（1）红肉要少吃　包括猪牛羊肉等等。研究显示，结肠癌同饮食有密切关系，每天食用热狗和猪牛羊肉以及肉制品的人，患结肠癌的概率高于一般人。《美国医学协会》杂志调研显示，10年间每周吃两三次、每次28克加工肉制品的女性，患结肠癌的概率增加了50%；而长时间每天吃56克红色肉类的女性患直肠癌的危险增加了40%。除了结肠癌以外，还可能患上其他癌症，原因是肉类在高温烹调下和用硝酸钾等加工过程中，产生了致癌物质丙烯酰胺和苯并芘。

（2）不要过量饮酒　过量饮酒会增加乳腺癌、结肠癌、食道癌、口腔癌和咽喉癌的危险。当然，酒并非一无是处，少量饮酒对心脑血管有益。但是，大量饮酒就适得其反，如果每饮必醉，不醉不归会直接损伤各部脏器。

（3）脂肪含量高的食品要少吃　高脂肪食物不仅使人容易患心脑血管疾病，也容易患上癌症。少吃一些富含脂肪的食品可以减少患乳腺癌的概率。专家建议，由脂肪产生的热量不应该超过体内总热量的30%。一天食用60克脂肪食品，就可以产生1800千卡的热量，所以不宜过多摄入。但是，也不能因此就不吃含有脂肪的食物，因为脂肪中的饱和脂肪酸有益于心脑血管。所以，我们可以通过一些健康食品摄取饱和脂肪，比如富含饱和脂肪的鱼、坚果、橄榄油等等。

4. "一"是要留意观察一种食物

这种食物就是大豆。我们知道，大豆中含有大豆异黄酮，是著名的植物雌激素，对缓解女性衰老有很大的作用。

保健小贴士

肉蒜同吃营养翻倍

日常生活饮食中，吃肉时应适量吃一点蒜。这是因为虽然在动物肉食品中尤其是瘦肉中含有丰富的维生素 B_1，然而维生素 B_1 在体内停留的时间很短，会随小便小量排出。如果在吃肉时再吃点大蒜，肉中的维生素 B_1 能和大蒜中的大蒜素结合，这样可使维生素 B_1 的含量提高 4~6 倍，而且能使维生素 B_1 溶于水的性质变为溶于脂的性质，从而延长维生素 B_1 在人体内的停留时间。

吃肉时吃蒜，还能促进血液循环，提高维生素 B_1 在胃肠道的吸收率和体内的利用率，对尽快消除身体各部器官的疲劳，增强体质，预防大肠癌等都有十分重要的意义。所以，吃肉又吃蒜能达到事半功倍的营养效果。

常吃四种米，健康长寿来

"民以食为天"，人们每天吃饭，获得营养，维持生命活动。不同地区人们的膳食习惯不尽相同，但都以谷物为主食，如馒头、米饭、面包等，谷物是身体热能的主要来源。

在谷物中，全粒谷物对我们的身体最有益的。现代医学研究表明，全粒谷物有预防癌症的作用，特别是胃癌和结肠癌。此外，吃全粒谷物还能减少患冠心病、糖尿病以及高血压等病的机会。这是因为全粒谷物中含有大量膳食纤维、淀粉、各种寡糖、矿物质、维生素、抗氧化剂以及植物性雌激素等。

全粒谷物含淀粉量高，为60%~70%。不同谷物颗粒的形貌、大小虽存在差别，但结构是相似的。颗粒的外层为谷皮，内为糊粉层，再内是胚乳，另一端为胚芽，不同部分的化学组成略有差别。小麦为重要谷物，胚乳约为谷粒的83%，主要成分为淀粉，还有蛋白质，其他物质少；糊粉层约占4.5%，含纤维、蛋白质、维生素B族；胚芽约2.5%，含蛋白质、维生素等。

全粒谷物主要包括小麦、大米、玉米、燕麦、大麦、高粱，以及小米等。

1. 燕麦

燕麦自古入药，性味甘、温，具有补益脾胃、滑肠、催产、止虚汗和止血等功效。燕麦面汤是产妇、慢性疾病患者、病后体弱者的食疗补品。

现代医学研究表明，燕麦含有的蛋白质比其他任何谷类都要多，它是可溶性纤维素的最佳来源，而且还富含维生素B族。它还具有多种矿物质，如钙、铁和多种微量元素。

燕麦是特别好的碳水化合物来源，它有助于维持血糖浓度，而且对于维持健康体重很有帮助。澳大利亚的研究发现，运动员如果连续三周以燕麦为主食，可以增强多达4%的活力。

此外，燕麦粥具有通便的作用，这不仅因为它含有植物纤维，而且在调理消化道功能方面，维生素B_1、B_{12}更是功效卓著。很多老年人大便干，容易发生脑血管意外，燕麦能解便秘之忧。

不过燕麦不要一次吃太多,否则会造成胃痉挛或胃部胀气。

2. 糙米

中医认为,糙米性味甘、平,具有整肠利便的功效。

糙米又是极佳的碳水化合物,能保持血糖稳定。糙米中大量的纤维有助于消化,而其中的镁与磷,则是建造骨骼的重要矿物质。此外,糙米富含胚芽和多糖,以及维生素B族和维生素E,这些都属于抗氧化剂,能增强免疫细胞的功能。

糙米虽然是含有微量元素较多的米,但是不适宜多吃,这是因为糙米食用过多会导致肥胖。

3. 薏米

薏米又叫苡米,其所含蛋白质远比米、面高,而且容易被消化吸收,对减轻胃肠负担、增强体质有益。中医认为,薏米味甘淡,性微寒,有健脾、补肺、清热、利湿的作用。

现代研究证明,薏米有抗肿瘤、增强免疫力、降血糖等功效。将薏米与大米煮粥或加入适量冰糖食用,能使肿瘤患者食欲增加,减少化疗的毒副作用。此外,薏米中含有的薏苡素对横纹肌有抑制作用,可减少皱纹,爱美的人不妨多吃。

4. 玉米

玉米性味甘、平,归胃、大肠经,有健脾益胃、利水渗湿作用,是食物中的保健佳品。

流行病学资料表明,多食玉米可减少很多疾病的发生。玉米的防病机理主要有4点:

(1)玉米中含有谷胱甘肽,它能使致癌物质失去活性,对防治癌症有一定作用。

(2)玉米含有维生素E,它有助于血管舒张,加强肠壁蠕动,促进机体废物的排除,并能抑制不饱和脂肪酸氧化,抑制癌细胞的生长。

(3)玉米含有镁元素,可舒张血管,防止缺血性心脏病,维持心肌正常功能,是高血压、冠心病、高血脂患者的首选食物。

(4) 玉米还含有微量元素硒,硒能加速体内过氧化物的分解,使恶性肿瘤得不到氧分子的供应,从而被抑制。

需要注意的是,玉米发霉后会产生致癌物,所以发霉玉米绝对不能食用!

吃对一日三餐,保证身体健康

民以食为天。我们的身体摄取营养要靠每天的三餐,三餐的营养好坏直接关系着我们的身体健康。所以,吃好一日三餐对我们的营养摄取至关重要。

1. 早餐要营养

早餐对于保证充沛的精神和体力,供给充足的热能和营养是非常重要的。因此,我们必须吃早餐。早餐宜吃容易消化的温热、柔软食物,如牛奶、豆浆、面条、馄饨等,最好能吃点粥。

早餐宜少不宜多,饮食过量会超过胃肠的消化能力,食物便不能被消化吸收,大量的食物残渣贮存大肠中,被大肠中的细菌分解,其中蛋白质的分解物——苯酚等会经肠壁进入人体血液中,对人体十分有害,并容易患血管疾病。所以,早餐不可不吃,但也不可吃得过饱。

2. 午餐要丰盛

午餐是每日饮食中最主要的一餐。午餐的作用可归结为4个字"承上启下":既要补偿早餐后至午餐前4~5个小时的能量消耗,又要为下午4个小时的工作和学习做好必要的营养储备,所以午餐热量应占每天摄入总热量的40%。

午餐中的热量主要来自足够的主食、适量的肉类、油脂和蔬菜。与早餐一样,午餐也不宜吃得过于油腻。

一般情况下,午餐中主食的摄入量至少要在160克左右,这样才会有充沛的精力胜任全天的工作学习。五谷米饭是最好的主食,若能加入豆类,则营养会更完整。

主菜可选择一份鱼或者肉,配一些蔬菜。为满足矿物质和维生素的补充,副食的种类应选择以肉、蛋、奶、禽类、豆制品类、海产品类、蔬菜类相互搭配。

3. 晚餐要节制

俗话说"晚饭少一口,活到九十九",由于晚饭后至次日清晨的大部时间是在床上度过的,机体的热能消耗并不大,所以晚餐不可暴饮暴食,而应讲究量少质高。

晚餐中,最好选择碳水化合物为主食,这样可以促使体内分泌胰岛素,帮助肌肉细胞吸取血清中大量的氨基酸,进而使较多的色氨酸进入脑部,转化为有镇静作用的血清素,可以帮助你有一个高质量的睡眠。

晚餐宜要少吃蛋白质、脂肪和胆固醇含量高的食物,因为晚餐的热量摄入太多,多余的热量势必要转化成脂肪贮存在体内。

> **保健小贴士**
>
> **睡前一杯奶,身体更健康**
>
> 牛奶营养丰富,一杯牛奶可以提供约 350 毫克钙,约占成年人每日钙的推荐摄入量的一半,还可提供蛋白质 7 克,脂肪 5 克,碳水化合物 14 克,热能 536 千焦。牛奶是人们日常的饮品之一,而睡前喝奶对身体更是好处多多。
>
> 睡前喝牛奶是补钙的最佳方式。这是因为,人体在白天从尿液排出钙时,血液可以随时从食物中得到补充来维持血钙的水平。可到了夜间,人体不再进食,为了维持正常的血钙水平,人体就不得不动用钙库——骨骼中的钙。
>
> 所以,睡前喝牛奶补充了一部分钙,可以为夜间的这种低钙调节提供钙源,阻断了体内动用骨钙。此外,钙和牛奶中的某些物质,均有镇静、催眠作用,有助于我们睡眠。

饮食好习惯,健康你一生

饮食养生的运用对于人体有着诸多的益处,但若不遵循正确的饮食习惯,则难以实现饮食养生的最佳效果。

1. 保证新鲜才健康

食物的新鲜和清洁,是人体摄取充分营养、身体健康的重要保证,更是养生的基础保证。新鲜的食物,其营养成分保存得最为全面,且极易被人体消化吸收,对人体健康十分有利,而且清洁的食物,能防止受到细菌或毒素污染的食物进入体内而导致疾病。因此,日常饮食一定要做到新鲜、清洁。

2. 良好情绪有助消化

研究表明,在进餐时保持愉快的情绪,可兴奋机体神经系统,促进胃肠蠕动和胆囊收缩、消化腺分泌增加,使摄入的食物能得到充分地消化和吸收。相反,在不良情绪下进餐,各种消化液分泌会减少,并会使胃肠蠕动异常,消化食物的能力降低,营养素不能被充分吸收和利用。严重时还会出现吞咽困难、嗳气、腹胀等不适症状,甚至引发消化系统疾病。

进餐时的情绪,不仅与饭菜的色、香、味、形和进餐环境有关,还与自身的情绪调节有关。因此烦躁恼怒时最好不要进餐,进餐时也要避免谈论不愉快的话题,以提高对营养素的吸收。

3. 饭前散步更健康

俗话说:"饭后百步走,活到九十九。"但研究发现并非如此。

饭后食物都集中在胃里,此时需要大量的消化液和血液来消化胃中的食物。如能在此时适当休息,全身血液便可适量地进入消化器官,使食物充分消化。若餐后马上散步,血液就要运送到全身其他部位,使胃肠的血液供应相应减少,食物难以充分消化。而且胃里的消化液是由吃进食物的条件反射而产生的,胃部饱满,胃液才能分泌旺盛。如餐后散步,胃部在活动中快速蠕动,会将未经充分消化的食物过早推入小肠,难以吸收到食物的营养。

但如果选在餐前散步效果就不同了。此时胃中空虚,脂肪细胞尚无新的脂肪酸进入,散步易将其"动员"出来化为热量而消耗掉。因此,餐前步行半小时更有利于健康。

4. 饭前喝汤益健康

饭前先喝几口汤,等于给消化道加点"润滑剂",使食物能顺利下咽,防止干硬食物刺激消化道黏膜,有益于胃肠对食物的消化和吸收。

若饭前不喝汤,吃饭时也不进汤水,则饭后会因胃液的大量分泌使体液丧失过多而产生口渴,这时喝水,反而会冲淡胃液,影响食物的吸收和消化。

5. 细嚼慢咽可延年

咀嚼是进食的第一步。食物经牙齿磨碎后进入胃中,嚼得越细,食物在胃内就会消化吸收得越好。而且咀嚼的同时还能反射地引起胃腺、胰腺的分泌,有利于食物的消化。

明代王蔡《修真秘要》说:"夫食不用急,急则不细,不细则损脾气。法当熟嚼令细,不用食坚硬难消之物。"《华佗食论》曰:"食物有三化:一火化,烂煮也;一口化,细嚼也;一腹化,入胃自化也。"都强调在进食时,要细嚼慢咽,借助"口化"来帮助"腹化"吸收营养,益寿养生。

6. 适当节食是合理的养生之道

我国历代养生家都很重视节食,主张"少食"。《黄帝内经·素问·脏器法时论》说:"谷肉果菜,食养足之,无使过之,伤其正也。"《黄帝内经·素问·痹论》指出:"饮食自信,肠胃乃伤。"《东谷赘言》总结食多的害处认为:"多食之人有五患,一者大便数,二者小便数,三者扰睡眠,四者身重不堪修养,五者多患食不消化。"

多食的害处很多,除会增加肠胃负担引起消化系统疾病外,还可能导致营养过剩,体肥超重,引发多种疾病。

7. 冷食冷饮应适度

中医认为,胃喜暖而恶寒,过食生冷食物易导致腹痛、呕吐、泄泻等,还可诱发过敏性结肠炎;而胆道遇冷刺激会痉挛,导致胆囊炎、胆石症等疾病;冷刺激还会使心血管、支气管收缩,影响心、肺功能,故《黄帝内经·灵枢·邪气脏腑病形篇》说:"形寒饮冷则伤肺。"所以饮食宜温,生冷宜少。

保健小贴士

"远亲"食物要多吃

常言道,远亲不如近邻,然而对食物而言,却是远亲食物对人类的好处远大于近邻。

这里所说的远亲,是指在空间和生物学关系上距离相对较远,如鱼虾类食物与猪牛羊相比就与人类远些。植物类食物又远于动物类食物,野生食物远于人工种的食物,海洋中的食物远于陆地上的。菌类食物如香菇等,由于其与人类生物学上的关系较远,才成为对人体健康最有益的食物之一。有些菌类还能增强人体的抗癌能力,对防癌症有一定效果。生长在我国北方高寒干旱地区的沙棘,由于离我们的生存地域关系较远而成为人们喜食的保健食品。据专家介绍,沙棘果实中含有 200 多种生物活性成分,不仅对健康有益,还具有止咳化痰,活血化瘀,清热止泻,补脾肾等功效。海带在生物学上与人类的关系很远,也是人们喜爱的食物之一,孕妇常吃海带,对胎儿的发育,特别是大脑神经发育极为有益。

第四章

运动保健：动出健康好身体

中医理论有"久卧伤气,久坐伤肉"之说。名医华佗曾用"流水不腐,户枢不蠹"来告诫人们经常活动可防病养生；孙思邈也曾指出："人欲劳于形,百病不能成。"运动的重要性,由此可见一斑。运动养生是通过适量的运动来保养生命的方法,古人称其为"动形",即运动形体(身体)的方法。传统养生学认为,适量的运动可活动筋骨,调节气息,畅达经络,疏通气血,调和脏腑,增强体质,从而使人健康长寿。

符合传统养生之法的简易运动

太极拳、八段锦、五禽戏等都是众所周知的传统养生运动,但有些动作套路多,难于记忆,即使养生,学起来也要费一番功夫,而且锻炼时要花费不少时间,不过符合传统养生之法的简易运动也有很多。

1. 拍打防治颈椎病

患颈椎病的教师越来越多,因为找不到合适的治疗方法,往往苦不堪言。其实几乎所有颈椎病都是因为长时间保持姿势不变,肌肉长时间固定,毛细血管闭塞,而造成肌肉、韧带、骨骼的损伤的。只要让毛细血管打开,血流改善,酸痛就能缓解。这也非常简单,只要遵循经络养生做运动,沿经络走向,拍拍打打,就能够起到缓解不适的作用。操作也很简单,右手拍左肩,左手拍右肩,每边各拍50次,力度要适中,以感觉到肩部有击打感为佳。

此外,下蹲十几次,深呼吸几次,挺胸,再做一些活动关节的动作,每日坚持一两分钟,可有效预防颈椎病。

2. 深呼吸调整植物神经

不少教师深受植物神经紊乱之痛,头晕、头疼,精神、体力不济,蹲会儿站起身会眼前发黑,有的还摔倒晕倒。还有些人睡不好觉,浑身难受,这些都是因为体内气血经络不通造成的。在此教您一个简便的方法,5分钟就能搞定:做深呼吸,采用胸式呼吸和腹式呼吸。通过深呼吸锻炼横膈,增加氧气供应,改善肠胃功能,保护内脏。还要经常练习下蹲后站起,每回5次至10次。体位的变化,可以有效锻炼交感神经和副交感神经。

3. 要想锻炼肌肉,学做"燕子飞"

"燕子飞"是中国古老的养生运动方法之一,具有锻炼肌肉、舒展形体的作用。双臂向身体两侧伸开,和地面平行,类似钟表9时15分时针与分针的位置;然后双臂同时向10时10分的位置抬起,再回落,连续做20到30次。

另外,踮脚并伸长脖子,保持几秒钟,反复做,肩部、颈部和脚部肌肉都能得到锻炼。

4. 梳头

现代脑力劳动者常常苦恼于用脑过度导致脱发,事实上,古代许多文豪墨客也饱受脱发之苦。宋代大文豪苏东坡曾一度脱发,受名医指点后坚持早晚梳头,"梳头百余下,散发卧,熟寝至天明",不久就阻止了头发脱落。此外,头部的许多经穴受到梳子或手指的按摩,可使经络畅达,对于肌肉紧张性头痛、神经性头痛、偏头痛、失眠等可起到缓解作用。

古人对梳子的材质也大有讲究,金、银、玉石、象牙、犀角、玳瑁,以及各种名贵木材都可以做梳子,功效各有不同。《本草纲目》中推荐了有清热凉血解毒功效的黄杨木梳。过去宫廷贵妇常用天然犀牛角制成的"犀梳"梳头和做装饰,犀角具有清热解毒、善清血热的作用,可以治疗热病头痛、火炽神昏。

民间也有用牛羊角制成的梳子。牛羊角去垢而不沾,温润而不挂发,同时牛羊角本来也是具有凉血、熄风、镇静作用的中药,还可消炎镇痛,治疗头痛、热毒,还能去屑护发,治疗失眠。因此,也可用牛羊角代替犀角制成梳子。

5. 刷牙

中国人非常注重牙齿的健康,进行口腔清洁与保健自古有之。

最早的牙刷是随着佛教传入中国的。东汉高世安所译《佛说温室洗浴众僧经》中讲到洗浴所需的七种用具,其"六者杨枝",是将杨枝的一端打造成刷状蘸药或香料刷牙。还有直接咀嚼杨柳嫩枝清洁牙齿的,即"晨嚼齿木"。明代李时珍也认为将嫩柳枝"削为牙枝,涤齿甚妙"。到了南宋,民间已经可以买到批量生产的牙刷,即用骨、角、竹、木等材料做握柄,一端钻毛孔两行,刷毛为马尾,几乎和现在的牙刷外观一致。古代漱口普遍采用含漱法,最早使用的漱口剂有酒、醋、盐水、茶及清水等。

刷牙时,牙刷可以通过刷毛对牙齿、牙龈、牙床进行刷动,舌头和牙床等还会随着牙刷的运动上下左右进行运动。因此,刷牙不仅是对口腔的清洁,也是口腔的运动。另外,也可以在刷牙后叩齿,借以运动牙齿。

保健小贴士

测测你的运动量够不够

每人每天究竟进行多大的运动量合适,这确实很难掌握。但美国俄克拉何马州立大学一位副教授经过多年的潜心研究,设计出了一个测定个人运动量的方法。这是一套简单而便于使用的测算方式,你有空也可以试一下。

(1)睡眠:每睡一个小时记0.85分。计算一下你每天睡几个小时,就按这个单位的乘积记分。

(2)静止活动:包括案头工作、阅读、吃饭、看电视、坐车等。这些活动的运动量最低,把消耗在这些活动上的时间加起来,以每小时记1.5分计算。

(3)步行:如果是悠闲缓慢的散步,每小时记3分;如果是快步走,每小时记5分。

(4)户外活动:慢跑每小时记6分,快跑每小时记7分;游泳、滑冰每小时记8分;各种球类运动和田径运动每小时记9分;骑自行车每小时记4分;做体操、跳舞每小时记3分。

(5)家务劳动:每小时记5分。

每当你一天的各项活动结束后,就可以把以上的分数加起来。如果你获得的总分数在45分以下,说明你的运动量不够,应设法增加活动量;如果你的总分数在45~60分之间,就说明你的运动量正合适;如果你的总分数超过了这个限度,只能说明你的活动量已经过度,对身体没有更多的益处,是调整一下运动尺度的时候了。

无汗运动也健身

除了要出汗的运动外,也有不出汗的运动,这些运动锻炼适度,负荷轻,运动量小,不会成身体伤害。

第四章 运动保健：动出健康好身体

1. 轻松跑

可以慢跑，可以边跑边笑，可以单人跑，可以老少一起跑，可以夫妻跑，可在音乐伴奏下跑。在时间上也可因人而异，可以早晨跑，也可以中午跑或是傍晚跑。可以跑10分钟，也可以跑20分钟或者30分钟。

2. 深呼吸

闭目直立，尽全力呼出肺部所有的气体，然后缓慢吸气，充满腹部、胸廓。随后正常呼吸并睁开双眼。如此持续3次、6次或9次都可以。这个练习可以起到扩胸收腹的作用，同时对抵御疲劳感、唤醒身体的活力，效果也非常理想。

3. 训练敏感度

平躺，双手并排平放在腹部，心中默数5下，通过鼻子长而慢地吸气。当肺部和腹部被气体充满时，手指随之分开。坚持吸气5秒钟，随后用嘴将气息呼出。如此重复5次、10次或15次均可。这种运动不但可以消除腹部赘肉，还可以减慢心跳频率，使能量循环自由通畅，为大脑充分供氧，使思路更加清晰。

4. 放松四肢

平躺，双臂及双腿轻轻分开，手心转向天花板，闭眼，做3次深呼吸。全神贯注于每次呼气后完全空瘪的身体。随后从脚趾到头顶，一点点收紧再放松肌肉，仔细地感受每一个环节。对于肩部和头部肌肉的运动，要用旋转代替收紧。这是一个开发身体柔韧性的有效练习，不但能够放松肌肉和关节，同时能够有效缓解紧张情绪。

5. 小腿变长

光脚或者穿着袜子闭目直立在地板上，提起脚跟。尽量长时间地用足尖支撑身体站立。放下脚跟，再提起，反复若干次。在寻找平衡感的过程中，你的小腿肌肉就能得到良好的拉长锻炼。

6. 唤醒关节

缓慢地抬起一只脚,轻轻地迈出一步。在这个极其缓慢的动作过程中,感受脚是怎样运动的,从脚跟到脚趾尖是怎样的一种感觉,各个关节(脚趾、脚踝、膝盖、胯部、肩部和颈部)的感觉有什么不同?这个练习可以帮助你开发平时从未关注过的部位,让它们变得更加灵活、柔韧。

7. 抬头走路

将一小袋米或者一本书顶在头上向前走,为保持平衡,可以用手扶着。感受这种垂直中轴线的感觉,并开始计时。这个练习对脊柱的塑形和改善仪表具有很好的效果。

8. 伸展肩臂

耸肩,感觉其间的变化,做了几次后,舒适的感觉就会随之而来。肩膀是承受压力的部位,尝试着使肩部绝对放松,避免皱眉,依靠手臂的自然平衡保持优美的姿态。

9. 闭目视感

闭目直立,感觉眼睛看到的最远的地方,然后慢慢睁开双眼,向闭眼时想象的最远处望去,如此反复若干次。同时可配合头部运动,尽量将头前倾再后仰,左右旋转,长期坚持可起到拉长颈部的作用。

10. 意识呼吸

一边体会呼吸的节奏一边行走,不要想着调整它。不要考虑吸气的时间是否长于呼气的时间,中间是否有间歇,呼吸是否有规律,而要感觉空气是怎样进入体内并排出体外的。这个简单的意识行为,将逐步帮助你的气息达到让身体最为舒适的节奏,提高整个身心的愉悦感。

伸个懒腰解春困

俗话说:"春困秋乏",春天暖洋洋的阳光让人特别想睡觉。尤其是下午,工作时间长了,感到特别疲乏。这时候伸个懒腰,就会觉得全身舒展,精神爽快。即使在不疲劳的时候,有意识地伸几个懒腰,也会觉得格外舒服。

为什么伸个懒腰有如此神奇的作用呢?因为伸懒腰时可使人体的胸腔器官对心、肺产生挤压,有利于心脏的充分运动,使更多的氧气供给各个组织器官。同时,由于上肢、上体的活动,能使更多含氧的血液供给大脑,使人感觉清醒舒适。

人体解剖学和生理学告诉我们,人脑的重量虽然只占全身体重的1/50,而肺的耗氧量却占人体耗氧量的1/4。人类由于直立行走等因素,身体上部和大脑较易缺乏充分的血液和氧气的供应。久坐不动,加上大量用脑,容易引起大脑缺血、缺氧症状,头昏眼花,腿麻腰酸,导致工作效率降低。所以,经常伸伸懒腰,活动活动四肢,对消除疲劳是有好处的,也是在春天时保持旺盛精力的法宝。

交替运动:自我健身新方法

相对于传统的运动方法而言,交替运动是一种新的健康概念和方法。经常进行交替运动,能使人体各系统生理机能交替进行锻炼,是自我保健的一种好措施。交替运动主要包括体脑交替、动静交替、左右交替、上下交替、前后交替、冷热交替、穿脱鞋走路交替、走跑交替、倒立交替、胸腹呼吸交替等。

1. 体脑交替

要求人们一方面进行体力锻炼:跑步、游泳、爬山、适当劳动等,另一方面要进行脑力锻炼：棋类活动、智力游戏、背诵诗词或外文单词等。这样，不仅可以增强体力，而且还可使脑力经久不衰。

2. 动静交替

要求人们一方面不断进行体力和脑力的活动锻炼，另一方面要求人们每天抽出一定时间使体脑都静下来，全身肌肉放松（站、坐、卧的姿势均可），去掉头脑中的一切杂念，把意念集中于肚脐，这样可以调节人的全身脏器。

3. 左右交替

平时习惯用左手、左腿者，不妨多活动右手、右腿；相反，平时惯用右手、右腿者，不妨多活动左手、左腿。"左右交替"活动的好处，不仅在于能够使左右肢体得以"全面发展"，而且还能够使大脑左右两半球也得以"全面发展"。

4. 上下交替

人们由于直立而形成的手足分工，无疑是一种进步，但也带来了消极影响。如：双足的精巧动作机能退化，支配双足的大脑皮层机能也相应退化。因此，人的机动性、灵活性、敏捷性、对外界的反应能力也随之降低。上下交替运动除了坚持上肢活动外，特别要求你的"脚趾"也要经常做一些精巧动作，如夹取东西。此外还可酌情做一些倒立动作，这样可增强你的机敏性，减少脑血管疾病的发生。

5. 前后交替

向前行走在常人大脑皮层运动区已经成为一种"定势"思维。前后交替要求尽力改变这一"定势"，每天应做一些"向后退"的动作。这不仅可使你的下肢关节灵活，思维敏捷，还可防治某些腰腿痛，避免进入老年后下肢活动不灵，行走不稳。

6. 冷热交替

冬泳和夏泳、冷水澡和越野跑都是"冷热交替"的典型运动。"冷热交替"

不仅能帮助人适应季节和气候的变化,而且对人的体表代谢有显著的改善作用。

7. 穿、脱鞋走路交替

足底有着与内脏器官相联系的敏感区,赤足走路时,敏感区首先受刺激,然后把信号传入相关的内脏器官和与内脏器官相关的大脑皮层,发挥人体内的协调作用,达到健身的目的。

8. 走跑交替

这是人体移动方式的结合,更是体育锻炼的一种方法。做法是先走后跑,交替进行。走跑交替若能经常进行,可增强体质,增加腰背腿部的力量,对预防"老寒腿"、腰肌劳损、脊椎间盘突出症有良好的作用。

9. 倒立交替

科学证明,经常进行倒立交替(即头朝下脚朝上)运动,可改善血液循环,增强内脏功能,能使人耳聪目明,记忆力增强;对癔病、意志消沉、心绪不宁等精神性疾病也有一定的功效。

10. 胸、腹呼吸交替

一般人平时多采用轻松省力的胸式呼吸,仅在剧烈运动时才采用腹式呼吸。经常的胸、腹交替呼吸,有利于肺泡气体的交换,可以明显减少呼吸道疾病的发生,对患有慢性支气管炎的教师尤为有益。

有氧和无氧交替健身法

有氧健身是在运动中消耗氧的健身,走路、小跑、跑步、球类运动或是跳舞等都属于有氧健身,能够降低胰岛素水平,改善心血管健康水平;而无氧健身指肌肉在"缺氧"状态下的运动,如杠铃或者训练器、瑜伽、抵抗带、俯卧撑和仰卧起坐等等都属于无氧健身,不仅能够提高生长激素和雄激素水平,而且有助于塑形,拉张肌肉,塑造一个匀称的身形。

要全面改善体内荷尔蒙平衡和机体健康、塑造形体美,最好的途径是有氧和无氧健身相结合。比如,可以练习短跑然后慢跑、跳绳加游泳、划船加骑车等,只要将两者交替进行,就能达到锻炼效果。

运动反常态,健身新时尚

一些与常态相悖的锻炼方法被人们称之为"反常态健身法",如爬行、倒走、倒立等,别具特色。现代科学和无数事实证明,一些反常态运动,健身的效果颇佳。

1. 爬行健身法

近代医学实践证明,爬行对锻炼身体很有益处。爬行能使人的全身重量分散到四肢,这可大大减少腰椎的负荷,达到防治腰椎疾病,心血管病及多种脊椎病的目的。

2. 倒走健身法

从现代体育科学观点看,倒走有诸多益处,一是可以预防驼背,尤其是对正在长身体的青少年来说,倘若常做倒走锻炼,就可让腰肌肉保持节律的收紧和松弛,由此获得改善腰部血液循环、组织新陈代谢、防治功能性腰痛的功效。二是可以增加膝关节的承受力,锻炼膝部的肌肉和韧带。三是倒走时要锻炼方向,掌握平衡,锻炼主管平衡的小脑,增加与提高身体灵活性及协调功能。

3. 倒立健身法

倒立一向是历代僧侣的健身养心之法。医学家们认为,经常站立者易患内脏下垂、痔疮及脑供血不足、腰病、脚肿等病症。适当进行倒立锻炼,则可对因站立引起的各种病痛起到预防作用。同时,能改善血液循环,使大脑清醒,增强内脏功能,起到松弛肌体的健身效果。

4. 雨中走健身法

比起晴天步行,雨中走路有特殊的健身功效。其依据是,下雨时能产生大量的负氧离子,它可以让人倍感心旷神怡,有助于调节神经,消除郁闷。而且,霏霏细雨对面部、肌肤的轻柔按摩,可以增强机体对外界环境的应变力。

5. 水中跑健身法

水中阻力比地面空气阻力大 12~14 倍,运动量大但不剧烈,若能长期坚持水中跑,可大大促进新陈代谢,加快体内糖元分解,防止脂肪的过分堆积,很多人因此而视之为一条防止肥胖的有效途径。另外,水中跑对增强神经系统的功能,调控大脑皮层的兴奋和抑制过程,减缓用脑疲劳、预防神经衰弱、防治动脉硬化、改善血液循环等均有明显疗效。

6. 赤脚走路健身法

古代对赤脚走路的体育疗法早有记载,今日还有所谓"足底反射"学说。由于脚底有着与内脏器官相联系的感应区,光着脚走路能使足底肌肉筋膜、韧带、穴位及神经末梢尽量与地面的沙土、草地以及不平整的卵石面接触,这样敏感区受到刺激,将信号传入相对应的内脏器官及相关的大脑皮层,之后传到效应器官,从而调节人体各部分的功能,最终达到防病治病,强身健体的目的。

7. 倒吊健身法

人体直立时,由于受到地球引力作用的影响,腰脊椎和下关节都受到压力,日久便会腰酸腿痛。倒吊可使腰腿、关节得到充分放松,身体压力消失,故能治病健身。美国矫形学家马丁就是让病人用双脚勾在单、双杠或其他固定的架子上,成倒吊状态,以此治疗腰酸腿痛、坐骨神经痛、关节炎等疾病的,并取得了令人满意的疗效。

8. 冷水浴健身法

秋季的自然水温正适合冷水浴。冷水浴有着明显的保健作用,它可以加强

神经的兴奋功能,使得洗浴后精神爽快,头脑清晰。可以增强人体对疾病的抵抗能力,被称作是"血管体操";有助于消化功能的增强,对慢性胃炎、胃下垂、便秘等病症有一定的辅助治疗作用。但是,冷水浴锻炼必须采取循序渐进的方法。冷水浴的"循序渐进"包括洗浴部位的"由局部到全身"、水温的"由高渐低"以及洗浴时间的"由短渐长"。

> **保健小贴士**
>
> ## 反常运动须慎行
>
> 反常态运动的确能够收到正常运动所起不到的锻炼功效,但事物总是相对的,反常态运动不当,可造成健康方面的种种损害。
>
> 比如,在退步走的运动中,由于个体差异,该运动方式并非人人皆宜。老年人由于灵敏度差,心血管储备减低,退步行走会大大增加心血管的负担,因此老年人尤其是患有心血管疾病的中老年人应慎重对待。
>
> 另外,肥胖症患者也不宜从事反常态运动。这主要是因为肥胖症患者体形比较宽大,运动起来的敏捷性和灵活性都不如正常人。许多肥胖症患者进行正常运动的时候都比较困难,如果勉为其难地要其去进行反常态运动,很可能会发生运动伤害。

生命在于运动而不是盲动

随着人们对健康的日渐重视,运动也越来越受到人们的重视,健身人口也在逐年增加。然而,由于部分健身者对健身理论并不了解,再加上一些长期形成的错误观念的误导,使他们对科学运动的认识不够。

其实,运动具有一定的个性化,每个人对运动的感受也会有差异,所以掌握正确的运动知识能够使你有清醒的认识,运动起来就不会盲目。

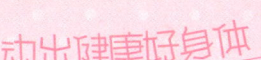

第四章 运动保健：动出健康好身体

1. 运动的五大误区

（1）运动前不做热身准备　任何热身动作都可以提高肌肉的适应性,使关节变得灵活。而尚未运动开的肌肉很容易被拉伤,关节也容易扭伤,因为它们还没有做好充分的准备,难以承受突然性的大动作。

（2）认为运动的最佳时间是清晨　很多喜欢运动的人都热衷于晨练。但很多专家表示,在傍晚时分做运动对身体最有益。因为人的各种活动都受"生物钟"的影响,无论是身体的适应能力,还是体力的发挥,均以下午和接近傍晚时分最佳。而在早上,运动时的血压与心率都较傍晚时明显升高,容易对人体健康构成威胁。

（3）认为运动量越大越有效　大家都知道,适当的运动能够增强身体的免疫能力,但如果运动过量却会适得其反。专家指出,低强度和间断运动,都对健康有益。运动过量则会对身体造成不良影响,比如造成肌肉痉挛、僵硬、劳损等,严重的还可能造成骨折、运动性贫血,甚至导致猝死。

（4）认为只有出汗才算运动有效　运动是否有效不能用出汗不出汗来衡量。因为人的汗腺分活跃型和保守型两种,它因人而异,有人属于前者,有人属于后者——这与遗传有关,并不能表明运动是否有效。

（5）周末集中做运动　有人喜欢利用双休日集中健身以弥补平常锻炼的不足。其实,运动和吃饭一样,不能饱一顿饿一顿。专家指出,缺乏运动对身体不利,但集中运动也同样会伤害身体。这和饮食中的暴饮暴食有点类似,一周的前5天基本没有运动,身体实际上已经适应了这种状态。如果周末突然拿出很多时间集中锻炼,反而会打破已经形成的生理和机体平衡,其后果比不运动更糟糕。所以,科学运动的方法是每周锻炼3~5次。工作再忙,至少也要在茶余饭后活动一下身体,运动还是讲究细水长流的。

2. 剧烈运动后六禁忌

（1）忌立即休息　剧烈运动时人的心跳会加快,肌肉、毛细血管扩张,血液流动加快,同时肌肉有节律性地收缩会挤压小静脉,促使血液很快地流回心脏。此时如立即停下来休息,肌肉的节律性收缩也会停止,原先流进肌肉的大量血液就不能通过肌肉收缩流回心脏,这样会使血压降低,出现脑部暂时性缺血,从而引发心慌气短、头晕眼花、面色苍白,甚至休克昏倒等症状。所以,剧烈运动后要继续做一些小运动量的动作,等呼吸和心跳基本正常后再停下来休息。

(2)忌马上洗浴 剧烈运动后人体为保持体温的恒定,皮肤表面血管扩张,汗孔张大,排汗增多,以方便散热,此时如洗冷水浴会因突然刺激,使血管立即收缩,血液循环阻力加大,同时机体抵抗力降低,人就容易生病。而如洗热水澡则会继续增加皮肤内的血液流量,血液过多地流进肌肉和皮肤中,导致心脏和大脑供血不足,轻者头昏眼花,重者虚脱休克,还容易诱发其他慢性疾病。所以,剧烈运动后一定要休息一会儿再洗浴。

(3)忌暴饮止渴 剧烈运动后口渴时,有的人就暴饮凉开水或其他饮料,这会加重胃肠负担,使胃液稀释。这样既降低了胃液的杀菌作用,又妨碍了对食物的消化。而喝水速度太快也会使血容量增加过快,突然加重心脏的负担,引起体内钾、钠等电解质发生一时性紊乱,甚至出现心力衰竭、胸闷腹胀等。故运动后不可过量过快饮水,更不可喝冷饮,否则会影响人体的散热,引起感冒、腹痛或其他疾病。

(4)忌过量吃糖 有的人在剧烈运动后觉得吃些甜食或糖水很舒服,就以为运动后多吃甜食有好处,其实运动后过多吃甜食会使体内的维生素B_1大量消耗,人就会感到倦怠、食欲不振等,影响体力的恢复。因此,剧烈运动后最好多吃一些含维生素B_1的食品,如蔬菜、肝、蛋等。

(5)忌饮酒除乏 剧烈运动后人的身体机能会处于高水平的状态,此时喝酒会使身体更快地吸收酒精成分而进入血液,对肝、胃等器官的危害就会比平时更甚,长期如此还会引发脂肪肝、肝硬化、胃炎、胃溃疡、痴呆症等疾病。运动后喝啤酒也不好,它会使血液中的尿酸增加,使关节受到很大的刺激,引发炎症,造成痛风等。

(6)忌吸烟解乏 运动后吸烟会使人体新陈代谢加快,体内各器官处于高水平工作状态,而使烟雾大量进入体内,还会因运动后的机体需要大量氧气又得不到满足,而更容易受一氧化碳、尼古丁等物质的危害。所以说,此时吸烟比平时吸烟对人体的危害更大,同时氧气吸收不畅还会影响机体运动后的恢复,让人更容易感到疲劳。

第四章 运动保健：动出健康好身体

运动损伤的应急处理

运动损伤多是由于缺乏一定的运动训练卫生知识和出现运动损伤后的应急知识，而对伤者造成不必要的痛苦，严重者甚至导致终身遗憾。

1. 擦伤

擦伤即运动时不慎擦伤皮肤的表皮。若擦伤部位较浅，只需涂红药水即可。如果擦伤创面较脏或有渗血，则应该用生理盐水清洗创面后再涂上红药水或紫药水。

2. 肌肉拉伤

肌肉拉伤指由于肌纤维撕裂而导致的损伤，主要原因是运动过度或热身不足。可根据疼痛程度推断受伤的轻重，一旦出现痛感应立即停止运动，并在痛点敷上能使小血管收缩以减少局部充血、水肿的冰块或冷毛巾，并保持30分钟。受伤后切忌立即搓揉或者热敷。

3. 挫伤

挫伤是身体局部受到钝器打击而导致的组织损伤。轻度挫伤不需要特殊处理，经冷敷处理24小时后可用活血化瘀酊剂，局部可用伤湿止痛膏贴上。在伤后第一天予以冷敷，第二天热敷。约1周后症状就可消失。

情况比较严重的挫伤可用云南白药加白酒调敷伤处并包扎，每日2~3次，隔日换药1次。

4. 扭伤

扭伤多发生在踝关节、膝关节、腕关节及腰部，是由于关节部位突然过猛扭转，拧扭了附在关节外面的韧带及肌腱所致。对于不同部位的扭伤，其治疗方法也不同。

（1）急性腰扭伤　可让患者仰卧在垫得较厚的木床上，腰下垫一个枕头，先

冷敷,后热敷。

（2）关节扭伤　踝关节、膝关节、腕关节扭伤时,要将扭伤部位垫高,应先冷敷 2~3 天后再热敷。如果扭伤部位肿胀、皮肤青紫和疼痛,可用陈醋 250 克炖热后用毛巾蘸敷伤处,每天 2~3 次,每次 10 分钟。

5.脱臼

脱臼就是常说的关节脱位。一旦发生脱臼,应该让病人保持安静、不要活动,更不要揉搓脱臼部位。如果脱臼部位在肩部,可把患者肘部弯成直角,再用三角巾把前臂和肘部托起,挂在颈上,再用一条宽带缠过胸部,在对侧腋作结。如果脱臼部位在髋部,则应立即让病人躺在软卧上送往医院。

6.骨折

骨折一般分为两种：一种是骨头的尖端穿过皮肤,有伤口与外界相通,称为开放性骨折。另一种是皮肤不破,没有伤口,断骨不与外界相通,称为闭合性骨折。

骨折后,肢体不稳定会加重损伤和疼痛。这时候,可找木板、塑料板等将肢体骨折部位的上下两个关节固定起来。若一时找不到外固定的材料,骨折在上肢者,可屈曲肘关节固定于躯干上,骨折在下肢者,可伸直腿足,固定于对侧的肢体上。

尤其需要注意的是,处理开放性骨折时,不可用手回纳,以免引起骨髓炎,应用消毒纱布对伤口做初步包扎,止血后,再用平木板固定送医院处理。

另外,怀疑脊柱有骨折者,要卧在门板或担架上,躯干四周用衣服、被单等垫好,不致移动。抬伤者时,不能抬其头部,因为这样会引起伤者脊髓损伤或发生截瘫。昏迷者应俯卧,头转向一侧,以免呕吐时将呕吐物吸入肺内。怀疑颈椎骨折时,需在头颈两侧置一枕头或扶持患者头颈部,以免其在运输途中发生晃动。

保健小贴士

谨防五种运动性疾病

（1）运动性过敏：运动性过敏是由运动引起的一系列过敏症状，先是全身发热，皮肤潮湿、充血，继而全身出现荨麻疹，有的出现哮喘、呼吸困难，严重者可出现休克。若在运动中出现过敏症状，应立即停止运动，去医院接受治疗。

（2）运动性高血压：它与运动者的健康状况有直接的关联。可能由两个原因引起，一是过度紧张导致高血压。二是专项运动训练导致高血压（如举重等）。一般情况，通过调整情绪和运动量，血压就会恢复正常。

（3）运动性血尿：运动时，由于全身肌肉和关节的血管扩张，使毛细血管壁上的细胞间隙增大。于是原来只在血管内流动的红细胞就会通过增大的细胞间隙滤到囊腔内，便发生了血尿。一旦发现血尿，要立即停止运动。预防的秘诀在于，运动时要循序渐进，逐渐增加运动量。

（4）运动性蛋白尿：运动后引起尿中有蛋白质排出称为运动性蛋白尿。大多数情况下，运动性蛋白尿是机体对负荷量的一种暂时性反应。它不需要特殊治疗，经过休息后，尿蛋白就可明显减少直至完全消失。

（5）运动性昏厥：一般是由于运动时间过长或运动过于剧烈引起的，开始时感到头昏眼花、心悸气促、面色苍白、恶心想吐，继而会丧失知觉，严重者甚至会猝死。为防止运动性昏厥，身体素质较差的人只能做一般性的运动，不能进行剧烈的运动。

第五章

起居保健：生活有序更健康

早在2000多年前，中医的经典医著《黄帝内经》就曾指出："起居有常，不妄作劳，故能形与神俱，而尽其天年。"反之"以酒为浆，以妄为常……逆于生乐，起居无节，故半百而衰也。"这段话告诉我们要重视生活起居养生。生活起居养生，主要是对日常生活包括居处环境、作息睡眠、坐卧立行、苦乐劳逸、慎避外邪等各方面进行科学的安排，并采取一系列保健措施，以达到生活愉快、身心健康、延年益寿的目的。

日出而作,日落而息

《素问·生气通天论》说:"阳气者,一日而在外,平旦阳气生,日中而阳气隆,日西而阳气已虚,气门乃拒。是故暮而收拒,无扰筋骨,无见雾露,反此之时,形乃困薄。"这段话说明阳气以日中为最盛之时,到傍晚则阳气已弱,人的起居和活动安排都要顺应这种变化,不然就会使身体受损。《素问·金匮真言论》还指出:"平旦至日中,天之阳,阳中之阳也,日中至黄昏,天之阳,阳中之阴也;合夜至鸡鸣,天之阴,阴中之阴也,鸡鸣天地平量,天之阴,阴中之阳也。"这更具体地说明了昼夜之间阴阳之强弱及消长情况,人类应该按照这种变化规律"日出而作,日落而息",这样才会健康长寿。

起居,主要指作息,也包括对平常各种生活细节的安排。中医认为,起居有常,即生活有规律,是人能长寿的一个重要原因。

从天体的运动变迁,到人体的生命活动,都有其内在的节律,人体生命一刻也离不开有节奏的规律。中医对此早有认识,认为人体气血受日月、星辰、四时的影响而发生周期性的盛衰,故养生也必须起居有常,顺应阴阳之变化。

1. 起居要顺应一日之阴阳

中医学主张顺应这种变化来择时锻炼,如练功者应选择特定时辰来练功。一般可在晨起寅时(3~5点)至卯时(5~7点)之间习练。若一日数次进行练功时,则应选择在日出、日中、日入、夜半进行,即子时(23~1点)、午时(11~13点)、卯时(5~7点)、酉时(17~19点)四个时辰。因为在此四个时辰,天地阴阳有升降转换之机,人体阴阳气血亦经历着阴阳交替、阴阳平均、气血由内达外和由外入内的变化,此时锻炼,更易调整气血及脏腑功能,收到较佳效果。

2. 起居要顺应四时之阴阳

中医学认为,人生活在自然界中,与大自然息息相关,人的起居只有顺应四时之阴阳变化,才能身体健康。《素问·四气调神大论》曰:"夫四时阴阳者,万物之根本也,所以圣人春夏养阳,秋冬养阴,以从其根,故与万物沉浮于生长之门；逆其根，则伐其本，坏其真矣。故阴阳四时者，万物之始终也，死生之本也，逆之则灾害生，从之则苛疾不起，是谓得道。"强调阴阳四时的变化对人体有极大的影响，起居顺应这种变化规律就健康，若违反这种变化规律，就会疾病丛生。所以提出了"春夏养阳、秋冬养阴"的总原则后，还进一步提出春季应"夜卧早起，广步于庭"，夏季"夜卧早起，无厌于日"，秋季"早卧早起，与鸡俱兴"，冬季"早卧晚起，必待日光"的主张。

3. 起居要顺应年气之变化

《素问·六元正纪大论》指出："先立其年以明其气，金木水火土运行之数，寒暑燥湿风临御之化，则天道可见，民气可调。"意指根据中医五运六气学说，可测知每一年的气候变化规律和对人体的影响，人们可据此采取针对性的防治和养生措施。每年的岁运、岁气均不相同，气运合化导致的复杂气象因素对人体脏腑、经络、气血的影响也会逐年不同，养生也应顺应各年气运之变化，以不同的饮食、药物来适应脏腑功能，采取相应的养生措施。比如，当降水偏多之年，水湿流行，空气潮湿，人体易受湿邪侵袭，起居等各方面都必须注意防湿，甚至可用饮食（如多食辛、温之类食物）和药物（相对多用一些芳香之品）来加以对抗湿邪之侵扰。

保健小贴士

科学养阳抗衰老

阳气，按中医的理论，是人体脏腑组织器官功能活动的动力。每年的春夏之季，自然界万物复苏，草木生长旺盛，身体起居也应随之做出相应调节。如清晨起床要早，洗漱后在室外清静之处散步或慢跑，以呼吸新鲜空气，舒展人体阳气。

阳化气，阴成形。无阴，则阳无根，无阳，则阴无以化，所以阴气的化生必须依赖阳气。先天之气，即元气，藏于肾，又称为命火，命火极为宝贵。一旦火种熄灭，生命就会终结，因此保护阳气，减少阳气损耗，能抗衰老。

那么,日常生活我们如何养阳最科学呢?

(1)正午日头当顶时,于庭院中立,阳气可从头顶百会穴入人体。

(2)站于高处面向南方,或窗户洞开,阳气可随光照从皮肤进入人体。

(3)日出时面向东方,深呼吸,从鼻孔及人身皮肤毛孔,阳气可进入人体。

(4)晴日蓝天白云旷野处,深呼吸,从口鼻,阳气可进入人体。

预防"五劳",让你更健康

"五劳"就是指《黄帝内经》中所说的"久视伤血,久卧伤气,久坐伤肉,久立伤骨,久行伤筋"。

1. 久视伤血

"久视伤血"是指长时间使用眼睛的人容易近视或患某种眼病。中医认为"形诸外必本于内",所以眼睛的损害并不单纯是眼睛有病。如果习惯于长时间的全神贯注看书读报,而且又不配合适当的休息与活动,或没有得到睡眠等因素的调节,久而久之,则会出现面白无华或自觉头晕目眩、两眼干涩、视物不清等血虚症。

2. 久卧伤气

"久卧伤气"是指人长时间卧床,老躺着不动,会导致精神昏沉、萎靡不振,引起气的散乱,得不到凝聚,久之则气散,无力化神,则人的精神更是萎靡不振、神疲乏力,形成恶性循环,所以说"久卧伤气"。

3. 久坐伤肉

"久坐伤肉"是指人长时间坐着不动,会损伤人体的颈、腰等部位的肌肉组织,引起局部疲劳。由于人体呈坐姿时,颈、腰等部位的肌肉要保持一定的张力,以维持身体平衡,如果久坐的话,肌肉长时间保持紧张,则颈、腰等局部肌肉必然疲劳。再者,人体呈坐姿时,被身体压迫的肌肉以及位于心脏下的肢体,由于体位的关系,其肌肉组织的血液循环得不到改善,会影响肌肉等组织的代谢活动,长此以往,肌肉的功能便会出现退化,并且可能会出现肌肉组织的萎缩现象,所以说"久坐伤肉"。

4. 久立伤骨

"久立伤骨"是指人如果老站着不动,骨骼就会因长时间支撑身体而劳损。一般来说,适当站立有利于增大骨骼密度,增强骨骼硬度。如果人体没有一定的站立活动,骨骼得不到支撑力量的刺激,反而会导致骨质疏松。但长时间站立会导致支撑骨骼的肌肉疲劳,引起骨或骨关节的发育畸形和活动障碍,所以说"久立伤骨"。

5. 久行伤筋

"久行伤筋"是指人长时间行走,会使筋肉受到损害。因为人的行走主要有赖于筋肉对骨骼的拉动,如长时间行走,必然使下肢关节周围的韧带、肌腱、筋膜等软组织因疲劳而受伤或劳损,这也就是为什么人走路多了会酸痛、疲劳的原因,所以说"久行伤筋"。

既然"五劳"有损身心健康,那么怎样预防"五劳"呢?

(1)劳身、劳心要适可而止 如有学者主张变"五劳所伤"为"五劳所养",即"适视养血,适卧养气,适坐养肉,适行养筋,适立养骨",就是说,无论身或心,都要使其有所"劳",但必须适当,不能过度,适劳有益健康,过劳则损伤身心。

(2)要劳逸结合 如古语云:"一张一弛,文武之道。""张"是紧张,"弛"是松弛,二者适当配合,便不易产生疲劳。唐代医学家孙思邈说:"不欲其劳,不欲其逸。"说得也是这个道理。

(3)要重视睡眠 古人说:"眠食二者,为养生之要务。""能眠者,能食,能长生。"充足的睡眠既可以预防疲劳,也能够消除疲劳,从而对养生有利。

保健小贴士

如何消除脑疲劳

脑疲劳主要是因用脑过度而产生的,或因患有五脏六腑、四肢百骸的疾病而严重影响脑功能的正常发挥,如颈部气血不畅,对营养物质的输送就会造成困难。须知,大脑疲劳容易,恢复却很缓慢,如果出现了脑疲劳现象,应放松身心,学会科学用脑,做到劳逸适度,并注意饮食与睡眠,也可以做一些适量的脑部运动。

健康居室,健康生活

中医历来重视居室环境对养生的影响。如果人生活在适宜的环境中,则可增强体质,防治疾病,延年益寿。随着人们室内环保意识的提高,人们对因室内环境污染引发的疾病也越来越关注,对居室环境的要求也越来越高。人的一生中,大部分时间是在室内度过的,所以,健康的生活,首先源于健康的居室。

1. 健康居室量化标准

世界卫生组织公布的健康居室量化标准如下:

(1)会引起过敏症的化学物质的浓度很低,没有使用易挥发化学物质的胶合板、墙体装修材料等。

(2)设有换气性能良好的换气设备,能将室内污染物质排至室外,特别是对高气密性、高隔热性来说,必须采用具有通风管的中央换气系统,进行定时换气。

(3)厨房灶具或吸烟处设有局部排气设备。

(4)起居室、卧室、厨房、厕所、走廊、浴室等温度全年保持在17~27℃之间。

(5)室内的湿度全年保持在40%~70%之间。

（6）二氧化碳要低于1000毫升/升。

（7）悬浮粉尘浓度要低于0.15毫克/平方米。

（8）居室噪声要小于50分贝。

（9）一天的日照确保在3小时以上；设有足够亮度的照明设备。

2. 健康居室的卫生标准

（1）日照　阳光可以杀灭室内空气中的致病微生物，提高人的机体免疫力。研究认为，居室里每天日照2小时是维护人体健康和发育的最低需要。

（2）采光　采光是指住宅内能得到的自然光线。窗户的有效光面积和房间地面面积之比不应小于1:15。

（3）室内净高　根据"民用建筑设计定额"规定，居室净高不得低于2.8米。我国大部分地区居室净高为2.6~2.8米，也是卫生学允许的。对居住者而言，适宜的净高给人以良好的空间感，净高过低使人感到压抑。有实验表明，居室净高低于2.55米时，室内二氧化碳浓度较高，影响室内空气质量。

（4）微小气候　室温冬天不应低于12℃，夏天不应高于30℃；相对湿度不应大于65%；风速在夏天不应低于每秒0.15米，冬天不应大于每秒0.3米。

（5）空气清度　空气清度是指居室内空气中某些有害气体、代谢物质、飘尘和细菌总数不能超过一定的含量。这些有害气体主要有二氧化碳、二氧化硫、氡气、甲醛、挥发性苯等。

此外，住宅的卫生标准还有照明、隔声、防潮、防止射线等方面的要求。

3. 居室污染的10种表现

（1）起床综合症状　起床时感到憋闷、恶心，甚至头晕目眩。

（2）心动过速综合症状　新买家具后家里气味难闻，使人难以接受，并引发身体疾病。

（3）类烟民综合症状　虽然不吸烟，也很少接触吸烟环境，但是经常感到嗓子不舒服，有异物感，呼吸不畅。

（4）幼童综合症状　家里小孩常咳嗽、打喷嚏、免疫力下降，新装修的房子孩子不愿意回家。

（5）群发性皮肤病综合症状　家人常有皮肤过敏等毛病，而且是群发性的。

（6）家庭群发疾病综合症状　家人共有一种疾病，而且离开这个环境后，症状就有明显变化和好转。

（7）不孕综合症状　新婚夫妇长时间不怀孕，查不出原因。

（8）胎儿畸形综合症状　孕妇在正常怀孕情况下发现胎儿畸形。

（9）植物枯萎综合症状　新搬家或者新装修后，室内植物不易成活，叶子容易发黄、枯萎，特别是一些生命力最强的植物也难以正常生长。

（10）宠物死亡综合症状　新搬家后，家养的宠物猫、狗甚至热带鱼莫名其妙死掉，而且邻居家也这样。

以上这些现象，经常出现在新装修的居室中，因此也被称为"新居综合症"。人的一生80%以上的时间是在室内度过的，室内空气质量的好坏与我们的健康是密切相关的。如果您和您的家人有这些症状，请马上进行室内环境检测和治理，尽快消除隐藏在您身边的"定时炸弹"。

4. 如何避免室内污染

（1）住房要有充足的采光和通风　"万物生长靠太阳"，按照现行规定，要求每套住宅至少应有1个居住空间能获得日照，当一套住宅中有居住超过4小时的空间（即主卧室），起码应有2小时获得日照。其中，距离地面高度低于0.5米的窗洞面积不计入采光面积内，窗洞上沿距地面高度也不宜低于2米。通风换气是改善室内空气最主要的方法，同时也是排除室内毒性化学物最有效的手段。通风换气包括自然通风和人工换气两种，目前效果较佳者仍是自然通风。要想通风就必须有通风口，卧室、起居室（厅）、卫生间的通风开口面积不应小于该房间地板面积的1/20；厨房的通风开口面积不应小于厨房地板面积的1/10，并不得小于0.6平方米。

（2）居室环境要保持"绿色"化　室内的各种用品一定要符合环保要求，特别是在购买时，一定要严格按照环境质量标准来挑选，尽可能做到无毒、无害，最大限度地减少室内污染和对人体的损害。对于建材的选用，提倡符合环保标准的天然木材，而尽量少用各种"石材"。

（3）要讲究居室卫生　要养成良好的卫生习惯，经常打扫，保持室内空气清新。被褥、衣物勤洗勤晒。清洁剂、消毒剂、化妆品和洗发剂、杀虫剂、灭菌剂等的使用要合理。对于宠物要进行防病检疫,并定期进行清洗。

> **保健小贴士**
>
> **有益居室健康的花草**
>
> 居室内弄几盆花草,既可以美化家室,还能净化室内空气,保持空气清新自然,有益人体健康。
>
> 一般来说,居室内宜养些吸收抗毒能力强的花卉,以吸收空气中一定浓度的有毒气体。如茶花、仙客来、鸢尾、紫罗兰、晚香玉、牵牛花、石竹、石菖蒲、水仙、紫茉莉、菊花、吊兰、芦荟等,可平衡室内气体含量,保持室内空气清新。

低温养生:"冻一冻更长寿"

所谓低温养生,就是让人体处在一个相对低温的状态,以达到降低细胞代谢速度的目的。我国古代《黄帝内经》中有"高者其气寿,下者其气夭"的语句,就是说"高处气温低,所以住在那里的人寿命长;而低处气温偏高,所以生活在那里的人的寿命偏短"。现代调查也发现,高寒地区多寿星,生活在寒带的人比生活在热带的人平均寿命长10岁以上。美国、日本、俄罗斯等国在长寿学领域的研究中均发现,降低人的体温有延年益寿的作用,因为当人的体温降低3℃时,人的代谢率可降低一半,机体的耗氧量仅为正常的50%。相关专家学者认为,若能将人的体温降低2~3.5℃,人的寿命可延长一倍以上。低温养生的科学依据在于,寒冷能使人的体温降低,体温低则细胞分裂慢,代谢也慢,所以衰老来得晚,寿命自然会长。

既如此,那如何才能做到低温养生呢?这可不是少穿一件衣服那么简单,要从饮食、环境、睡眠、运动等四个方面着手。

1. 从饮食着手

（1）低温烹调　低温烹调能减少高温烹饪时致癌物出现的几率，又最大限度地保存了食物中的养分，可谓一举两得。

（2）少吃偏热的食物　适当吃些凉性食物做调节。麻辣烫、火锅等现代人爱吃的食物会给秋燥"火上浇油"，凉性食物有助于身体气息平衡，去除燥热，比如水鸭、鱼虾等体温偏低的肉类食物，稻、藕、笋等水生食材，大白菜、萝卜等蔬菜，冬菇、蘑菇等背阴处生长的菇类，冬枣、苹果等秋冬季成熟的水果，可起到滋阴润肺的作用。

（3）饭吃八分饱　进食越多，产生的热量也越多，易使体温升高。国外研究显示，少食可使动物体温下降，使其死亡几率降低 1/3 以上。

2. 从睡眠着手

（1）睡个"低温觉"　我们的体温并非恒定不变，而是处于动态变化之中。晚间 9~11 点开始下降，凌晨 1~3 点降到低谷，清晨 8 点左右开始缓慢上升，晚餐后（晚 7~9 点）达到顶峰。因此夜间睡眠是"低温养生"的好时机，必须杜绝熬夜，每晚要确保 7~8 个小时的睡眠，切忌夜生活过度，甚至通宵达旦地疯玩。

（2）避免"光压力"　在灯光中入睡会导致体温上升，使人体产生"光压力"，影响正常代谢功能，因此最好在黑暗的环境中入睡。

3. 从环境着手

（1）多接近绿色植物　室外多栽种树木与绿色攀爬植物，如绿萝、爬墙虎、金银花和瓜豆类植物，室内可摆放吊兰、水仙、茉莉等盆花或盆景，以降低环境的温度。比较起来，植物蒸腾吸收热量的贡献大于树木遮挡太阳辐射所减少的热量，"双管齐下"效果更好。

（2）弃用厚重的窗帘　换成薄些的、看起来淡雅清爽的轻纱或者棉质窗帘。

（3）家具也降温　多采用造型简洁、色调偏冷的藤、竹、木制品，达到吸收部分热量之目的，发挥辅助降温作用。

（4）尝试冷光灯　在保证必需的阅读亮度的前提下，不妨多用局部照明的台灯、落地灯，或用低瓦数的冷光灯替换暖光灯。不仅省电，而且可以营造出更为凉爽的氛围。

4. 从运动着手

（1）来一场自然之旅　多到河湖、高山、森林、峡谷等处做深呼吸。这样可以更多地采吸自然阴气，以收滋阴之功。

（2）常温沐浴　平时洗澡时，无论盆浴或淋浴，水温不必高，桑拿时房间的温度也不宜太高。温泉有滋润身体之功效，但不宜长期频繁浸泡热温泉。

（3）多做瑜伽、普拉提、太极拳等慢运动　游泳也是值得推荐的好运动，因为在水中消耗的热量要明显高于陆地，降温效果会更好一些。

保健小贴土

"低温养生"四误区

"低温养生"是个综合的概念，不能简单理解成一味的贪凉。专家提醒，践行低温养生，要避免四个误区。

（1）少穿衣：低温养生不是简单的少穿衣服多贪凉，在气温低的时候还是要注意保暖。

（2）开空调："低温养生"注重的是自然环境下的"低温"对人体的调节，大热天开空调有悖"低温养生"的原则。

（3）喝凉水，吃冷饮：少吃麻辣、易上火的热性食物，并不代表要多吃冷饮。中医讲究少食"生冷"，与人体温度接近的食物才更养生。

（4）不分人群：老人和儿童体质较弱，免疫力低下，季节交替时要注意保暖；孕妇、经期的女性要少吃凉性的食物；阳虚体质的人，本身就容易怕冷，不适宜低温养生。

"穿"出你的健康来

衣服和饮食一样是维护人体得以生存不可缺少的条件。《论衡》说:"衣以温肤,食以充腹。肤温腹饱,精神名盛。"自古以来,人们将衣着列为衣食住行生活起居之首。唐代名医孙思邈强调"食寝皆适,能顺时气者,始尽养生之道"。清代养生家曹庭栋则将"衣食二端,乃养生切要事"列为人生须知。

《延寿书》等按照《黄帝内经》"春夏养阳,秋冬养阴"的养生原则,认为春冰未泮,衣要下厚上薄,养阳敛阴,春天不可薄衣致患伤寒。随时令变化而增减衣物是养生的重要方法之一。可见,穿衣服与养生也有很大关系。

1. 衣服要勤换勤洗

衣服除了受到外部环境的污染外,人体本身也会对衣物造成污染。人体皮肤每平方厘米有1000多条汗腺,全身表皮分布几百万个汗孔,它开口于表皮细胞间隙中,从体内通过汗孔不断排汗。汗中含有尿素、尿酸甘酸、盐分等废物,大约占汗水的20%,衣服上的"汗渍"就是这些废物留下的痕迹。紧挨在毛囊附近的皮脂腺,分泌着油腻状物质,人体每天约分泌20~40克皮脂,均匀地在全身表面形成薄薄一层,起着滋润、保温、护肤作用。但这些皮脂分泌物可和汗液、表皮脱屑、灰尘等同时混合附着在衣服纤维里,若不及时清除,可使衣服逐渐被酸化而发黄。皮肤的表皮细胞在不断新陈代谢的过程中,衰亡细胞与角质皮层,经常从表皮脱落下来,加之身上汗毛脱落,两者与皮脂、污垢,附于贴身的衣服上,使衣服变脏。

衣服被污染后,保温性、吸湿性、吸水性等性能均会减弱,同时一些霉菌、化脓性细菌生长繁殖,若不及时换洗,容易导致皮肤病的发生。因此,必须经常换洗衣服。这样,不但可以使自己外表整洁,对自己的身体健康也十分有益。

2. 春装应宽松保暖

春季着装,首先宜宽松,以适应春天阳气生长升发的需要;其次是保暖而且柔软,因为虽已是春季,但阴寒之气仍然比较强烈,穿暖衣以防御阴寒之气;最

第五章 起居保健：生活有序更健康

后应做到衣物增减有序，因为春季阳生阴藏，天气逐渐变暖，合理地增减衣物以适应天气寒热的改变，少生病。因为春季寒暖交替无常，而很多疾病又是由于下肢受寒而生，过早地穿起裙装紧身裤，容易使得身体受寒生病，所以春季穿衣尤其要注意下肢的保暖。这就是通常所说的"春捂"。

3. 夏装应隔热透气

夏季衣服重要的是隔热透气，穿着舒适，能有效地排汗利湿。例如白色丝绸织物，既能防止太阳光的辐射，又使穿者感到透气舒适，轻松柔和，的确是夏季着装不错的选择。夏季出门时应带顶遮阳帽，打遮阳伞，选择浅色的衣服和导热较慢的鞋袜。这就是所谓的"夏单"。

4. 秋装不宜穿太多

秋天穿衣稍感凉爽，不太捂，这样能够加强神经系统的调节作用，提高机体的耐寒能力，增强人体的抵抗力。如果过早穿上太多的衣服，气温反复时也跟着反复增减衣服，这样容易引起感冒和其他身体不适感。所以秋季着装的关键是所谓的"秋冻"。

5. 冬装应注意保温

冬天的天气寒冷干燥，这时穿衣最重要的是保暖，以免寒邪伤人。颜色应较暗，以吸收热量。同时穿着还应舒适、肥瘦适中、方便灵活，所以讲"冬棉"。

6. 裤带不宜过紧

腰部是人体躯干的枢纽，裤带系得太紧，会使腰部长期处于紧张状态，对腰部血液循环产生不利影响，会使腰肌形成慢性劳损，还会影响腰肌腹肌和骨骼的正常发育，使人常觉腰冷、腰痛、无力、不耐久坐久立等。

另外，腹腔是肠胃等器官的安身之所，如果将裤带系得太紧，会妨碍肠的正常蠕动，影响食物消化，甚至还会把肠子挤压到上腹部，压迫肝、胆、脾、胃等器官，妨碍血液循环，及至影响到整个腹腔脏器的正常运行，出现嗳气、上腹部饱满、下腹部胀痛、肛门坠胀等症状。

7. "汗多亡阳，衣多伤身"

衣服穿得过多过暖，必然导致自热出汗，汗水出得太多，不能保证体内必要的水分比例，会出现虚弱、头晕、疲乏、气喘、恶心、心慌等症状，严重时会出现脱水，发生生命危险。相反，如果衣服穿少一点，只要不超过人体调节体温功能的范围，反而有益，衣服穿得稍少一点，还能锻炼人承受寒冷的能力，增强体质。如果一味求暖，不肯稍稍锻炼承受寒冷的能力，久之，便无法适应冷暖变化，使体质变得柔弱不堪。

> **保健小贴士**
>
> #### 佩玉防疾病
>
> 我国素有"玉石之国"之美称，中医学称"玉乃石之美者，味甘性平无毒"，认为玉是蓄养人体元气最充沛的物质，所以玉石不仅被作为摆设、装饰之用，还被人们用来养生健体。
>
> 玉质地细润而坚硬，有光泽，略透明，具有特殊的光电、猫眼、星光、变彩等效应，是备受人们喜爱的装饰品。人们佩戴玉饰品，不仅美观，还有益于身体健康。玉在加工过程中，形成电磁场与人体发生谐振，可使人头脑清晰、反应敏捷。戴在人的手上或者身上，与人的皮肤密切接触，玉所含有益微量元素被人体吸收，对人体健康非常有益。

洗浴也能"洗"出健康来

中医学保健法之一，即通过洗浴、漱口、刷牙等方式进行保健防病。民谚中有"冷水洗脸，美容保健；温水刷牙，健牙固齿；热水泡脚，胜吃补药"，"若要身体好，经常要洗澡"的说法。经常坚持洗浴洁身，可清除污垢、疏通气血，促进机体的新陈代谢，是卫生保健、防病祛病的重要方法。在洗浴保健中，除提倡经常

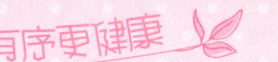

洗脸、洗手、刷牙,尤要重视洗足保健。

1. 冷水洗脸

每日晨起和午睡后用冷水洗脸,可使面部和鼻腔内的血管收缩。等冷水的刺激消失后,这些血管又会迅速产生反射性的充血扩张,这一张一弛,被人誉为一种良好的"血管体操",促进了面部的血液循环,改善了局部皮肤组织的营养,大大提高对寒冷的适应性。这种"血管体操"还能增强皮肤的弹性,增加皮肤的光泽润滑,减缓或消除面部皱纹,同时,冷水洗脸对大脑神经有较强的兴奋作用,可使人头脑更清醒、精神振奋、视力增强,对神经衰弱、神经性头痛、头晕脑涨也很有好处。此外,用冷水洗脸,可通过冷水对面部及双手的刺激,增加机体的耐寒能力,对预防伤风感冒、气管炎等呼吸道疾病,预防面部及双手冻疮也有一定作用。所以,俗话说"冷水洗脸,美容保健"是有一定道理的。

2. 温水刷牙

在日常生活中,有些人认为刷牙水的温度高低无所谓,事实并非如此。医学研究表明:牙齿进行新陈代谢的最佳温度为35~36.5℃。倘若刷牙时不注意水温,经常使牙齿受到骤冷或骤热的刺激,不仅容易引起牙龈出血和痉挛,还会直接影响牙齿的正常代谢,从而发生牙病,缩短牙齿的寿命。尤其是患有牙齿过敏、龋齿、口腔溃疡、舌炎、咽炎的病人,冷或热刺激,都会诱发或加重病情。而温水则是一种良性保护剂,对口腔、牙齿、咽喉都有保护作用。用温水漱口,还会感到清爽舒服,使口腔内的细菌、食物残渣更易清除。

3. 热水洗脚

晚上睡前洗脚以热水(不低于45℃,有人认为60~70℃为宜)为好。我们知道,脚远离心脏,血管分支为最远端末梢,皮下脂肪层又薄,加上冬天寒冷侵袭,人们活动量减少,致使足部血流不畅,血液供应不足,代谢产物不能及时排出去。如每天晚上睡觉前,用热水烫一烫脚,可有效地促进局部血液循环,增加下肢营养供给,保持皮肤柔软,清除下肢的沉重感和全身疲劳。同时,热水对大脑皮层也是一种良好的刺激,有利于促进睡眠,此外,热水烫脚还可防止足部冻疮和皮肤开裂。故有"睡前烫烫脚,胜似吃补药"的说法。

4. 温水沐浴

中医认为温水沐浴不仅可洁身除垢,而且可疏通气血、促进机体新陈代谢、防病祛疾。一般沐浴 30 分钟左右为宜,水温取 39℃~50℃左右。对于洗浴的注意事项,孙思邈提出"勿当风,勿湿","不得大热,亦不得大冷"等。温水沐浴确实是很好的保健方法,有许多患有慢性疾病的人就是由于经常用温水沐浴法,摆脱了疾病的困扰。

5. 冷水沐浴

中医认为用冷水沐浴全身、洗冷水澡,通过冷水对皮肤的刺激产生一系列适应反应,增强皮肤对寒冷的耐受力,增强血管弹性,使血压下降,心率变慢,对神经衰弱、消化道疾病等有一定的防治作用。应用此法应逐渐降低水温,逐渐延长时间,以不出现冷战、口唇青紫为度。妇女经期及有心脏等病者,不能用冷水沐浴;疾病刚愈不可冷水洗浴,盛暑大热不可冷水频浴。

6. 桑拿洗浴

中医认为桑拿洗浴是指将水加热产生热蒸汽进行沐浴,达到保健防病的一种方法。如外感风寒,可蒸浴全身,以发汗解表;腰腿肩背风湿痹痛,蒸浴全身,可温通气血、舒筋活络、通痹止痛。还可预防感冒、调节免疫机能、改善血液循环。但有高血压、心脏病及其他严重疾病的人则不宜进行。

总之,沐浴洗漱虽为生活中之琐事,但其保健之理深刻,须身体力行,才能受益无穷。

第五章 起居保健：生活有序更健康

保健小贴士

淋浴按摩要先热后冷。

专家认为，冷热水交替的淋浴按摩可以帮助促进血液循环，但必须先热后冷。热水可舒张皮肤的血管并放松肌肉，帮助自我放松，当身体已经够温暖时，再进行冷水浴。这能让血管收缩并促进血液循环，使精神和肉体兴奋。

淋浴按摩必须在洗干净身体后进行。进行时先将水温适当调高一点儿，同时加强水流强度，使用按摩式水流做一次全身按摩，放松肌肉和韧带，并将水流集中在肌肉紧张的部位或酸痛的韧带处。当全身已用热水预热后，就可以尝试冷水按摩了。冷水按摩应循序渐进，不要马上就将全身置于冷水流下，应该先从脸部、脚或手开始，然后再慢慢引向胸部。如果难以接受冷水，可先只淋浴从脚到膝盖和从手到肘部即可，每天向上移一点儿，慢慢适应。

睡眠避开这十忌，还你健康好身体

充分的睡眠，对于人的身体健康十分重要。孙思邈非常注重睡眠养生，他曾说："夜卧常习闭口。"意思是说，睡眠的时候不要张着嘴，要经常练习闭口。除了孙思邈提到的闭口而睡外，还有以下9点值得注意：

1. 忌临睡前进食

人进入睡眠状态后，机体中有些部分的活动节奏便开始放慢，进入休息状态。如果临睡前吃东西，则胃肠、肝、脾等器官就又要忙碌起来，这不仅加重了它们的负担，也使其他器官得不到充分休息。大脑皮层主管消化系统的功能区也会兴奋，在入睡后常产生噩梦。如果赶上晚饭吃得太早，睡觉前已经感到饥饿的话，可少吃一些点心或水果（如香蕉、苹果等），但吃完之后，至少要休息半小时之后才能睡觉。

2. 忌睡前用脑

如果有在晚上工作和学习的习惯,要先做比较费脑筋的事,后做比较轻松的事,以便放松大脑,容易入睡。否则,如果大脑处于兴奋状态的话,即使躺在床上,也难以入睡,时间长了,还容易形成失眠症。

3. 忌睡前激动

人的喜怒哀乐,都容易引起神经中枢的兴奋或紊乱,使人难以入睡,甚至造成失眠。因此睡前要尽量避免大喜大怒或忧思恼怒,要使情绪平稳为好。如果你由于精神紧张或情绪兴奋难以入睡,请取仰卧姿势,双手放在脐下,舌舐下腭,全身放松,口中生津时,不断将津液咽下,几分钟后你便进入梦乡。

4. 忌睡前说话

俗话说:"食不言,寝不语。"因为人在说话时容易使大脑产生兴奋,思想活跃,从而影响睡眠。因此,在睡前不宜过多讲话。

5. 忌仰面而睡

睡觉的姿势,以向右侧身而卧为好,这样全身骨骼、肌肉都处于自然放松状态,容易入睡,也容易消除疲劳。仰卧则会使全身骨骼、肌肉处于紧张状态,既不利于消除疲劳,又容易造成因手搭胸部影响呼吸而做噩梦,从而影响睡眠质量。

6. 忌蒙头而睡

有的人特别怕冷,尤其是冬季到来之后,总喜欢蒙头而睡。这样,会大量吸入自己呼出的二氧化碳,缺乏必要的氧气,对身体健康极为不利。

7. 忌当风而睡

睡眠时千万不要让从门窗进来的风吹到头上、身上。因为人睡熟后,身体对外界环境的适应能力有所降低,如果当风而睡,时间长了,冷空气就会从人皮肤上的毛细血管侵入,轻者引起感冒,重者口眼歪斜。

8. 忌对灯而睡

人睡着时,眼睛虽然闭着,但仍能感到光亮,如果对灯而睡,灯光会扰乱人体内的自然平衡,致使人的体温、心跳、血压变得不协调,从而使人感到心神不安,难以入睡,即使睡着,也容易惊醒。

9. 忌对炉而睡

这样做,人体过热,容易引起疮、疖等疾症。夜间起来大小便时,还容易着凉和引起感冒。值得一提的是,如使用蜂窝煤炉取暖,应注意通风,以免煤气中毒。

睡眠时要给身体"缓带"

睡眠在养生中至关重要,但是很少有人关心睡眠的科学性问题。《黄帝内经》里提到"缓带披发",这其实是在放松身体,睡眠养生更要如此,科学合理的睡眠方式应该是身体完全处于放松的状态。具体来说就是要做到以下几点。

(1)睡觉时不戴胸罩:戴胸罩睡觉不利于乳腺健康。其原因是长时间戴胸罩会影响乳房的血液循环和淋巴液的正常流通,不能及时清除体内有害物质,久而久之就会使正常的乳腺细胞发生病变。

(2)不戴手表睡觉:睡眠时戴着手表不利于健康。因为入睡后血流速度减慢,戴表睡觉使腕部的血液循环不畅。如果戴的是夜光表,还有辐射的作用,辐射量虽微,但长时间的积累也可导致不良后果。

这样才能睡得更好

如今,由于工作和生活的高压力、快节奏、多变动,使人们睡得来越少,睡眠不足的现象越来越严重,这给人们带来了诸多的危害。于是,如何睡个好觉成了很多人需要迫切解决的问题。

1. 遵循客观规律

每个人都有自己的睡眠习惯,如有的人喜欢早睡早起,有的人喜欢晚睡晚起,有的人喜欢午休,有的人不需要午休。不管哪一种,只要适合自己,只要形成规律,就不要再去勉强改变。

如同饮食一样,睡眠也要定时定量。睡眠的基本需要、基本生理规律并无太大的差异,不论是早睡早起,还是晚睡晚起,大致的睡眠时间和睡眠周期是一样的。这就是需要我们遵循统一的睡眠规律。

一般情况下,我们不要破坏这个规律,如果你某个晚上睡不好,千万不要在第二天刻意补充,否则可能会适得其反,造成恶性循环。

2. 创造良好的睡眠环境

睡眠环境对你的睡眠状况影响很大,要尽可能地创造一个安静、祥和的睡眠环境。如温馨的卧室、柔和的灯光、优雅的音乐、舒适的被枕、适宜的温湿度等。

3. 平静烦乱的心理

大多数人失眠都是由于心里烦乱。拥有一个平静好心情的最好办法就是淡泊名利,知足常乐。如果是因工作压力、生活变故、精神创伤、情绪激动而失眠,那就放宽眼界、排万难于度外、揽平淡于心中,那你就会远离烦乱心情的干扰,拥有一个甜蜜安详的睡眠。

4. 养成好的睡眠习惯

我们在适应环境的过程中,如果能找到最好的睡眠方式,从而达到充分休息的目的,并且当成习惯保持下来,那就是最好的。

比如说,睡前把该做的事情做好,然后听一曲轻音乐,伴着美妙的旋律进入梦乡,就能使身心得到彻底放松。

5. 采取正确的睡眠姿势

不良的睡姿不但会影响次日的工作情绪与精神,而且会增加头颈及腰部肌肉的负担,造成脊椎骨骼的变形。

睡眠姿势因各人的身体状况不同而异。有心脏疾患的人,最好多右侧卧,以免造成心脏受压而增加发病几率;头部因血压高而疼痛者,应适当垫高枕位;肺系病人除垫高枕外,还要经常改换睡姿,以利痰涎排出;胃胀和肝胆系疾病者,以右侧位睡眠为宜;四肢有疼痛处者,应力避压迫痛处而卧。总之,选择舒适有利于病情的睡位,有助于安睡。

6. 裸睡好处多

裸睡是一种舒适的睡眠方式,它能使白天紧裹的身体在晚上得到"解放",对身体健康十分有益。而且,它无须任何费用,也无须任何技巧,人人都可以掌握。

裸睡时没有衣服束缚,身体自由度很大,肌肉能有效放松,能有效缓解日间因为紧张引起的疾病和疼痛。由于身体自然放松,血流通畅,还能改善某些人手脚冰凉的状况,有助进入深层次睡眠。

没有了衣服的隔绝,裸露的皮肤能够吸收更多养分,促进新陈代谢,加强皮脂腺和汗腺的分泌,有利皮脂排泄和再生,使皮肤有一种通透的感觉。

裸睡还能保护阴部。男性裸睡可以营造清凉之境,避免精子因为过热而活动力欠佳。女性阴部常年湿润,如果能有充分的通风透气就能减少患上妇科病的可能性。

但需要提醒的是,裸睡要注意三点:一是不应在集体生活或小孩同床共室时裸睡;二是上床睡觉前应清洗外阴和肛门,并勤洗澡;三是要勤换洗被褥,保持被褥干净舒适。

保健小贴士

药枕养生好处多

中医学认为,人的头颈处经脉密布,穴位众多。久卧药枕,可利用睡眠时头部的温度,促使药物有效成分散发,缓慢持久地刺激经穴而防病治病。

枕内填毛麻、棉絮、软叶、干苔、决明子、麻豆等物,不仅柔软舒适,还可收到明目功效。

将磁石镶嵌在木枕上制成磁石枕,常枕可明目益睛。将菊花晒干作枕芯称为"菊枕",常枕菊枕,可清热疏风,益肝明目,通过所含微量樟脑、菊油环酮挥发"药气",刺激头颈皮肤,"通关窍,利滞气",促进神经、肌肉与关节功能协调,解痛祛病。

晨起做好八件事,精力充沛一整天

都知道科学睡眠有利健康,其实科学起床,其健康意义也非同小可。很多人就是"床起猛了",轻者一天都萎靡不振,重者出现脑血管意外。

那么,怎样晨起才"精神"呢?在此,为大家揭开科学晨起的秘诀。

1. 静躺5分钟

人在夜间睡眠时,身体的机能都处于休眠和半休眠状态:血压下降、心率减慢、尿量减少、代谢率减低、呼吸变慢等。醒来后,各系统需要逐渐转变为工作状态,如果迅速起床,会出现头晕、恶心、心慌,甚至四肢乏力、反应迟钝等现象。

温馨提示:睡醒后,不宜马上起床,应先闭眼静躺5分钟,同时可以做深呼吸。之后缓慢坐起,做伸懒腰、干洗脸、叩齿、干洗头、揉大腿、搓耳朵等动作。待身体清醒了,再起床。

2. 开窗透气 别先叠被

睡眠中,人体会排出多种气体和汗液,使被子不同程度地受潮、受污染。如果起床后立即叠被,被子中吸收或吸附的水分和气体便无法散发,这样很容易使被子成为一个污染源,助长了螨虫的繁殖。晚上睡觉时,这些有害物质还可能再次被人体吸收,久之就会对人体健康产生不利影响。

温馨提示:起床后可随手将被子翻转,使被里朝外,将门窗打开通风透气,使被子上的水分和污染物自然散发,待洗脸、刷牙、吃早饭后,再叠被子、整理床铺。

3. 空腹喝杯凉开水

晨起一杯凉开水,既可启动胃肠道功能,还可补充身体水分、清洁胃肠道。

温馨提示:晨起后不要喝果味饮料、可乐等,因为饮料一般都含糖,不但起不到给身体补水的作用,还会降低食欲,影响消化和吸收,而且喝多了还可能引发肥胖。

4. 排便给身体减负

睡了一晚上后,胃肠道要重新投入工作状态,而晨起定时排便对启动胃肠道的蠕动功能非常必要,便秘患者更是如此。

温馨提示:即使起床后没有便意,也应该在厕所蹲一会儿,通过这种训练可以使自己养成良好的大便习惯。这对启动胃肠道蠕动功能,给"精神一整天"打好基础极为重要。

5. 晨起洗澡,精神饱满

如果说睡前洗澡有清洁身体、缓解疲劳的作用,那么晨起洗个澡,就有排毒、清醒身体机能和疏解压力、唤醒身心之效。特别强调,晨起适合淋浴,睡前适合泡澡。

温馨提示:晨起淋浴可以唤醒身心,使人一整天都能精神饱满地投入到工作和学习中去。但晨起洗澡,应注意时间别太长。

6. 正确刷牙，远离口腔病

刷牙是保持口腔清洁的主要方法，它能消除口腔内食物碎片和部分牙面菌斑，而且有按摩牙龈的作用，从而减少口腔环境中的致病因素，增强组织的抗病能力。而且，晨起刷牙还能保持口腔清新，增加自信心。

温馨提示：科学刷牙的最佳次数和时间要遵循"3、3、3"原则。也就是每天刷牙3次，每次在饭后3分钟刷牙，同时每次刷牙2~3分钟。

7. 早餐吃好，非常重要

有人宁愿多睡十分钟也不肯吃早餐。其实，早、中、晚三顿饭中，早餐最重要，是一天活力的来源。

温馨提示：早餐最好不要吃煎炸、干硬、油腻的食物，否则会导致食物滞于胃中，引起消化不良。可选择营养丰富而又易于消化的食物，如牛奶、粥、面条、豆浆、面包等，如果喝粥，在粥中加入莲子、银耳、红枣等则更好。

8. 出门前给家人一个拥抱

早晨是一天的开始，也是一个人一天行为的开始，而"良好的开始是成功的一半"。晨起好心情，可以影响到一天的心情波动。因此，晨起后、出门前给爱人、孩子一个拥抱，能使家人和自己都倍感温馨，可在缓解工作、学习、生活压力方面起到积极作用。

温馨提示：早上出门前，除了给家人一个温馨的拥抱外，不妨也给自己说一句如"你是最棒的""今天是美好的一天"之类的话，好的暗示可以起到好的导向作用，可促进行为向更加积极的方面发展。

保健小贴士

晨起练练"养生功"

早晨醒来后，不要急于起床，在床上做8分钟的养生功，对身体大有裨益。

具体方法如下：

第一式：伸懒腰（伸两次为最佳）。能伸展脊柱，并可使脊柱上自颈部大椎穴至腰部命门穴的10多个重要穴位得到刺激，可迅速恢复体力。

第二式：蜷缩双腿压向胸口，并尽量吐气。将胸腹中的废气排净，起到保健作用。

第三式：伸直身子左右翻滚两下，可刺激身体两侧穴位。

第四式：坐于床沿，用木梳梳头100下，自额前发际直至颈后发际。这其间分部的穴位经木梳刺激后，可令头脑一天保持清醒。

第六章

美容保健：让美丽由内到外

由于面部只是人身体的一个部分，要想达到美容的目的，仅做面部保养是不够的，人只有在全身阴阳平衡，气血通畅旺盛的条件下，才可能容光焕发，展现美丽生机。美容养生是在祖国医学理论指导下衍生的，其特点是重在自然美、整体美，讲究身心、脏腑、经络、气血的全面调整，注重整体效应，既治表又治里，由此达到一种天然雕成的效果。

健康容颜，从调养"五脏"做起

"有诸内者，必形诸外"是传统养生学和美容学的一条基本原理。意思是：中医传统美容学常常把面部皮肤作为人体五脏的一面镜子，五脏功能盛衰直接关系到面容的荣枯。在人的一生中，皮肤从柔嫩、细腻、滋润、富有弹性，逐步变成粗糙、枯燥、皱纹、松弛，主要是由于五脏机能逐渐老化的结果。

由此可见，要想达到面部美容的目的，仅做面部保养是不够的，还必须保持人体心、肺、脾、肝、肾功能的正常，才可能保持容光焕发。比如一些女性面部出现雀斑、粉刺、痤疮等是由于体内内分泌失调所致，使用化妆品只能治表，起到掩饰的作用却不能达到根治的目的。而通过脏腑调节，有可能从根本上清除斑点和其他由内分泌失调所致的皮肤疾患。下面，我们就五脏与容颜的关系逐一论述：

1. 心与容颜

中医学认为，心主血脉，其华在面，即心气能推动血液的运行，从而将营养物质输送全身。而面部又是血脉最为丰富的部位，心脏功能盛衰都可以从面部的色泽上表现出来。心气旺盛，心血充盈，则面部红润光泽。若心气不足，心血少，面部供血不足，皮肤得不到滋养，脸色就会苍白晦滞或萎黄无华。

温馨提示：心气虚、心血亏少者可将桂圆肉、莲子肉各30克，糯米100克，加水烧沸后改为小火慢慢煮至米粒烂透即可。常服此粥可养心补血，润肤红颜。

2. 肺与容颜

中医学认为，肺主皮毛，人体通过肺的宣发，把气血精微物质源源不断地输送到全身的肌肤毛窍之中，若其功能失常，则肌肤干燥，面容憔悴。

温馨提示：肺功能失常者需要补肺气、养肺阴，可食用"百合粥"。其做法是：百合40克，粳米100克，冰糖适量。将百合、粳米加水适量煮粥，粥将成时加入冰糖，稍煮片刻即可，代早餐食。对于各种发热症治愈后遗留的面容憔悴，长期神经衰弱，失眠多梦，更年期女性的面色无华，有较好的恢复容颜色泽的作用。

3. 脾与容颜

中医认为,脾胃为后天之本、气血生化之源。脾胃运化功能正常,才能将水谷溶化成精微,营养面部皮肤;反之,脾胃运化障碍,气血津液不足,不能荣养颜面,其人必精神萎靡,面色萎黄或色如尘垢,枯暗无华。

温馨提示:脾运障碍者应服用"红枣茯苓粥"。其做法是:大红枣 20 枚,茯苓 30 克,粳米 100 克。将红枣洗净剖开去核,茯苓捣碎,与粳米共煮成粥,代早餐食。可滋润皮肤,增加皮肤弹性和光泽,起到养颜美容作用。

4. 肝与容颜

肝主藏血,主疏泄,能调节血流量和调畅全身气机,使气血平和,面部血液运行充足,表现为面色红润光泽。若肝之疏泄失职,气机不调,血行不畅,血液瘀滞于面部则面色青,或出现黄褐斑。肝血不足,面部皮肤缺少血液滋养,则面色无华,暗淡无光,两目干涩,视物不清。

温馨提示:对肝脏失调者,中医提倡食用"银耳菊花粥"。其做法为:银耳、菊花各 10 克,糯米 60 克。同放锅内,加水适量煮粥,粥熟后调入适量蜂蜜服食。常服此粥有养肝、补血、明目、润肤、祛斑增白之功。

5. 肾与容颜

肾主藏精。肾精充盈,肾气旺盛时,五脏功能也将正常运行,气血旺盛,容貌不衰。当肾气虚衰时,人的容颜黑暗,鬓发斑白,齿摇发落,未老先衰。

温馨提示:肾功能失调引起的容颜受损可服用"芝麻核桃粥"。其做法是:芝麻 30 克,核桃仁 30 克,糯米 100 克同放锅内,加水适量煮粥。代早餐食。能帮助毛发生长发育,使皮肤变得洁白、丰润。

总之,五脏功能如何,皆可影响人的容颜美,正如《黄帝内经》里所说:"夫精明五色者,气之华也。"五色,即面部五种颜色,气之华,是说人体的颜面是五脏之气在外的华彩。可见,人们要想真正实现面容美,必须要以身体健康为基础,而使用化妆品只能治表,起到掩饰的作用,却不能达到根治的目的。

> **保健小贴士**
>
> **浓妆艳抹对身体的负面影响**
>
> 面部的毛细孔需要经常保持通畅,以利于油脂和汗腺的分泌与排泄,浓妆艳抹会给肌肤健康带来不利的影响。因为厚厚的化妆品,有碍于皮肤细胞的呼吸和新陈代谢。此外,一些如口红、指甲油等,均含有微量有毒物质,过量使用会造成所谓的"化妆品斑疹",表现为皮肤发痒、色素沉着而影响美容。

美丽容颜"吃"出来

如今,许多女性都把美丽容颜寄托在美容院和化妆品上。其实,好容貌是发自身体内部的,体内代谢出了问题,再好的化妆品都无法弥补,而饮食则在很大程度上可以做到这一点。

1. 美白的饮食原则

(1)少吃富含酪氨酸的食物,因为酪氨酸是黑色素的基础物质,含酪氨酸较多的食物有马铃薯、红薯等。

(2)多吃富含维生素C的食物,因为维生素C可阻断黑色素的形成。富含维生素C的食物有酸枣、鲜枣、番茄、刺梨、柑橘以及新鲜绿叶蔬菜等。

(3)注意摄入富含维生素E的食物,因维生素E是一种抗氧化剂,进入人体后能有效抑制脂褐素在皮肤上的沉积,使皮肤保持白皙。同时维生素E还具有抗衰老的作用。富含维生素E的食物有卷心菜、菜花、芝麻、葵花子等。

2. 不同年龄的美容饮食

(1)15~25岁　女性月经来潮,生殖器官发育成熟,皮脂腺分泌物增加。此时须摄取足够的蛋白质、脂肪酸和多种维生素。同时少吃盐,多喝水,既可防止皮肤干燥,又可使尿液增多,有助于脂质代谢,减少面部渗出的油脂。

(2) 25~30 岁　女性额头及眼下开始出现皱纹,皮脂腺分泌减少,皮肤光泽感减弱,此时要坚持吃清淡的食物,多喝水,同时要多摄取富含维生素 C 和维生素 B 的食物,如胡萝卜、番茄、黄瓜等。

(3) 30~40 岁　女性内分泌和卵巢功能减弱,皮肤易干燥,皱纹增多,因此要多喝水,多吃富含维生素的新鲜蔬菜瓜果,同时注意补充富含胶原蛋白的动物性蛋白,多吃猪蹄、肉皮、鱼、瘦肉等。

(4) 40 岁以后　进入更年期,皮肤衰老加剧,此时应多吃能促进胆固醇排泄、补气养血、延缓皮肤衰老的食品,如玉米、红薯、蘑菇、柠檬、核桃等。

3. 有助于美容的豆类

(1) 四季豆　中医认为,四季豆可滋五脏、补血、补肝、明目,适当多吃能帮助肠胃吸收,还能防治脚气,且可令肌肤保持光泽美丽。

(2) 绿豆　绿豆性味甘凉,对消解嘴唇干燥、嘴部生疮、痱子、暗疮等特别有效,多食还可保持眼睛免遭病菌侵害,使双眼更加明亮美丽。

(3) 黑豆　黑豆含铁质较一般豆类高,多食可增强体质,抗衰老,令头发乌黑亮丽。

(4) 大豆　多食大豆有利于胃肠道的消化和吸收,也可润泽皮肤,且大豆中的黄酮物质可防止人体老化。

4. 排毒养颜的水果

(1) 樱桃　樱桃味酸甘,性温涩,入肝、胃、肾。可止渴生津,调中益颜,养脾开胃,止泄精,对肾脏的排毒具有一定功效,且有通便功用。

(2) 深紫色葡萄　深紫色葡萄味甘酸,性平涩,入脾、肝。可健胃生津,除烦渴,也具有排毒作用,且能帮助肠内黏液清除肝、肠、胃、肾内的垃圾。

(3) 苹果　苹果味甘性凉,具有补脾气、养胃阴、生津解渴、润肺养颜的功效。

5. 美肤养颜果菜汁

果菜汁中含有丰富的维生素 C、维生素 A 和无机盐等,这些成分都能促进上皮细胞增长,防止皮肤毛囊角化,清除皮肤色素沉着和防治粉刺。且因水果、蔬菜都属碱性食物,能中和体内过多的酸性物质,维持体内的酸碱平衡,调整汗腺功能,减少体内分泌的酸性产物对皮肤表层产生的侵蚀,因此可使皮肤洁白柔润、光滑细腻和富有弹性,并能延缓皮肤衰老,达到美肤养颜的功效。

6. 如何根据面色调整饮食

中医认为,内脏功能的好坏往往会在人的面部反映出来。因此对于不同的面色,我们可选择不同的食疗方法,从而取得较好的效果。

（1）苍白型面容　面色苍白的人大多属虚病或寒证,是体质差的表现,经常食用猪皮汤可收到很好的效果,能使脸色红润有光泽。

（2）暗黑型面容　中医认为,面色发黑是肾亏损的表现,可常食鸭肉、栗子、白菜等。鸭肉滋阴补虚,栗子健脾补肾,白菜补阴润燥,常食可令面容细嫩有光泽。

（3）粗糙多皱型面容　面容粗糙多皱,多因肝脏负担过重,多见于阴血不足,脾肾两虚体质。因此必须戒酒,少吃动物脂肪,每天饮水至少1.5升,如果能做到适当节食更好。

（4）虚胖型面容　多源于阳虚、肾阳不足,可食海米、油菜、鸡汤来调补。

保健小贴士

适量吃荔枝防雀斑发生

在中医古书《开宝本草》中记载:"荔枝有益人颜色的功效",难怪唐朝大美人杨贵妃爱吃荔枝呢。可别小看这外表红红,内里白得晶莹剔透的荔枝,它还有美容之功效呢。根据研究,荔枝含有糖、柠檬、蛋白质、果胶、维生素C、磷、铁等,能让皮肤健美、面色红润。

荔枝拥有丰富的维生素,若吃得适量,可促进微细血管的血液循环,防止雀斑爆发,令皮肤更见光滑。吃10粒荔枝已超过了1个成人每日对维生素的需要。所以,若有心以荔枝来美容,可以每次吃约10粒荔枝,但谨记每周不可超过3次。

平时常喝汤，养生又养颜

"吃肉不如喝汤"是人们心里根深蒂固的观点。民谚说："宁可食无肉，不可食无汤。"汤，既能增进食欲，又可促进健康，具有保健养生之功效。汤，在我国通称为羹，是用肉、蛋、奶、海味等为主，制成一种较为稠厚的汤液，可做正餐或佐餐之用。喝汤不仅可促进身体健康，更能补充人体营养且更易被机体所吸收。

汤看上去很不起眼，其实其中蕴藏着丰富的营养物质，各种食物的营养成分在炖制过程中充分渗出，比如，"肉骨头汤"就应该加以推广。中医界人士普遍认为，肉骨头以文火煨汤，营养成分损失最少，煨时不停火、不添水，让骨头里的蛋白质、脂肪、胶质等可溶有机物慢慢向外渗出，至汤稠骨头酥软为止，这是一种家庭最廉价的营养补品，它能促进儿童发育、孕产妇泌乳，且对中老年人有抗衰老的特效。

再者，有医学专家指出，"喝汤有利于减肥"，如果在午餐喝汤比吃其他营养品要少摄入 50 卡热量，假如 10 个星期内坚持每周喝上 4 次午餐汤，那么肥胖者的"超重部分"即可平均减少 20% 左右，故有医生劝告肥胖者，要想减肥可多喝汤。

下面推荐几款养生又养颜的药材汤：

1. 黄鳝芪枣汤

黄鳝含有多种矿物质，维生素 A 及维生素 B 族等，有通血脉、美容养颜、补虚助力等功率，想养颜美容的人可以多吃。

药材　黄芪 15 克、去核红枣 6~7 粒、陈皮 1.5 克、党参 15 克。

食材　黄鳝 300 克、瘦肉 150 克、姜 1 小块。

做法　把黄鳝杀好，洗净，切成小块，同瘦肉一起用开水氽烫过，捞出；将锅内注入适量清水，和所有材料一起煮滚后，再改用小火慢慢炖 2 小时左右；撒入适量的盐等调味料即可。

2. 黄豆排骨汤

黄豆含有丰富的蛋白质、脂肪、卵磷脂、胆碱及多种维生素。有益气、润燥、消肿的作用。此汤有补身体，润肌肤的功效，老少皆宜。

药材　陈皮 1.5 克。

食材　排骨 300 克、黄豆 150 克、姜 1 小块。

做法　排骨切小块，用开水氽烫，取出；锅内注入适量清水，加入所有的材料煮滚后，改用小火煲 2 小时左右；加入适量的盐等调味即可。

3. 鹅肉汤

材料　鹅肉 750 克、黄芪、党参、淮山、枣各 30 克。

做法　将鹅肉洗净，切成块状，先将鹅肉、黄芪、党参一起放入锅内，注入适量的清水；用大火煮沸后，再放入淮山、红枣调至小火煲 3 小时，调好口味，即可食用。

除此之外，如果想保持健康，又想瘦身，可以考虑以下两款瘦身汤：

1. 萝卜奶汤

将白萝卜洗净切细丝，用沸水焯一下。炒锅置火上，放入植物油烧热，将葱丝和姜丝炒出香味，加入料酒、清汤、白萝卜丝和海米，烧沸后放入牛奶、精盐、味精，淋入少许香油即成。汤做出来后颜色乳白、鲜香可口，有补虚益胃的作用。而且，萝卜中含纤维素较多，可以起到一定的瘦身作用。

2. 鱼头豆腐汤

鳙鱼（或草鱼）头 1 个，放入开水中略烫捞出。锅中放清水烧开，加入鱼头、盐、料酒煮熟，然后将豆腐切成小块加入汤中，烧开约 2 分钟以后加入酱油、味精，撒入蒜末、葱花、生姜末、红椒末，淋入一点香油即可入碗。这道汤的营养很丰富、味道鲜美，而且脂肪含量比较低。

第六章 美容保健：让美丽由内到外

面部按摩成就健康美人

面部按摩是面部美容的一种行之有效的方法。通过按摩面部的肌肤和穴位，可改善面部的血液循环，促进面部组织的新陈代谢，消除神经肌肉的紧张状态，从而使面部红润、有光泽且富有弹性，长期坚持还可起到减少皱纹、延缓衰老的作用。同时，面部和脏腑经络之间也有着非常密切的联系。通过面部按摩，既可行气活血，又可调整脏腑经络的生理功能，改善气血不足、畏寒身冷、体倦乏力、肾阳亏虚诸症。对女性四肢寒凉，夜尿频多、面白无华者效果更佳。

1. 面部的美容穴位

中医认为"头为诸阳之会，面为五脏之华"，按摩美容即运用一定手法，作用于面部的穴位，使面部气血流畅，达到美容养颜的目的。现将常用穴位及美容功效介绍如下：

（1）四白穴　眼睛正视时，在瞳孔中央往下画一条延长线，同时在鼻梁中央点画一横线，两线交叉处用手指按捏有个凹窝，即为四白穴。也就是眼睛下方一寸的地方（大拇指横宽为一寸）。可消除眼睛疲劳及脸部肿胀，改善皮肤粗糙。

（2）颧髎穴　脸颊两侧，两颊由下往上推，颧骨尖处之下缘凹陷处，约与鼻翼下缘平齐。可疏调面部经筋之气血、舒筋通络，缓解面部痉挛。

（3）地仓穴　位于口角外侧，上直对瞳孔。可促进血液循环，防止细纹产生。

（4）巨髎穴　鼻孔外侧旁边约1个手指的距离，位于地仓穴上方。可促进血液循环。

（5）承浆穴　位居嘴唇与下巴正中的凹窝。它能控制激素的分泌，保持肌肤的张力，预防脸部松弛。

（6）瞳子髎穴　位于眼角外侧约一横指宽的凹陷处。促进循环、防止皱纹产生。

（7）承泣穴　位于眼眶下缘。有驱风、明目的功效，对消除眼外眦的皱纹有显著疗效。

（8）迎香穴　位于鼻子两侧,鼻翼根部。消除眼睛疲劳,改善眼袋、黑眼圈。

（9）印堂穴　位于两眉头连线中点。预防肌肉松弛与水肿。

（10）太阳穴　位于头部侧面,眉梢和外眼角中间向后一横指凹陷处。减轻眼部疲劳,改善脸部肌肤。

（11）睛明穴　位于眼角内侧1厘米凹陷处。可消除眼部疲劳,改善眼周肌肤。

（12）百会穴　位于头顶正中。使脸色红润、皮肤细致。

（13）鱼腰穴　位于两眉毛的外侧。促进血液与淋巴循环,预防肌肤松弛。

（14）攒竹穴　位于两眉毛的内侧。消除眼部疲劳,改善眼袋及脸部肌肤。

2. 面部按摩的一般方法

按摩时不宜过分用力,按摩的动作要有节奏韵律感,按摩的速度最好与心脏跳动的速度大约一致,不宜太快或太慢。

第一步抚平额纹　用两手中指、无名指在前额画圈,方向是向上向外,从前额中部眉心开始,分别画至两侧太阳穴,然后用两手食指点压太阳穴,重复20次。可以预防前额皱纹的出现。

第二步分推眼眶　两手拇指按于太阳穴上,用食指第二节的内侧面分推上下眼眶。上眼眶从眉头到眉梢为一次；下眼眶从内眼角到外眼角为一次。先上后下,一圈为2次,共做20次。可以消除眼睛的疲劳,预防眼部产生皱纹和眼袋,也有助于预防颊部皮肤松弛。

第三步推按鼻翼　鼻部的毛孔特别大,容易长黑点。用两手中指指腹,自鼻翼两侧外展推按鼻唇沟部位,然后两手中指沿鼻梁正中上下推抹,重复20次。可以使鼻息通畅,也可预防鼻部产生黑点。

第四步分抹唇部　两手中指沿着嘴唇边做画圈动作,然后,分别由中间向两侧嘴角轻抹。上唇由人中沟抹至嘴角,下唇由下颌中部抹至嘴角,抹至下唇外侧时,两手指略向上方轻挑,重复20次。此法可以预防嘴角表情皱纹,防止嘴角下垂。

第五步轻拍面颊　鼓起颊部,用两手轻轻拍打两侧颊部,拍打数次至面颊皮肤微微泛红为止。可以使面颊肌肉结实,不易松弛。

第六步轻抹颈部　抬高下颌,用两手由下向上轻抹颈部,并由左至右,再由右至左移动,重复20次。可以防止颈部皱纹产生以及因肌肉下垂而产生的双下颏。

3. 面部美容按摩时的技巧

面部按摩要求手法要稳定,部位要准确,有节奏感,动作灵活、柔和,力度要适中,快而有序。

指腹和手掌长形按摩,适用于颈部、面部、额部等部位。

指腹由内向外,由下向上的螺旋式或圆形按摩,适用于面部或额部。还可用指腹按、压、点、揉面部穴位。

指腹式手指的点、拍、弹、拨,主要用于颈部、面部、下颌部位等。

4. 面部按摩的注意事项

按摩前需彻底清洁肌肤,最好在每日清晨清洁后或睡前洗浴后进行。

应注意手法的训练,按摩手法应以轻柔为好;每次选用穴位也不宜过多,以5~8个穴位为宜;按摩时间一般不超过30分钟,以免皮肤过度疲劳而适得其反。并非在皮肤上随便搓搓擦擦就是按摩,必须学会用柔软的指腹在皮肤上轻轻打旋,可以借助于按摩膏(不方便时用一般护肤膏也可以)。按摩膏能使手指润滑,既能发挥按摩功能,又避免摩擦对皮肤的伤害。不过请记住按摩后要将按摩膏清除掉。

按摩要能持之以恒,坚持下来才有效果。

保健小贴士

美化唇部的按摩

嘟起嘴唇,将两颊肉内吸,暂时保持这个姿式,然后恢复常态,重复8~10次。

用双手提起嘴角,再放下,也重复8~10次。

口腔做充气和吹气的动作,重复8~10次。

面部清洁：冰肌玉肤"洗"出来

洗脸是面部清洁的重点。人人都想美，不论青少年、中年，还是老年人，都非常关心自己的容颜风度，都希望保持面部的皮肤润泽，富有弹性，红光满面，从而显示出朝气勃勃的青春活力和精神面貌。那么，怎样才能长久保持面部青春呢？方法尽管很多，但不容忽视的一条就是要正确洗脸。

有人会说了，都洗了几十年脸了，还能讲不会洗吗？是的，洗脸如同吃饭一样，尽管天天吃，但怎样吃，才有益于健康，并不是人人都明白。

1. 了解自己皮肤的类型

一般来说，干性皮肤的人，最好不要用碱性肥皂或冷水洗脸，否则不仅越洗越干，还会使皮肤发紧、刺痒、脱屑或起皱；如属油性皮肤，需用碱性肥皂和热水洗脸，洗后再用冷手擦一擦，可减少脸上油脂分泌，保持毛孔通畅；中性皮肤用中性肥皂和温水擦洗就能达到目的。所以，要想洁肤，了解自己皮肤的类型是首先要做的事情。

2. 洗脸次数有讲究

原则上讲，勤洗脸，保持颜面清洁，对皮肤有好处，但也要具体问题具体分析。比如，频繁用热水洗脸，会使皮下脂肪损失过多，造成皮肤粗糙。洗脸后，脸上什么也不搽，让干燥的空气直接接触皮肤，也会使皮肤失去光泽。如果洗脸后，再用毛巾捂一会，然后立即搽上奶液等护肤化妆品，皮脸就不容易造成皮肤粗糙。当然，如果属于干性皮肤，每天洗脸不要超过4次，每天早、晚各洗1次，中午只用温热毛巾擦一擦，或用棉花蘸化妆水擦一擦就可以了。

3. 洗脸水温不能过高

凡是没到中年面部就有许多皱纹的人，多半有用高温水洗脸的习惯。因为人的面部微血管分布最密，脂肪层也最厚，这是人体自身对面部肌肉的良好保护。而热水具有强烈的渗透作用，如果洗脸水的温度过高，就相当于天天在清除面部一层层的保护油脂。久而久之,面部的皮下脂肪会明显地减少,从而加速皮肤老化,使皮肤失去弹性,皱纹增多自然就在所难免了。

也有人在洗脸时喜欢用冷水,尽管这在某种程度上对人体健康是有利的,但这却不利于美容,其原因在于冷水很难彻底清洗干净脸部过剩的油脂和污垢。

那么,什么样的水温才是合适的呢?一般来讲,合适的水温应与体温接近,在 30~40℃之间为佳,这样不仅可以抑制皮下脂肪的流失,还能去除污垢,达到彻底清洁皮肤的效果。

4. 洗脸水量不能过少

很多人以为洗脸用一盆水就足够了,其实,这种做法是不正确的,因为在洗脸时总免不了用香皂、洗面奶等,这样就会使洗脸水中溶有一些碱性物质。而碱对皮肤有极大的侵蚀作用,因此,洗脸至少应该用两盆水,第一盆用于润湿脸,然后用洗面奶洗脸,再初步洗去脸上的泡沫等碱性物质;第二盆水则要把脸部残留的碱性物质彻底清洗干净,这对保护面部皮肤很重要。

保健小贴士

蒸面清洁皮肤法

蒸汽美容是保养和护理皮肤的一种简单、有效的方法。其原理是:用水蒸气熏热皮肤,使毛孔受热后扩张,表皮深处的污物随同汗液排出,使皮肤表层及深层均得以清洗。水蒸气还能刺激皮肤的毛细血管,促进血液循环与皮肤的新陈代谢。同时,蒸汽美容对改善皮肤性质也有益处。干燥、粗糙的皮肤经过蒸面,充分吸收了水分,会变得细滑滋润;油性皮肤经过蒸面可消除过多的油脂,保持毛孔畅通,防止长出粉刺和面疱。因此,蒸面具有良好的护肤作用。蒸面的次数一般以每周 1 次为宜。

蒸面清洁皮肤具体方法是:

（1）将脸洗净后，用大毛巾将自己的头与蒸汽器围住，形成筒状，使蒸汽不向四周扩散，能比较集中地直升到脸上，使面部毛孔受热后张开，积在皮肤内的污垢就会和汗液一起顺着毛孔流出。

（2）蒸面的时间要按皮肤的性质而定，油性皮肤的人，蒸面时间不宜太长，但要求水温高一些，以脸部感觉发烫为好，一般5~10分钟即可；干性皮肤的人则相反，蒸汽温度不要太高，但时间可以长一些，一般在10~15分钟。中性皮肤介于两者之间。

（3）蒸完后，用干毛巾轻轻按在脸上，吸干水珠，然后用冷毛巾敷面，使张开的毛孔收缩，也可用收敛性化妆水拍打脸部，进行皮肤调理。最好趁皮肤吸收力最好的时候进行营养护肤与按摩，使皮肤得到良好的滋养。

面膜美容，让肌肤焕然一新

面膜美容法是指将药物及营养素加入适当的基质后，直接贴敷于面部，具有成膜特点，从而达到美容的一种常用疗法。它能使皮肤变得柔软、细腻、滋润，并有一定的消炎、收敛、脱脂、脱色、抗皱、护肤等作用。

1. 常用面膜的种类

（1）中药面膜　中药面膜主要由具有美容、保健及不同治疗作用的中药组成，将这些中药制成粉，以水或蜂蜜调糊状，涂面部30分钟后去掉，每周2~3次。为了提高其温度，在敷膜后还要加一层热敷垫，以促进药物的吸收，30分钟后揭去，清洁面部即可。中药面膜含油较多，保湿性好，多用于干性皮肤，不过在使用时应避免敷在眉毛、眼睫毛及口唇处。

（2）家庭食品面膜　这种面膜主要由蔬菜、水果及其他营养食品的原汁或原料配制而成。因其原料丰富，制备简便，家庭中常可自制。食品面膜由于含有多种维生素、醇类和微量元素，故具有滋养保健、防皱抗衰、美颜悦色之效。

（3）塑胶面膜　这种面膜是将某些药物配入塑胶纤维素溶液中,涂在面部,干燥成膜一定时间后揭去,有治疗及清洁作用。

2. 常见的中药倒模面膜

（1）含颠倒散、石膏粉等,用于溢脂多的痤疮。

（2）含藤黄、石膏粉等,用于炎症明显的丘疹性痤疮等。

（3）含云黄粉、石膏粉等,用于去皱消疱。

（4）含硇砂、石膏粉等,用于色素沉着、黄褐斑、雀斑等。

（5）含五倍子、石膏粉等,用于伴有炎症、血管扩张的玫瑰痤疮、皮炎等。

3. 常见的蔬果面膜

（1）香蕉面膜　将香蕉去皮后捣烂成糊状敷面,每周1次,每次20分钟,可用于干性皮肤或过敏性皮肤。

（2）黄瓜面膜　用刀刮下黄瓜皮,然后敷于脸部,每周可进行2~3次,每次敷15分钟,可滋润、柔软、增白皮肤。

（3）丝瓜面膜　取未成熟丝瓜,去皮,去子后,捣成泥状,涂于面部,15分钟后洗净,可达到抗过敏、洁肤、增白的效果。对油性皮肤、过敏性皮肤和面部有黑斑的人均有效。

4. 家庭食品面膜DIY

（1）糙米粉面膜　把三汤匙糙米粉置于大碗内,加水或牛奶搅拌成糊状,以敷上脸后不滴下为准。清洁面部后,涂上糙米粉面膜,薄厚随意,但眉、眼、唇不要涂上。脸朝上仰卧20分钟左右。用手指轻按面膜,干了就会自然脱落,然后洗净脸上残留的糙米粉。若能每周坚持做2次,半月后可容光焕发。

（2）酵母面膜　将50克酵母粉溶入适量的植物油中,再涂于脸部,20分钟后用温水擦去,然后再用凉水冲洗一遍。每周做1~2次,20次为一疗程。可提高皮肤血液循环和新陈代谢功能,同时具有清洁毛孔、消除皮肤起皱、防止老化等作用。

（3）乳类面膜　将酸奶油两小勺和鲜乳渣一勺相溶后涂于脸部和颈部,20

分钟后再用牛奶溶液温水擦洗,最后再用凉水洗一遍,每周1~2次。可使皮肤变得平滑、柔韧和洁白。

5. 鸡蛋面膜DIY

(1) 蛋白柠檬混合面膜　将柠檬汁1小勺和1个鸡蛋的蛋清充分混合,然后涂于脸部,20分钟后用凉水洗净。可使黑头粉刺脱色和消散,使皮肤变得柔韧、清爽、洁白。

(2) 沙拉油面膜　用植物油涂抹脸部,然后再将搅匀的蛋黄在脸上反复揉搓,直到白色泡沫消失为止。

(3) 鸡蛋面膜　用乳脂1小勺与蛋清少许搅匀,然后涂于脸部,20分钟后用温水洗净,每周2次。

(4) 黄瓜蛋清面膜　将黄瓜1条捣烂榨汁,与半勺柠檬汁和1个蛋清混合,然后敷于面部,可达到滋润和增白的功效。

(5) 蜂蜜蛋白面膜　新鲜鸡蛋1个取蛋清,蜂蜜一小汤勺,将两者搅拌均匀,临睡前用干净软刷子将此膜涂刷在面部,其间可进行按摩,刺激皮肤细胞,促进血液循环。待一段时间风干后,用清水洗净,每周2次为宜。

(6) 蛋清杏仁膏　将90克浸去皮的杏仁捣烂如膏,掺入少许蛋清调匀,每夜涂面,翌日早晨用米泔水洗净。

(7) 胡萝卜蛋黄面膜　将新鲜的胡萝卜、去皮后,把它磨成蓉。再加入蛋黄搅拌至均匀,即成为有效舒缓晒后皮肤的面膜。日晒后把面膜涂在面部上,约15分钟,再用清水洗净即可。由于面膜以纯天然成分制成,性质温和,每天使用亦可。

保健小贴士

石膏倒模面膜的使用

先用温水洗净面部,男性宜剃去胡须,然后平卧在按摩床上,面部肌肉自然放松。用毛巾将头发理顺包扎,然后用脱脂棉清洁剂顺皮纹方向擦拭整个面部，清除油污，接着在面部上薄薄地涂一层按摩膏或护肤霜，然后借助按摩膏的润滑作用，用双手指腹自上而下，由内向外，根据皮纹走向、肌肉分布、血管排列，进行按摩，按摩30次左右。对易出现皱纹及皮损部位应重点按摩，以面部皮肤出现红晕、皮温升高为宜。按摩手法要均匀，用力要柔和、轻快、短时，整个按摩约需15分钟。

按摩结束后，用棉布或凡士林油将眉、眼、口加以保护，再用300克左右的石膏粉加水调成糊状，涂于面部，自然干燥后由下颌向上揭去石膏膜，并清除残屑及遮盖棉布，当日不需洗脸，以利于药物继续吸收。

中药沐浴，护肤祛病

在中国，中药沐浴已有几千年的历史了。据记载自周朝开始，就流行香汤浴。所谓香汤，就是用中药佩兰煎的药水。其气味芬芳馥郁，有解暑祛湿、醒神爽脑的功效。伟大爱国诗人屈原在《云中君》里记述："浴兰汤兮沐芳华。"其弟子宋玉在《神女赋》中亦说"沐兰泽，含若芳。"历代中医都倍加推崇药浴，它能有效地起到防病治病的功能。

在中医里，药浴法是作为一种外治法来治病的，其形式多种多样，洗全身浴称"药水澡"；局部洗浴的又有"烫洗""熏洗""坐浴""足浴"等之分，尤其烫洗最为常用。药浴用药与内服药一样，亦需遵循处方原则，辨病辨证选药。即根据各自的体质、时间、地点、病情等因素，选用不同的方药，各司其属。煎药和洗浴的具体方法也有讲究：将药物粉碎后用纱布包好（或直接把药物放在锅内加水煎取亦可）。制作时，加清水适量，浸泡20分钟，然后再煮30分钟，将药液倒进盆内，待温度适度时即可洗浴。洗浴时，也分先熏后浴之熏洗法和边擦边浴之擦浴法。

药浴的作用机理是药物作用于全身肌表、局部、患处，并经吸收，循行经络血脉，内达脏腑，由表及里，因而产生效应。药浴洗浴，可起到疏通经络、活血化瘀、祛风散寒、清热解毒、消肿止痛、调整阴阳、协调脏腑、通行气血、濡养全身等养生功效。药浴后能提高血液中某些免疫球蛋白的含量,增强肌肤弹性和活力。

药浴也可用于美容保健,用药洗浴能使腠理疏通,气血流畅,从而达到气色健康,美颜悦色的目的。现代研究认为,面部皮肤老化的主要原因是角质细胞、真皮、皮下组织缺水,特别是角质细胞的角质蛋白缺水,从而出现角化、脱皮、皱纹。而中医的药浴疗法就是选用一些具有分泌作用的中药,在洗浴过程中,不仅可以治疗面部疾病,同时又可以补充皮肤的水分,营养肌肤,清除已死亡的表皮细胞,利用汗腺和皮脂腺的分泌,改善头面部血液循环,增强皮肤弹性,防止皮肤过早松弛和产生皱纹,由内而外起到美容的功效。

现代人碍于各种各样的原因,多用淋浴代替盆浴,这实在是相当可惜的一件事情。教师们白天为教育事业忙碌,到了晚上往往早已疲惫不堪,适时地泡个热水澡,既可以让紧张的肌肉松弛,消除当日的疲劳,又可以为明日储备精力,投入到新一轮的工作中。若再根据个人的身体状况和需要,在热水中适量添加几味草药,就能使洗澡兼具医疗、美容的功效。

下面介绍几种常用的中药沐浴方法。

1. 八角金盆浴:治疗神经痛

将八角金盆洗干净,切成适度大小后阴干。要洗澡时,将干的八角金盆丢入浴缸中,借由浴缸的热水把药性逼出来,最好是用85℃以上的热水。不过一定要等洗澡水微温时,再下去浸泡,若家中有幼儿则要特别注意安全。

2. 风露草浴:治疗便秘、下痢

把100克的风露草和艾草风干后,用纱布袋装起来,放入热水里。风露草要选颜色深的,它能收缩肠肌,调整肠胃效果卓著。

3. 桃叶浴:治疗痱子、湿疹

桃叶自古以来就被当作皮肤药使用,对痱子、湿疹的疗效很好。和上述方法相同,先把桃叶放入袋子里,再浸泡在浴缸中。如果为要节省时间,可以先将药袋投入一小锅水中,用温火煮10分钟,再将布袋和煮汁一起倒入浴缸中。

4. 艾草浴：治疗腰冷痛

药性温和能消除疲劳，而且淡淡的艾草香味也很好闻。最好能连续浸泡2~3次艾草浴，效果将会更好。新鲜的艾草买回来先在太阳下暴晒1天后，即可用报纸包起来保存。入浴方法同上。

5. 芦荟浴：用于治疗失眠、便秘

洗芦荟浴能刺激全身血脉通畅，并有治疗失眠、痔疮、便秘的功效，是现代人不可不知的保健之道。芦荟浴所采用的芦荟必须是新鲜的，先将皮和上面的刺去掉，然后磨成汁，连同黏汁和渣一同放入袋中浸泡在热水中，等水变温时即可入浴。

6. 枇杷叶浴：针对粗糙肌肤、斑疹

枇杷叶浴对于粗糙肌肤很具美容效用，但要注意叶子要洗干净，因为枇杷叶上有短毛，很容易藏污纳垢，清洗时要特别细心。

枇杷叶先经日晒1~2天，一次的使用量约3片左右，也是用刀子将叶片切小后，放入袋了，丢入浴缸中。

7. 牛奶浴：针对多汗症，且美肤

浸泡前在洗澡水中倒入一升牛奶，并在洗澡水中多泡一会儿。历史上埃及艳后就很喜欢这种牛奶浴，因为牛奶浴能让肌肤光润，但是每天洗澡后都要把浴缸洗净，以免残留的牛奶发酸、恶臭。

保健小贴士

护肤沐浴四方法

养肤护肤还可以选用如下几种沐浴法。

（1）盐水浴：在38~40℃的温水中加入粗制海盐1~2千克，使浴水的含盐量达到1.0%~1.5%，成为高张盐水。这种盐水浴能刺激皮肤充血，

血管扩张,促进血液循环和新陈代谢。可用于治疗鱼鳞癣、毛发红糠疹、皮肤硬肿病等。

（2）米糠浴：在布袋内装入细米糠1千克,用水煎后倒入36~37℃的浴水中,然后人体在其中浸泡15~20分钟,并且频繁地用上述袋子擦手及全身皮肤。米糠浴能使皮肤光滑、细嫩,并且具有收敛、止痒、镇静、安抚等作用。常用于治疗皮肤瘙痒症、泛发性神经湿疹、药疹及红皮病等皮肤病。

（3）小苏打浴：在5升左右的温水（40℃）中,加入小苏打2片（每片0.5克）,待小苏打溶解后即可洗浴。小苏打即碳酸氢钠,在水中,小苏打经化学分解,可释放出二氧化碳。由于皮下血管扩张,增加了对二氧化碳的吸收,血液中适当的二氧化碳可兴奋大脑呼吸中枢,增强呼吸,吸进更多氧气,促进全身的新陈代谢,有益于健康。此外,小苏打浴还有助于消除疲劳、恢复体力。

（4）高锰酸钾浴：取高锰酸钾8~10克溶于37~40℃的温水中,使其成为浓度为1:15000~20000溶液。用这样的水洗浴,有除臭、杀菌等作用。可用于治疗天疱疮、药疹、剥脱性皮炎、脓皮病等渗出性皮肤病。

美发养发：让美丽从头开始

秀发三千,美与不美,全凭健康二字。健康的头发是什么样的？乌黑亮丽、发质如丝、充满光泽和动感,富有弹性……这样的头发恐怕是每个人都梦想得到的。然而如果日常生活中洗发护发不讲究科学,就会导致头发干枯,失去润泽感,严重者像一堆"禾杆草",毫无美感可言。因此,如何正确美发养发便成为人们迫切需要了解的问题。

1. 养血养发

毛发的生长是依靠毛囊部位的毛细血管从身体摄取的营养来完成的。中国古代就有"毛发,血之余也"之说。人类的身体将进食的食物合成蛋白质,然

后制造成血液,并由血液将营养输送到身体的各个部位,借此来维持生命。

血液在周身循环时,最先汲取营养的并不是头发,而是身体里最弱、最需要补充营养的地方,剩下的才是头发的。因此,当营养不足、血虚、失眠、内脏炎症等情况发生时,最先被断绝营养的便是头发。

当头发出现断裂、分叉、枯黄、脱落等现象时,应当及时引起注意,观察身体其他部位是否出现了问题。因为头发出现的问题说明身体开始营养不足,应及时进行调理,补充营养,制造血液。如果置之不理,那么其他部位就有可能发生病变。

有贫血症,体质虚弱,肝、肾、胃等脏器疾病的人,发质也不会很好,因为这些病症也是急需血液的。所以要多摄取含铁的物质,滋肝养肾,增强体质,使血液充足,才能保持身体健康,头发靓丽。

目前,在我国,女性进入社会非常普遍,她们和男性一样要工作学习,承担着家庭、老人、小孩等社会压力,而且,女性本身还要经历漫长的生理周期——经期、孕期和哺乳期。

很多怀孕的女性都发现,怀孕、生产时,头发会大量脱落,这是由于在这一时期流失了大量血液,使补给头发的血液及养分严重短缺,以致头发脱落。所以在女性的经期、孕期和哺乳期要特别注意补充营养,使血液充足。

当了解了头发是由血液制造的道理以后,就应该懂得,只靠擦在头发表面的护发剂就想使头发漂亮这一做法是很不科学的,护发剂只是暂时刺激头发,不能从根本上改变发质。只有及时地给身体补充营养,并且保护好发根,以吸收更多的营养,才能拥有更加飘逸的秀发。

2. 功法养发

通过功法锻炼能协调体内阴阳,顺畅气血,调节脏器功能。我们可以适当学一些功法,作为养护头发的辅助手段。

现在向大家介绍一种"循经导气干沐浴",不仅可以养护头发,还有美容养颜的功效。具体做法如下:

先将双手搓热,做洗脸状24次,双手十指从前向后梳头36次,然后从后向前再梳36次;双手交替从锁骨逐渐推向胸、肋骨,直到腹股沟,连续做21次;

双手绕肚脐按摩,顺时针做 21 次;从腹部逐渐移到两腿内侧,再到双脚,逐渐转向外侧,再从臀部按摩至腰背部,在腰部有一个停留,搓腰 7 次后转向腹部,这个循环动作坚持 21 次。

上面这些动作都要在心情比较平静的时候进行,稳定的心理状态才有助于我们养护头发。

3. 保肾养发

俗话说:"人老先从头上老"。一般地说,从童年开始,头发越长越黑。50 岁左右,头发中的黑色素颗粒逐渐减少乃至消失,头发开始变白。头发变白常常先从额部开始,逐渐扩展到其他部位的头发。老人的头发不仅变白而且变细、变脆,毛囊萎缩,容易脱落,这都与中医所说的"肾虚"有关。肾衰,精血不足,发失其所养,故变脆、变白、易落。因此,通过头发的变化,可以推测其衰老的程度。

保养好头发,应该采取哪些具体措施呢?

(1)要调七情、免刺激　俗话说:"笑一笑,十年少;愁一愁,白了头"。不良情志的刺激,会影响毛发的荣枯。故须调七情,免刺激,特别是七情中的惊恐可伤肾,尤应注意。

(2)要远房事、保肾气　《黄帝内经》里说:"若房劳过度则伤肾。"房劳,即指过度的性生活会损伤肾精,进而导致肾气的损伤。节制性生活,可以保肾气。

4. 按摩护发

通过对头部的按摩,可刺激头部皮肤,促进其血液循环和新陈代谢,从而改善头发的营养状态,这是养护头发的重要方法之一。中医认为"头为诸阳之会",手三阳经止于头面部,足三阳经起于头面部,手、足三阳经在头面部相交接,因此通过对头部的按摩,可疏通头部经络,使气血运行通畅,头发得以滋养,从而达到生发、美发的目的。

此外,头发的生长还有赖于精血的滋养,发为血之余,又为肾之外华,心主血,肾藏精,因此头发的润泽与否与心肾功能有着非常密切的关系,要保持头发的光亮、柔顺,关键是要保持人体脏腑气血充沛,经络通畅。

洗发时的五个"适"

（1）洗发的频率要适度：在南方或夏季，或头油多，又觉不舒服，可以每天洗一次；在北方或冬季，每周洗2~3次就够了。

（2）洗发方法要适当：应先淋湿头发，再将洗发香波倒入手心，并加清水稀释，然后从枕部和颞部搓起泡往上洗，千万不要将香波原液放到头顶洗起，更不要干洗，避免强刺激头顶部（多脂且易脱区）的皮脂腺过多分泌。不要用指甲抓洗头发，应用指腹或手掌轻轻揉洗。如果头发属干性，洗头时用一次洗发水便足够了，假如头发属油性，则要多用一次洗发水。

（3）洗发时间要适宜：洗发香波在头上停留时间不要超过5分钟，应尽快冲洗干净。早上或晚上洗发均可，但应待头发干后再睡觉。

（4）洗发水温要适中：水温在30~40℃即可，不要过热。过烫会使头发变得松脆易断，过冷则去污去油腻效果差。

（5）洗发液要适合：要选择适合自己发质的优质洗发水，每次可根据自己的头发长短、多少和清洁程度确定用量，一般5~10毫升。

第七章

茶饮保健:轻松泡出好茶来

不同的茶,由于所产的地域不同,品种不同,加工方法不同,所以茶的品质特征也不尽相同。科学的泡茶,就是用科学的方法,使茶的色、香、味、形充分展示出来。人们还可以根据自身的身体状况,选择饮用养生茶。养生茶取药物之性,饮茶之味,两者相辅相成,起到茶借药力、药助茶功的协同作用。

好茶需配好水

明代张大复在《梅花草堂笔谈》中谈到:"茶性必发于水,八分之茶,遇十分之水,茶亦十分;八分之水,试十分之茶,茶只八分。"可见水质能直接影响茶汤品质。水质不好,不能正确反映茶叶的色、香、味,尤其对茶汤滋味影响更大。因此,历史上就有"龙井茶,虎跑水""梦顶山上茶,扬子江心水"之说。名泉伴名茶,美上加美。

在现代生活中,家里收藏高档的龙井、猴魁、毛峰等名茶,如果不注重水的选择,就会让品质大打折扣,造成了浪费就十分可惜了。

我国自古以来就十分讲究茶的冲泡技艺,积累了丰富的经验。茶圣陆羽将泡茶用水分成三个等级,他在《茶经·五之煮》中写道:"其水,用山水上,江水中,井水下。"

1. 泉水和山溪水

一般来说,泉水和山溪水经山岩石隙和植被沙粒渗析,其水质比较清纯,杂质少,透明度高,少污染,常含有较多的矿质营养。自古以来。人们就追求甘泉沏香茗,认为只有如此才能品尝到"香、清、甘、活"的茶水。

2. 江、河、湖水

江、河、湖水属地面水,通常含有较多的杂质,浑浊度大,靠近城镇之处,易受污染。但在远离人口密集的地方,污染物少,且其水是常年流动的,这样的江、河、湖水仍不失为沏茶的好水。唐代陆羽在《茶经》中说,"其江水,取去人远者",说的就是这个意思。综上所述,用江、河、湖水泡茶,一般应掌握三条:(1)要常年流动的"活水";(2)要远离人烟较多的城镇,少污染;(3)酌情通过澄清处理。

3. 井水

井水属地下水,是否适宜泡茶,不可一概而论。有些井水,水质甘美,是泡茶好水。深层地下水有耐水层的保护,污染少,水质洁净,而浅层地下水易被地面污染,水质较差,所以深井比浅井好。城市里的井水,受污染多,多咸味,不宜泡茶;而农村井水,受污染少,水质好,适宜饮用。

4. 雨水和雪水

雨水和雪水,古人誉为"天泉",清代曹雪芹在《红楼梦》"贾宝玉品茶栊翠庵"一回中,更是描绘得有声有色。但随着现代工业化和城市化的发展,环境污染日趋严重,所以大都市、大城市的雨水和雪水已不能作为泡茶用水了。

5. 自来水

自来水,一般都是经过人工净化、消毒处理过的江水或湖水。凡达到我国卫生部门制订的饮用水卫生标准的自来水,都适用于泡茶。但有时自来水中用过量氯化物消毒,性味很重,如用之泡茶,则会严重影响品质。为了消除氯气,可将自来水贮存在缸中,静置一昼夜,待氯气自然逸失,可用来煮沸泡茶,效果就大不一样。

6. 桶装矿泉水和纯净水

市场上销售的桶装矿泉水,已经过厂家的处理,可直接用来泡茶,纯净水也经过处理,但不含矿物质,也可直接用来泡茶,但营养比矿泉水逊色些。

天然水可分硬水和软水两种,水的硬度会影响茶的有效成分的溶解度。所以选择泡茶用水时,还必须了解水的硬度。软水中茶的有效成分的溶解度高,故茶味浓;而硬水中含有较多的钙、镁离子和矿物质,茶叶中有效成分的溶解度低,因此茶味淡,甚至茶汤变成黑褐色,甚至浮起一层"锈油"。

总结起来,泡茶用水讲究"活""甘""清""轻",就是说水品为活水,水味要甘甜,水质要清净,水质为软水。

选择合适的水很重要,但也要考虑自身的经济条件。在日常生活中,有条件的可选择有资质、有品牌的矿泉水泡茶。经济条件相对拮据的,经过处理过的自来水也是比较理想的泡茶用水。

保健小贴士

煮水泡茶选"二沸"

选择了好水,必须加以烹煮方能冲泡,煮好一壶水,掌握好程度也是非常重要的,水煮的过"老"或过"嫩"均不佳!生活用水多为暂时硬水,水中的钙、镁离子在煮沸过程中会沉淀,煮水过"嫩",尚未达到此目的,钙、镁离子在水中会影响茶汤滋味。再者,煮沸有杀菌消毒过程,可保证饮水卫生。久沸的水,碳酸盐分解时溶解在水中的二氧化碳气体散失殆尽,会减弱茶汤的鲜爽度。另外,水中含有微量的硝酸盐,在高温下会被还原成亚硝酸盐,水经长时间煮沸,水分不断蒸发,亚硝酸盐浓度不断提高,不利于人体健康。

如何掌握煮水的程度,古人有许多论述,如陆羽在《茶经》中指出:"其沸,如鱼目,微有声,为一沸;缘边如涌泉连珠,为二沸;腾波鼓浪,为三沸。以上水不可食也。"根据经验,煮水要急火猛烧,传水煮到二沸即可,不可用文火慢煮,久沸再用。

"门当户对"选茶具

影响泡茶质量的因素很多,除了茶叶、用水、火候之外,还有就是泡茶的器具。好茶需配好水好具,而茶具是茶和水的共同载体,只有选择好茶具,才能与茶水相得益彰,故云:"器为茶之父"也。茶叶与茶具的搭配是很重要的,需要"门当户对"、"意气相投",这是泡好茶的一大要素。

1. 茶具的质地与茶类相配

器具质地主要是指密度而言。根据不同茶叶的特点,选择不同质地的器具,才能相得益彰。密度高的器具,如江西景德镇、广东潮州的瓷质茶具,因气孔率低、吸水率小,可用于冲泡清淡风格的茶,如冲泡各种高级绿茶、大宗绿茶、花茶、红茶及白毫乌龙等,泡茶时茶香不易被茶具吸收,显得特别清澈透明。玻璃杯也可用于冲泡名绿茶,香气清扬又便于观形、色。而那些香气低沉的茶叶,如铁观音、水仙、普洱等,则常用低密度的陶器(主要是紫砂壶)冲泡,因其气孔率高、吸水量大,故茶泡好后,持壶盖即可闻其香气,尤显醇厚。在冲泡乌龙茶时,同时使用闻香杯和啜茗杯,闻香杯质地要求致密,一般用瓷质或陶质内壁涂釉的茶具,当茶汤由闻香杯倒入啜茗杯后,闻香杯中残余茶香不易被吸收,可以用手捂之,其杯底香味在手温作用下很快发散出来,达到闻香的目的。

2. 茶具的色泽与茶类相配

茶具的色泽是指制作材料的颜色和装饰图案花纹的颜色,通常可分为冷色调与暖色调两类。冷色调包括蓝、绿、青、白、灰、黑等色,暖色调包括黄、橙、红、棕等色。凡用数色装饰的茶具可以主色划分归类。茶具色泽的选择是指外观颜色的选择搭配,其原则是要与茶叶相配,饮具内壁以白色为好,能真实反映茶汤色泽与明亮度。

3. 各种茶类的茶具选配

各种茶类适宜选配的茶具如下所述:

(1)绿茶类 高档的名优绿茶的茶具,一般而言,有几种选择。一是透明、无花纹、无色彩的无盖玻璃杯和玻璃盖碗,主要优点是便于真切地观赏茶叶在冲泡中的动态美;二是白瓷杯、青瓷、青花瓷无盖杯和无盖瓷盖碗,其优点是充分映衬绿茶的汤色美,较好地保持绿茶的清香和滋味。这两类茶具能较完美地体现绿茶的香气、汤色及叶底。大宗绿茶和中低档的名优绿茶,外形不是很漂亮,但香气、汤色、滋味也不逊色。品大宗绿茶重在品味茶的汤色、香气和滋味,而不是茶的外形。所以选用茶具,如单人用具,夏秋季可用无盖、有花纹或冷色调的玻璃杯;春冬季可用青瓷、青花瓷等各种冷色调瓷盖杯。多人用具,宜用青瓷、青花瓷、白瓷等各种冷色调壶杯具。

(2)花茶类 品味花茶,重在品花茶的香气。花茶的特点是香气高长。所以茶具的选择,必须是有盖的茶具,以防香气的散发。目前市场上销售的花茶有"散花茶"和"造形花茶"两种,"散花茶"就是传统的花茶;"造形花茶"是绿茶窨花以后,再加工成不同的形状,如寿桃形、葫芦形、五角星等,并有好听的名字,如丹桂百合、星光灿烂等等。因此在茶具的选择上,如高档的散花茶,茶坯嫩度好,具有一定的观赏性,可用玻璃盖碗来冲泡;中低档的散花茶,可用瓷质的盖碗来冲泡;造形的花茶,我们选用高脚的玻璃杯来冲泡。

(3)红茶类　传统的条状红茶如祁红、滇红,统称为"工夫红茶"。现代的红碎茶则以细粒形为主要特征。其冲泡有两种形式,工夫红茶以清饮居多;而红碎茶往往用于冲泡牛奶果汁,或用于制作袋泡茶、冰茶等。工夫红茶茶具可选用紫砂(内壁上白釉)、白瓷、白底红花瓷、各种红釉瓷的壶杯具、盖杯、盖碗,用以衬托其"浓艳"之美。红碎茶用紫砂(杯内壁上白釉)以及白、黄底色描橙、红花和各种暖色瓷的咖啡壶具,同时配置过滤壶、网等器舆。

(4)青茶类　青茶,也称乌龙茶,其品种很多,按发酵程度可以有轻发酵和重发酵两种。乌龙茶的品种和发酵程度直接决定了茶汤的汤色深浅和香气的特色。所以,轻发酵茶如铁观音、文山包种、黄金桂等,重发酵类如凤凰单枞、武夷岩茶、东方美人等,选用白瓷及白底花瓷壶杯具或盖碗、盖杯;中等发酵及重焙火类如冻顶乌龙等选用紫砂壶杯具。乌龙茶品质特色着重在于一个"香"字。由于茶树品种不一,制作方法不一,其香型也是变化莫测。选择茶具的主要思路是要尽可能地使其香气得到完美、悠长的发挥,因此,选用胎质较为厚实的茶具,有利于在一段时间内,保持较高的温度,从而使香气得到充分孕育。

(5)普洱茶　普洱茶属后发酵茶,外形条索肥大;色泽乌润或褐红,滋味醇厚回甘,并具有独特的陈香。普洱茶一般用盖碗杯冲泡,用紫砂嘉作公道杯,白瓷杯作品茗杯。

(6)黄茶类　黄茶属轻发酵茶,基本工艺与绿茶接近,但在制作过程中,增加一个闷黄的工艺,因此具有黄汤黄叶的品质特征。黄茶的冲泡用具可选用玻璃环、奶白瓷、黄釉颜色瓷和以黄、橙为主色的五彩壶杯具、盖碗和盖杯。

(7)白茶类　白茶属轻发酵茶,基本工艺是晾晒、干燥。白茶的品质特征是干茶外形满披白毫,色白隐绿,汤色浅淡,味甘醇。白茶的冲泡可选用玻璃杯、白瓷杯或用反差极大且内壁有色的黑瓷,以衬托出白毫。

(8)花草茶类　花草茶类是现代新兴起的时尚饮品,是由茶叶与花草和中药材配伍制成的保健饮品,融茶的清香和花的芬芳为一体,既有茶的保健效果,

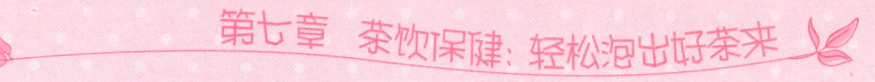
第七章 茶饮保健：轻松泡出好茶来

又有花的美容、健身作用，深受上班族的喜爱。冲泡的器具一般用透明的玻璃壶和杯、白瓷咖啡具等。

> **保健小贴士**
>
> **茶具的维护**
>
> 茶具维护的重点，以讲求"干净卫生"为主，泡茶前，应将茶具洗涤干净，更不能附有油质物，每次使用后，应倒弃茶渣，并冲洗干净，置于干燥、通风、无异味的地方以保持卫生。如果养护得法，则茶具使用愈久，愈能泡出最佳的茶质。

科学冲泡五要素

选择了好茶好水，配制相适宜的茶具，要泡一杯好茶，冲泡技术是关键。冲泡时要掌握几个要素，那就是用茶量、水的温度、冲泡的时间、置茶的次序、续水的次数。

1. 茶水的比例

茶叶冲泡时，茶与水的比例称为茶水比。茶水比不同，茶汤香气的高低和滋味浓淡各异。据研究，茶水比为1∶7、1∶18、1∶35和1∶70时，水浸出物分别为干茶的23%、28%、31%和34%，这说明在水温和冲泡时间一定的前提下，茶水比越小，水浸出物的绝对量就越大。另一方面，茶水比过小，茶叶内含物被溶出茶汤的量虽然较大，但由于用水量大，茶汤浓度却显得很低，茶味淡，香气薄。相反，茶水比过大，由于用水量少，茶汤浓度过高，滋味苦涩，而且不能充分利用茶叶的有效成分。试验表明，不同茶类、不同泡法，由于香、味成分含量及其溶出比例不同以及不同饮茶习惯，对香、味浓度要求各异，对茶水比的要求也不同。一般认为，冲泡红、绿茶及花茶，茶水比可掌握在1∶50~1∶60为宜。若用玻璃杯或瓷杯冲泡,每杯约置 3 克茶叶,注入 150~200 毫升沸水。品饮铁观音等茶时,要求香、味浓度高,用若琛瓯细细品尝,茶水比可大些,1∶18~1∶20 为宜。即用壶泡时,茶叶体积约占壶容量的 2/3 左右。紧压茶,如金尖、康砖、茯砖和方苞茶等,因茶原料较粗老,用煮渍法才能充分提取出茶叶香、味成分;而原料较细嫩的饼茶则可采用冲泡法。用煮渍法时,茶水比可用 1∶80,冲泡法则茶水比略大,约 1∶50。品饮普洱茶,如果用冲泡法,茶水比一般用 1∶30~1∶40,即 5~10 克茶叶加 150~200 毫升水。

2. 冲泡的水温

水温高低是影响茶叶水溶性物质溶出比例和香气成分挥发的重要因素。水温低,茶叶滋味成分不能充分溶出,香、味成分也不能充分散发出来。但水温过高,尤其加盖长时间焖泡嫩芽茶时,易造成汤色和嫩芽黄变,茶香也变得低浊。而且,煮水时水沸过久也加速水溶氧的散失而缺乏刺激性,用这种水泡茶时,茶汤应有的新鲜风味也会受到影响。不同茶类,因其嫩度和化学成分含量不同,对泡茶所用水温的要求也不同。研究证明,茶水比为 1∶50 时冲泡 5 分钟,茶叶的多酚类和咖啡因溶出率因水温不同而有异。水温 87.7℃以上时,两种成分的溶出率分别为 57% 和 87% 以上。水温为 65.5℃时,其值分别为 33% 和 57% 以上。细嫩的高级绿茶类名茶,以 85~90℃为宜;气候寒冷时,由于茶具温度低,对泡茶用水的冷却作用明显,宜用沸水冲泡。一般红茶、绿茶、花茶以及乌龙茶,宜用正沸的开水冲泡。原料粗老的紧压茶,用煮渍法沏茶,可使茶叶在沸水中保持较长时间,充分提取茶叶的有效成分,以便获得浓度适宜的茶汤。调制冰茶,最好用温水(40~50℃)冲泡,尽量减少茶叶蛋白质和多糖等高分子成分溶入茶汤,防止加冰时出现沉淀物。

3. 冲泡的时间

掌握了用茶量和冲泡的水温,每一杯茶需泡多少时间才可以饮用呢?不同的茶冲泡的时间各异。茶汤的滋味总是随着冲泡时间的延长而逐渐增浓,时间短了,茶汤会淡而无味,香气不足;时间长了,茶汤太浓,茶色过深,茶香也会因飘逸而变得淡薄。只要我们仔细观察,会发现冲泡后的茶汤,在不同时间段,茶

第七章 茶饮保健：轻松泡出好茶来

汤的滋味、香气是不一样的，这是因为茶汤中各种物质的浸出速度是不一样的。如绿茶冲泡时，维生素类、氨基酸、茶多酚等物质先浸出，大约3分钟时，上述物质达到一定的量，茶汤就有鲜醇爽口的滋味；随着时间的延长，咖啡因和茶多酚进一步浸出，茶汤出现苦涩味。所以，我们冲泡绿茶，一般冲泡3分钟就可以饮用。

具体而言，各茶类的泡茶时间分述如下：大宗红、绿茶、黄茶、头泡茶以冲泡3分钟左右饮用为好。若想再饮，那么，到杯中剩有三分之一茶汤时，再冲开水，以此类推。这样做，可使一杯茶中的茶汤浓度相对一致。如果冲泡的是乌龙茶，用茶量较大，又加沏茶的水温高，因此，第一泡45秒钟就可将茶汤倾入杯中。第二泡开始，每次应比前一泡增加15秒钟左右，倾茶汤入杯，这样可使各泡茶汤浓度不致相差太大。冲泡普洱茶，第一次冲泡的时间10~15秒钟就可以了，以后每泡增加5秒钟。单芽型白茶，炒制时未加揉捻，可溶于水的物质又不多，可适当延长冲泡的时间，一般冲泡5~6分钟，即可饮用。花茶，为了保香，不使香气散失，沏茶时间不宜过长。一般3分钟左右便可饮用。

4. 置茶的次序

泡茶时置茶有三种不同方法，先放茶叶后注入沸水，称为下投法；沸水注入约1/3后放入茶叶，泡一定时间再注满水，称为中投法；注满沸水后再放入茶叶，则为上投法。不同茶叶，由于其外形、质地、比重、品质、成分含量及其溶出速率不同，要求不同的投茶方法，做到置茶有序。身骨重实、条索紧结、芽叶细嫩、香味成分含量高以及品赏中对香气和汤色要求高的各类名茶，可用上投法。条形松展、比重轻、不易沉入水中的茶叶，宜用下投法或中投法。不同季节，由于气温和茶冷热不同，投茶方式也应有所区别，一般可采用"秋中投，夏上投，冬下投"。

5. 冲泡的次数

茶叶中各种有效成分的浸出率是不一样的，以大宗绿茶为例，一次性沏泡的浸出率，氨基酸高达80%以上，咖啡碱近70%，茶多酚为45%左右，可溶性糖少于40%。实验表明，大宗绿茶一经冲泡，每次在茶汤中的可溶性

物质含量是不一样的：一般第一次冲泡大宗绿茶时，茶中的可溶性物质能浸出50%~55%；沏泡第二次时，能浸出30%左右；沏泡第三次时，能浸出约10%；沏泡第四次时，只能浸出2%~3%，几乎是白开水了；沏泡第五次时，茶中能溶于水的物质已很难测出来了。因此，中国茶的冲泡次数一般为2~3次。

保健小贴士

泡茶过久不卫生

有一种说法：喝隔夜茶会得癌症。这种说法的根据无非是茶中的胺类物质会与亚硝酸盐产生化学反应而形成亚硝胺，亚硝胺是一种公认的强致癌物质。然而，亚硝胺的形成不一定要"隔夜"，茶叶如是清早冲泡的，到了下午，时间上并不短于"隔夜"。

但沏茶还是有学问的。有些人茶叶一次放得很多很多，从早到晚反复冲泡，殊不知茶叶浸泡的时间长了，所含的有益物质（包括维生素C）已大大减少，在气温高时，还易受微生物污染，不符合饮食卫生。据权威部门检测，有好几种茶叶的含铅量超标，然而冲泡的茶水含铅量却很少，并未超过饮用水的标准，但冲泡的时间长了，茶水中含铅量会随之增加。就这一点而论，喝这种非隔夜的"隔夜茶"是不利健康的。

好茶是这样泡出来的

不同的茶叶，其冲泡方法也不相同。想要冲泡一杯好茶，除了具备好茶、好水的条件外，还必须掌握泡茶要点，才能喝得更健康。关于各种茶类的茶具选配我们前面已作介绍，这里就不再叙述。下面就着重介绍一下各种茶叶的冲泡方法。

第七章 茶饮保健：轻松泡出好茶来

1. 绿茶的冲泡方法

（1）备水　绿茶的茶性淡雅，对水性的要求比较高。冲泡绿茶最好选用优质矿泉水，也可以用经过净化处理的自来水。水的酸碱度为中性或弱酸性，水煮初沸即可。沏茶的水温，要求在80~90℃为宜，因为优质绿茶的叶绿素在过高的温度下会被破坏变黄，同时茶叶中的茶多酚类物质也会在高温下氧化，很快变黄。茶与水的比例要恰当，通常比例为1克茶叶用50~70毫升水为宜，这样冲泡出来的茶汤浓淡适中，口感鲜醇。

（2）冲泡　冲泡绿茶时应先注入少量热水，使茶叶浸润一下，稍后再注水至离杯沿1~2厘米处即可。注水时要求手持水壶往茶杯中注水，采用"凤凰三点头"的手势，使注入的热水借助冲力冲动茶叶，让茶叶在杯中上下漂动，同时也有助于茶汁泡出，杯中茶汤浓度上下一致。用茶壶冲泡时，先用回转冲泡法向内回旋3周冲入开水，再用直流冲水法冲至八成满，最后用"凤凰三点头"的手势冲至壶满。刮去表面浮沫，加盖，静置2~3分钟。然后将品茶杯摆好，来回倒茶，使每杯茶汤浓度均匀一致。

2. 红茶的冲泡方法

（1）备水　冲泡一杯红茶需1茶匙约6克的茶叶量。一般而言，无色无味且含氧量高的水最适宜用来泡茶。以泉水、井水及溪水最佳，市售的矿泉水若是纯水或天然水亦可代替。家中的自来水由于多添加有氯。最好在大容器中静置一夜。待氯气散失再用以煮沸沏茶。此外，煮过的水中空气已减少，若二度用以煮沸冲泡，会使红茶特有的芳香及色泽大打折扣。冲泡红茶的水温要控制在90~100℃之间。

（2）冲泡　要冲泡出一壶好红茶，泡好后茶叶须与茶汤分离，此时冲泡时间的掌握便成为关键。若冲泡时间过久，则茶叶中的单宁酸和儿茶素会全部释放出来，使茶汤变得苦涩。反之，冲泡时间过短，茶叶中的氨基酸释放量不足，则泡不出红茶的香甜，茶汤会带有明显的水味。若无法以时间控制，可根据茶汤的色泽来判断，只要茶汤颜色正常，必能泡出一杯好茶。由于不同茶叶的茶汤色泽不同，必须凭经验加以判断，但大体来说，茶汤要明亮清澈、色泽鲜艳，不可有混浊状。最后，可以依个人口味加入适量的糖或牛奶。若是选择喝纯红茶，

则所着重的完全就是红茶的本色与原味。但奶茶用的茶叶一般而言都属于口味较重,并带有一些涩味,所以加入浓郁的牛奶之后,涩味会降低,而且口感也变得丰富一些了。

3. 乌龙茶的冲泡方法

(1)备水　乌龙茶要求水沸立即冲泡,水温为100℃。水温高,茶汁浸出率高,茶味浓、香气高,更能品饮出乌龙茶特有的韵味。

(2)冲泡　乌龙茶较耐泡,一般泡饮5~6次,仍然余香犹存。泡的时间要由短到长,第一次冲泡,时间短些,约2分钟,随冲泡次数的增加,泡的时间也相对延长。这样方能使每次茶汤浓度基本一致,便于品饮欣赏。壶中置茶以后,沸水沿壶内壁缓缓冲入,在水漫过茶叶时,便立即将水倒出,称之为"洗茶",洗去茶叶中的浮尘和泡沫,便于品其真味。洗茶后立即第二次冲入沸水,水量以溢出壶盖沿为宜,盖上壶盖。冲水的方法应由高到低。且在整个泡饮过程中需经常用沸水淋洗壶身,以保持壶内水温,充分泡出茶叶的香味。斟茶方法也与泡茶一样讲究,传统的方法是用拇指、食指和中指夹着壶的把手。斟茶时应低行,以防失香散味。茶汤按顺序注入几个小茶杯内,注量不宜过满,以每杯容积的1/2为宜,逐渐加至八成满,使每杯茶汤香味均匀。

4. 普洱茶的冲泡方法

(1)备水　由于普洱茶的茶味较不易浸泡出来,所以必须用滚烫的开水冲泡。第一泡在开水冲入后随即倒出来(湿润泡),用此茶水来烫杯。

(2)冲泡　冲泡时,茶叶分量约占壶身的1/5。若是普洱砖茶。则需要掰开后,置放约2周后再冲泡。方能保证茶叶味道较佳。普洱茶一般可续冲10次以上。因为普洱茶有耐泡的特性,所以冲泡10次以后的普洱茶,还可以用煮茶的方式做最后的利用。第一泡过后,第二次冲入开水,浸泡15秒即倒出茶汤来品尝,当然这个时间不是必需的,可依各人口感需求斟酌。第二泡和第三泡的茶汤可以混着一起喝,综合茶性,以免过浓。第四次以后,每增加一泡即增加15秒钟,以此类推。

5. 花茶的冲泡方法

（1）备水　冲制花茶的水以天然泉水为最佳，人工纯净水也不错。水温以100℃为宜。

（2）冲泡　冲泡单一的花茶，茶和水的比例应为1:（50~100）；复方花茶每种材料各取2~3克，就可以制造出一壶色彩缤纷的花茶了。1人份的花茶材料约1小匙，可以搭配2小匙的冰糖或蜂蜜或是不含热量的甜叶菊来调味。理想的茶叶和糖的比例为3:2。投放调味品时不宜过晚，这样味道才佳，总冲泡时间不宜超过10分钟。如果你喜欢的话，还可以根据个人口味加鲜奶、柠檬汁、果粒、果丁等。冲泡时先将壶用热水烫过，趁热把花草茶材料放入壶中，倒入刚开的沸水。待花茶冲开闷3~5分钟，茶汁入味时再添加其他调味料。有些取自茎、根、皮部的茶料要用煮的方法才能让茶汤味出来，而有些花茶冲泡后马上就可以饮用，泡久则茶汤变苦，难以下咽了。

保健小贴士

红茶新饮法

（1）冰红茶：冰红茶的配制方法是先将红茶泡制成浓度略高的茶汤。然后，将冰块加入杯中达八成满，徐徐加入红茶汤。再视各人爱好加糖或蜂蜜等拌均匀，即可调制出一杯色、香、味俱全的冰红茶。

（2）茶冻：茶冻的配制方法是用白砂糖170克、果胶粉7克、冷水200毫升、红茶汤800毫升。先用开水冲泡茶叶后，过滤出茶汤备用。然后把白砂糖和果胶粉混匀，加冷水拌和，再用文火加热，不断搅拌至沸腾。再把茶汤倒入果胶溶液中。混合倒入模型中（用小碗或酒杯均可），冷却后放入冰箱中，随需随取随食。茶冻在夏天能使人凉透心肺、暑气全消。

办公室简易泡茶法

办公室里电脑、传真、打印机等电子设备,都对人体有微量的辐射危害,所以,一边工作,一边饮茶不失为一种好的保健方式。试想,早晨喝一杯鲜灵清纯的西湖龙井茶,让你精神振奋,思路敏捷,提高办事效率;焦虑的下午,喝一杯神清气爽的茉莉花茶,让你消除疲劳和睡意,更好地与上司和客户沟通,如此令人身心愉快的事,何乐不为呢?

办公室泡茶,由于条件所限,不可能具备各种泡茶器具,也不可能花很多时间。因此,我们设计了简易实用的泡茶方法,供选用。

1. 所需要的茶具

不管泡什么茶,办公室准备几种茶具就可以:

(1)玻璃杯　可用来泡绿茶、红茶、黄茶、白茶、花草茶等。

(2)瓷盖碗杯　不加盖可用来泡绿茶、红茶、白茶等,加盖可用来泡花茶、乌龙茶、普洱茶等。

(3)同心瓷杯　可用来冲泡袋泡茶和其他所有的茶。

(4)白瓷品茗小杯　也可用带柄的咖啡杯来品茶。

2. 茶的冲泡步骤

(1)温具　加开水到杯子的1/3,旋转一圈,使开水温度到达杯子的全部内壁,然后弃水,目的是提高杯子的温度。

(2)放置茶叶　根据茶量多少,放茶叶入杯中。

(3)温润泡　除了袋泡茶不用温润泡,其他茶叶都需温润泡。以前,温润泡又称洗茶,洗茶给人的感觉似乎茶叶不干净,所以,后来改称为温润泡。绿茶、工夫红茶、黄茶、白茶、花茶、花草茶的温润泡,加水到杯子的1/3处,然后用手转动杯子,或让其静置1~2分钟。温润泡的目的是使茶叶舒展,以利于第一泡时茶叶发挥出应有的色、香、味。乌龙茶和普洱茶的温润泡时,加水到盖碗杯满,水满过茶叶,3秒钟内,迅速将水倒掉,时间长后会使茶叶的内含物溶解出来,造成浪费。

（4）冲泡　加水到杯子的 2/3 处，7 分满，花茶、普洱茶、乌龙茶需加盖，绿茶、红茶、黄茶、白茶不需加盖。

（5）沥茶汤　乌龙茶、普洱茶沥茶汤至品茗杯中，再品饮，其他茶可直接品饮。

> **保健小贴士**
>
> ### 下午茶要少而精
>
> 中午 12 点左右吃完午餐，4 个小时之内不进食，血糖的浓度会下降，很可能会产生饥饿感，于是每天下午 4 点钟以后肚子就开始"咕咕"叫了，这个时候如果不补充一点"能量"，到了晚上会因为饿到极点而狂吃一通。所以这个时候机智的进食可以将饥饿之狼拒之门外。不妨在下午 3~5 点之间选用一些点心、零食、饮料来解决饥饿之苦。
>
> 来自英国的经典的下午茶由点心和茶组成。点心一般装在一个三层的银色托盘里，从下到上分别为三明治、英式小松饼、芝士蛋糕和水果塔，吃的顺序一般是由下到上、由咸到甜。而我们可以在写字楼附近的点心屋、咖啡厅等，选择 2~3 种有互补作用、可以保证营养均衡的食品，比如一种谷物食品（饼干、面包等）配酸奶、一杯咖啡、花果茶或是柠檬水。
>
> 如果没有时间出去喝下午茶，在办公室里准备一些饼干、蛋糕、水果，配上一杯咖啡、绿茶也是不错的办法。

开胃消食茶饮

1. 梅子绿茶

茶方　绿茶 10 克、青梅 1 颗、青梅汁少许、冰糖 1 大匙。

制法　用沸水冲泡绿茶,放入冰糖,浸泡 5 分钟后,滤出茶汁,加入青梅和青梅汁拌匀即可。代茶饮服。

功效　青梅可以消除疲劳、增强食欲、帮助消化,并有杀菌、抗菌的作用。

2. 葡萄柚茶

茶方　葡萄柚 2 个,柑橘原汁、柠檬原汁、蜂蜜各适量,红茶包 1 包。

制法　葡萄柚榨出原汁,加热。加入柑橘原汁、柠檬原汁和蜂蜜适量,煮沸。加入红茶包,搅拌均匀,待茶温稍降即可。

功效　可补气血、强筋骨、健胃消食、怡神解暑。

3. 肉桂蜂蜜茶

茶方　茶叶 4 克、肉桂 3 克、蜂蜜 20 克。

制法　将肉桂研碎,加入适量水煎沸,然后放入茶叶煮 3 分钟后,待放温后,调入蜂蜜即可。代茶饮服。

功效　适合脾胃虚寒者。

4. 红糖蜜茶

茶方　红茶 6 克,蜂蜜、红糖各适量。

制法　用沸水冲泡红茶,然后加入红糖,待温后调入蜂蜜拌匀。代茶饮服。

功效　温中养胃,适用于春季因为肝气偏旺、脾胃功能欠安者。

5. 清香和胃茶

茶方　白术、茯苓、薏米、茉莉花各 3 克,菊花 2 克。

制法　将白术、茯苓、薏米洗净,沥干水分备用。锅中加水500毫升,加入白术、薏米、茯苓大火煮沸转小火,加入菊花继续煮5分钟。滤渣取汁后冲泡茉莉花茶饮用即可。

功效　此款茶饮主要功效为治疗因脾胃虚弱而引起的食欲不振,长期饮用对慢性肠胃炎和消化不良也有一定作用。

6. 消胀开胃茶

茶方　核桃、炒麦芽各10克,茶叶、川芎、紫苏、建曲各6克,生姜、白糖各适量。

制法　将核桃、炒麦芽、茶叶、川芎、紫苏、建曲混合煎汤,然后向汤内加入生姜片和白糖调匀即可。代茶饮服。

功效　行气、和胃、消食。

7. 金橘消化茶

茶方　金橘5个、酸梅1颗、绿茶3克、蜂蜜适量。

制法　将金橘、酸梅洗净;将金橘剖成两半,将汁稍微挤掉一些备用。用400毫升沸水将绿茶和酸梅泡开,再加入金橘浸泡5分钟,最后加入蜂蜜调匀饮用即可。

功效　金橘含大量的柠檬酸,是胃胀时化食消积、缓和消化不良的上佳选择。

8. 黑枣红糖茶

茶方　茶叶8克、黑枣25克、红糖适量。

制法　将黑枣切碎,用沸水冲泡,然后加入茶叶,调入红糖拌匀即可。代茶饮服。

功效　可以治疗脾胃虚寒、腹泻等症状。

9. 谷芽山楂茶

茶方　谷芽、山楂各10克。

制法 山楂洗净后和谷芽一起放入锅中。加入适量清水烧开,煮15分钟即可。

功效 谷芽消食和中、健脾开胃,治宿食不化、胀满、泄泻、不思饮食;山楂开胃消食,用于食积不化、脘腹胀痛以及脾虚食少、消化不良。

10. 清热健胃茶

茶方 马鞭草干叶、薄荷干叶、茉莉花干蕾各1克。

制法 将马鞭草干叶、薄荷叶和茉莉花干蕾分别放入杯中,倒入90℃热水300~500毫升,加盖泡5分钟饮用即可。

功效 具有清热解毒的功效,可改善消化系统功能。

11. 甘草姜片茶

茶方 红茶2克、生姜6克、甘草4克。

制法 将生姜切片,放入锅中炒干,然后与甘草、红茶放入杯中,冲入沸水,浸泡10分钟即可。代茶饮服。

功效 改善胃寒、容易呕吐的症状。

12. 补脾开胃茶

茶方 红茶1包、冰糖20克、蚕茧10克、红枣5颗。

制法 将蚕茧煮熟,再加入红枣,小火焖煮30分钟,加入冰糖搅拌均匀即可。随时饮服。

功效 安神补气、补脾和胃、益气生津。

13. 开胃茶

茶方 柠檬草干叶1克,薄荷干叶0.2克,洋甘菊干蕾、甜叶菊干叶各0.1克。

制法 将柠檬草干叶、薄荷干叶、洋甘菊干蕾和甜叶菊干叶分别放入杯中。冲入90℃热水300~500毫升,泡5分钟饮用即可。

功效 饭前饮用,可开胃健脾、增强食欲。饭后饮用,可消脂解腻、促进消化。

14. 益胃茶

茶方 红茶、炒枳实各10克,炒党参12克,蒲公英15克。

制法 将所有茶材研成粗末,混合均匀,每次取20克用纱布包好,用沸水冲泡。每日1~2剂,反复泡饮。

功效 健脾益胃、行气消胀,用于脾虚气滞所致之体倦乏力、食后脘腹胀满或食少便溏、慢性胃炎、胃下垂症。

15. 香茅红枣茶

茶方 马郁兰、柠檬香茅各2克,红枣、桂圆干各5粒,葡萄干10粒,冰糖适量。

制法 将红枣、桂圆干和葡萄干洗净沥干,桂圆干戳破备用。将红枣、桂圆干和葡萄干放入锅中,加700毫升水煮沸后转小火,煮5分钟关火。加入马郁兰和柠檬香茅,泡5分钟,加入适量冰糖后饮用即可。

功效 此款茶饮能够提高人体消化功能,帮助净化肠胃,达到健胃消脂的作用。

保健小贴士

开胃消食茶的饮用方式

有开胃消食作用的茶一般不宜空腹喝,最好在饭后喝。量不宜大,可一天分3次喝。积食严重的要提高茶的浓度,多喝几杯,每天喝的次数也可适当增加。

补血养血茶饮

1. 八宝茶

茶方　罗汉果、花旗参、甘草、枸杞子、红枣、葡萄干、菊花若干，茉莉花茶3克。

制法　按顺序先放入冰糖，再放入罗汉果，然后是花旗参、甘草、枸杞子、红枣、葡萄干，最后用茉莉花茶盖住配料，放上两朵鲜茉莉花，用沸水冲泡5分钟即成。

功效　补气、补血、提神醒脑。

2. 补血红枣茶

茶方　茶叶5克、红枣10颗、白糖10克。

制法　将红枣放入锅中，倒入适量水，加入白糖煎煮；茶叶用沸水冲泡5分钟后，将茶汤倒入红枣汤内煮沸即成。每日1剂，分多次温服。

功效　健脾和胃、养肝补血、益气生津。

3. 党参茶

茶方　党参10克、红茶3克。

制法　混合后用沸水冲泡5分钟即成。每日1剂，分3次饮用。

功效　健脾和胃、益气补血。

4. 桂圆绿茶

茶方　绿茶2克、桂圆肉20克。

制法　将桂圆肉放入锅中隔水蒸5分钟，然后把绿茶与蒸好的桂圆肉放入杯中，冲入沸水泡5分钟。代茶饮服。

功效　益气固齿、补血安神。

5. 葡萄干枣茶

茶方 红茶8克,葡萄干、黑枣各25克。

制法 将葡萄干、黑枣放入锅中,倒入适量水,煮沸后放入红茶,再煮3分钟即可。代茶饮服,最后食葡萄干和黑枣。

功效 帮助补血与补气,改善贫血症状。

6. 柠檬红茶

茶方 鲜牛奶200毫升,红茶3克或红茶包1个,方糖1块,柠檬1片。

制法 将红茶用50毫升沸水冲泡3分钟后取汁。将牛奶温热(不可煮沸),再把茶汁兑入牛奶中,加入方糖,调匀,再放入柠檬即成。每日1剂,早饭后饮服。

功效 滋养血气、补肝强身、降低胆固醇。

7. 五味子绿茶

茶方 五味子5克、绿茶3克、蜂蜜适量。

制法 绿茶用沸水冲泡3分钟,取汁;将五味子炒香与茶汁、蜂蜜混合后即成。每日1剂,分3次饮服。

功效 养血安神、益肝明目、润肺补肾。

8. 四物红茶

茶方 当归、生地、芍药各10克,川芎5克,红茶包1个,适量红糖。

制法 将全部材料均洗净,沥干水分备用;锅内加入1000毫升水,煮约1小时,取汁;投入茶包,浸泡3分钟,去茶包;加入红糖拌匀即可饮用。

功效 补血益气、美容养颜。

9. 黄豆茶

茶方 黄豆50克、红茶适量、盐少许。

制法 黄豆洗净放入锅中,倒入适量水煮,熬煮熟烂后取出黄豆,在黄豆汁中放入红茶和盐,再煮沸即可。代茶饮服。

功效 健脾、除湿、强壮、补血。

安神助眠茶饮

1. 玉桂片茶

茶方　红茶1包、柠檬1片、玉桂片适量。

制法　玉桂片加水煮沸后,倒入茶杯,放入红茶和柠檬片即可。代茶饮服。

功效　滋阴润燥、生津止渴、宁心安神。

2. 睡美人安眠茶

茶方　紫罗兰、玫瑰花、薰衣草各6克,鲜柠檬1个。

制法　将薰衣草、紫罗兰和玫瑰花一起揉成碎片,缝入干净纱布制成的小袋,做成茶包。鲜柠檬洗净,切成片备用。饮用时以600毫升沸水冲泡茶包5分钟,取出茶包后加入柠檬片或将柠檬汁挤入,调匀饮用即可。

功效　薰衣草有非常强的镇定功效,能帮助安定神经,非常有利于睡眠,最宜睡前饮用。此款茶饮还能促进新陈代谢、缓解头痛。

3. 天麻茶

茶方　天麻3~5克、绿茶1克。

制法　天麻切成薄片与茶叶同放杯中,用沸水冲泡,浸5分钟后饮服。

功效　可平肝熄风、潜阳安神。

4. 和胃安神茶

茶方　酸枣仁、茯苓、甘草各3克,炒谷芽2克,陈皮、远志各1克。

制法　将酸枣仁、甘草、茯苓、陈皮、远志分别洗净,沥干备用。将以上材料和炒谷芽放入锅中,加入350毫升水一起煮沸,滤渣取汁后饮用即可。

功效　此款茶饮温和甘甜,可健脾开胃、下气和中、消食化积,最适宜帮助富含淀粉类的食物的消化。

5. 红心茶

茶方　红茶1包、白糖20克、白兰地15毫升、樱桃5个。

制法　樱桃洗净放入锅中,倒入适量水煮沸,然后放入红茶和白糖,再倒入白兰地搅匀即可。代茶饮服。

功效　安神补气、补脾和胃、益气生津。

6. 灯心竹叶茶

茶方　淡竹叶30克、灯心草5克。

制法　将淡竹叶和灯心草分别洗净沥干,切成碎末,放入锅中,加入750毫升清水煮沸,滤渣取汁饮用。

功效　此款茶饮能清心降火、清热止渴、消除烦闷。每日睡前饮用一次,对于因身体虚烦而引起的失眠有很好的功效。

7. 人参桂圆茶

茶方　人参5克、桂圆肉25克、冰糖适量。

制法　将人参切片,桂圆肉切碎,放入茶杯中,用沸水冲泡,加入冰糖,盖上盖泡10分钟即可。代茶饮服。

功效　大补元气、补脾益肺、生津固脱、安神益智。

8. 菊花人参茶

茶方　菊花干花蕾4~5朵、人参2~4克。

制法　将人参切碎成细断,和菊花花蕾一起放入茶杯中,用热水加盖浸泡10~15分钟左右即可。

功效　人参含有皂苷及多种维生素,对人的神经系统具有很好的调节作用,可以提高人的免疫力,有效驱除疲劳;而菊花性味芬芳,具有祛火、明目的作用,两者合用具提神的作用。

9. 莲子红茶

茶方　红茶1包、莲子10颗、红枣5颗、蜂蜜2小匙、龙眼干40克。

制法　莲子用水煮熟,放入红茶包、红枣和龙眼干,待温后调入蜂蜜即可。

代茶饮服。

功效　补肾、养血、安神,适合心虚多汗、失眠者。

保健小贴士

六种有利于睡眠的食材

(1)桑葚:味甘性寒,能养血滋阴,补益肝肾。常用来治疗阴虚阳亢引起的眩晕失眠。

(2)莲子:研究表明,莲子含有莲心碱、芸香甙等成分,具镇静作用,可促进胰腺分泌胰岛素,使人入眠。

(3)葵花子:睡前嗑一些葵花子,可以促进消化液的分泌,有利于消食化滞、镇静安神、促进睡眠。

(4)核桃:是一种很好的滋补营养食物,能治疗神经衰弱、健忘、失眠、多梦。

(5)牛奶:是理想的滋补品,临睡前喝1杯,可催人入睡,对老年人尤为适合。

(6)水果:水果中含有果糖、苹果酸以及浓郁的芳香味,可诱发肌体产生一系列反应,生成血清素,从而有助于进入梦乡。

提神解乏茶饮

1.菠萝汁柠檬茶

茶方　红茶1包、柠檬1片、菠萝汁20毫升、白糖10克。

制法　用沸水冲泡红茶,加入白糖和柠檬片,待茶水凉后,倒入菠萝汁即可。可加冰饮用。

功效　清香浓郁,甘甜爽口,有提神、解除疲劳的作用。

2. 荔枝茶

茶方　干荔枝(或鲜荔枝)4只、红茶3克、蜂蜜少量。

制法　将干荔枝去壳和茶叶一起用沸水冲泡5分钟即成,每日1剂,多次饮服。

功效　提神醒脑、消炎止渴、益肾养颜、壮阳温中、治疗哮喘。

3. 薄荷醒脑茶

茶方　薄荷2克、绿茶3克、白糖适量。

制法　薄荷叶洗净,沥干备用。茶壶中放入绿茶、薄荷及白糖,以热水冲泡,静置2分钟后,即可装杯饮用。

功效　令人精神振奋,提高工作效率。

4. 人参红枣茶

茶方　茶叶10克、人参5克、红枣6颗。

制法　将人参、红枣洗净,与茶叶一同放入锅中,加入适量水煮30分钟。代茶饮服。

功效　改善气血不足,增强体力,使元气恢复。

5. 灵芝茶

茶方　灵芝草10克、绿茶适量。

制法　将灵芝切薄片,用沸水冲泡,然后放入绿茶即可。代茶饮服。

功效　补中益气、增强筋骨、保持青春。

6. 强力补体茶

茶方　红茶3克,刺五加根茎15克,仙鹤草、枸杞子各10克。

制法　将刺五加根茎切碎,与其他茶材一同放入锅中,加入适量水煎煮20分钟即可。代茶饮服。

功效　补肾壮骨、抗疲劳、振奋精神。

7. 菊普活力茶

茶方 菊花、普洱茶各6克,罗汉果1颗。

制法 将罗汉果洗净,再将所有茶材放入茶壶中,冲入350毫升沸水。闷泡10分钟后,饮用即可。

功效 经常觉得头晕眼花、精神不佳的人,饮用此茶后,可以为身体带来活力。

8. 冬虫夏草茶

茶方 冬虫夏草5克,红茶、蜂蜜各适量。

制法 将冬虫夏草放入锅中,加适量水煎煮30分钟,然后放入红茶一起煮约5分钟,待温后调入蜂蜜即可。代茶饮服。

功效 有效强健身体、改善体虚症状。

9. 五子清心茶

茶方 黑豆、浮小麦各30克,莲子、黑枣各7颗,松子仁5克,冰糖适量。

制法 将黑豆、莲子、黑枣洗净,沥干备用。将黑豆、莲子、黑枣放入锅中,加入浮小麦、松子仁,与600毫升水,一同煮沸。加入冰糖调匀,再闷20分钟,饮用即可。

功效 此款茶饮能补心、止烦除热、益气清心,使人头脑清新,神清气爽。

10. 洛神紫罗兰茶

茶方 紫罗兰、洛神花各3克,冰糖适量。

制法 将紫罗兰和洛神花放入茶壶中,用350毫升沸水冲泡。闷5分钟后依据个人口味加入冰糖。

功效 此款茶饮有兴奋神经、提神、改善忧郁等作用。

11. 乌梅山楂茶

茶方 乌梅、山楂各10克,绿茶3克。

制法 混合后,用沸水冲泡3分钟,即可饮用。

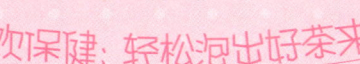

功效　生津止渴、醒脑怡神、去脂减肥。

12. 玫瑰薄荷茶

茶方　干玫瑰花蕾4~5颗、白茅根1克、薄荷2片。

制法　将干玫瑰花蕾、白茅根与薄荷一同放入杯中,加入适量沸水冲泡。加盖泡10分钟,待茶凉后饮用提神效果更佳。

功效　玫瑰花具有活血化瘀、舒缓情绪的作用;薄荷可驱除疲劳,使人感觉焕然一新。玫瑰花的甘甜纯香可以冲淡薄荷中的苦涩味,一举两得。

> **保健小贴士**
>
> **茶汤泡足**
>
> 将20~30克的茶叶装入布袋里,放入盆中,用热水冲泡,再用冲泡好的茶汤泡足。不仅能去除老化的角质,使皮肤光滑,还能消除疲劳、除臭增香。

排毒通便茶饮

1. 排毒甘菊茶

茶方　洋甘菊10克、薰衣草15克、蜂蜜适量。

制法　将洋甘菊和薰衣草放入茶壶中,用沸水冲泡,待温后调入适量蜂蜜即可。代茶饮服。

功效　可排出毒素,净化皮肤。

2. 玫瑰绿茶

茶方　绿茶6克、玫瑰花5克。

制法　将玫瑰花与绿茶放入茶壶中,用沸水冲泡即可。代茶饮服。

功效　可排毒养颜,使气色红润。

3. 苹果红茶

茶方　苹果1个、葡萄干2大匙、蜂蜜4大匙、红茶3克。

制法　苹果洗净后切片去籽,红茶用100℃的开水冲泡3分钟,取茶汁,倒入葡萄干、蜂蜜、苹果,拌匀即可食用。

功效　排毒防便秘、美容养颜。

4. 杞花决明茶

茶方　决明子20克,菊花、金银花各10克,枸杞子5克

制法　将决明子和枸杞子洗净,沥干备用。将金银花和菊花放入壶中,加入1000毫升沸水冲泡,再放入决明子和枸杞子泡5分钟。滤渣取汁饮用即可。

功效　金银花和菊花具有清热效果,而决明子可以软肠通便,帮助肠胃蠕动,因此此款茶饮能够去火,促进排毒通便。

5. 润肠通便茶

茶方　玫瑰果3~5克,柠檬香蜂草干品、柠檬草干品各1克。

制法　锅内加水烧沸,放入玫瑰果,煮约1分钟,熄火。依次放入柠檬香蜂草、柠檬草,浸泡5分钟,倒入杯中饮用即可。

功效　改善消化不良和便秘症状,还富含维生素C,增强人体免疫力。

6. 慈禧珍珠茶

茶方　珍珠粉5克、乌龙茶3克。

制法　先用沸水冲泡乌龙茶,以茶汁送服珍珠粉。每日1剂,连服10日即可。

功效　清热解毒、抗氧化。

7. 柠檬草玫瑰茶

茶方　柠檬草干叶0.8克,玫瑰干蕾1克,金莲花干蕾、迷迭香干叶各0.1克。

制法 把柠檬草干叶、玫瑰干蕾、金莲花干蕾、迷迭香干叶分别放入杯中。倒入 90℃热水 300~500 毫升,闷泡 5 分钟左右即可。

功效 促进血液及淋巴液循环,具有排毒作用;调气调血,使肌肤红润有光泽;镇痛,对头痛、偏头痛有舒缓功效。

8. 芦荟茶

茶方 芦荟 5~8 克、绿茶适量

制法 芦荟,去刺后切成薄片,晒干或者使用微波炉烘干后即可用于泡茶。饮用时,取芦荟干 5~8 克,用沸水冲入,加盖泡几分钟后加入绿茶,续水冲泡即可饮用。

功效 茶味略带清苦,可以促进新陈代谢,排除体内毒素。

9. 沙参清火茶

茶方 沙参 30 克、细辛 3 克。

制法 将沙参洗净,切成小段。将沙参和细辛放入壶中,冲入 500 毫升的沸水冲泡,闷 10 分钟后饮用即可。

功效 沙参重在养阴生津,也能润肺,配上温和芳香的细辛,能够改善因胃火牙痛而引发的口臭症状。

10. 青豆茶

茶方 烘青豆 10 克、胡萝卜干 2 克、芝麻 5 克、陈皮 2 克、枸杞子 2 克、食盐少量、茶叶 3 克。

制法 混合后用沸水冲泡 5 分钟,即可饮用。

功效 生津止渴、润肠通便、降压减肥、抗衰老、养颜。

11. 大黄茶

茶方 大黄 3 克、绿茶 3 克。

制法 混合后用沸水冲泡 5 分钟即成。每日 1 剂,饭后饮服,分 2 次服完。

功效 清热降火、消食通便、消脂减肥。

12. 决明茶

茶方　决明子5克、绿茶3克。

制法　混合后用沸水冲泡3分钟即成。每日1剂,多次服饮。

功效　清肝明目、润肠通便、降血压、降血脂、抗菌消炎。

保健小贴士

绿茶柠檬润肤浴

柠檬一个,绿茶20克。把柠檬洗净、切片待用。将两种材料分别装入纱布袋,以水煮沸。也可以把饮用过后的绿茶茶渣或茶包放入纱布袋,直接放入热水中。把已散发果香味的纱布袋放入约40℃的热洗澡水中入浴。由脚开始浸泡,然后全身浸泡15~20分钟。柠檬皮含有柠檬醛可以促进血液循环,达到净化排毒和白皙肌肤的效果;绿茶的性味香,能舒缓情绪、促进循环并美化肌肤,它含有芳香的青叶醇能促进代谢。

解毒护肝茶饮

1. 益肝 解毒茶

茶方　红小豆50克,花生仁25克,红枣、红糖各15克。

制法　将红小豆、花生仁洗净,沥干备用;红枣用温开水浸泡约10分钟后备用。锅中加入700毫升水、红小豆及花生仁,以小火炖煮1个半小时。再加入红枣、红糖拌匀,再炖30分钟后,滤渣取汁,倒入杯中饮用即可。

功效　此款茶饮具有清热解毒、缓和慢性肝炎症状、化解肝内脂肪沉积的作用。

2. 杞菊茶

茶方 枸杞子2克、杭白菊1克、绿茶3克。

制法 将枸杞子、菊花、茶叶一起用沸水冲泡5分钟即成。每日1剂,多次饮服。

功效 养肝明目、散风清热、滋阴壮阳、抗菌消炎。

3. 葛花解酒茶

茶方 葛花、枳椇子各10克。

制法 将葛花和枳椇子一同放入锅中,加入300毫升水熬煮。水沸后继续熬煮至汤汁剩下一半,滤渣取汁饮用即可。

功效 此款茶饮能解酒醒脾。葛花具有清热解毒,分解酒精、健胃、护肝等功效。酒前15分钟泡服可使酒量大增,酒后泡服可促使酒精快速分解和排泄。

4. 石斛保肝茶

茶方 黄芪、沙参各3克,石斛2克,红枣2颗,干玫瑰花1克。

制法 将黄芪、沙参、石斛和红枣放入纱布袋中。将纱布袋放入锅中,加入清水3升,浸泡30分钟。以大火煮沸后,转小火继续熬煮45分钟,熄火后加入干玫瑰花,闷1分钟饮用即可。

功效 此款茶饮可养肝,有滋阴除热、明目强肾的功效,同时能够增强人体的免疫力。

5. 枸杞保肝茶

茶方 枸杞子15克,熟地黄、菊花各10克。

制法 将熟地黄洗净,放入锅中,加入500毫升水煮沸,转小火煎煮3分钟。将枸杞子、菊花放入杯中,冲入煮好的汤汁,泡5分钟后饮用即可。

功效 饮用此茶,能降压明目、补肝益肾,促进肝细胞新生,抑制肝脂肪沉积。

6. 绞股蓝茶

茶方　绞股蓝3克。

制法　将绞股蓝放入茶壶中,加入适量沸水冲泡。泡2~3分钟后饮用即可。

功效　此款茶饮可降血脂、降血压、保肝护胆、抗疲劳、调节脂质代谢。

7. 杞菊苦丁茶

茶方　枸杞子1克、菊花2朵、苦丁茶1克。

制法　混合后,用沸水冲泡3分钟即可饮用。

功效　清热凉血、养心护肝、润肤通便。

8. 橙香美颜茶

茶方　绿茶3克,柳橙片若干,冰糖或蜂蜜适量。

制法　90℃开水冲泡绿茶3分钟,取茶汁,加入柳橙片、冰糖或蜂蜜,即可食用。

功效　具有养颜美容、保护肝脏之效。

保健小贴士

解毒护肝绿豆汤

绿豆为高钾低钠的食物,蛋白质、钙、铁、磷的含量都比鸡肉丰富;它能降低血清胆固醇,使毒物减少或失去毒性,经常食用,可辅助治疗肥胖和糖尿病,改善肠道菌群,以减少有害物质的吸收。

原料:决明子15克、绿豆150克、油菜100克、瘦肉150克、米酒5克、清水1000克、盐2克。

第七章 茶饮保健：轻松泡出好茶来

做法：

（1）决明子、绿豆、瘦肉和足量清水，加入汤煲煮沸。

（2）沸腾后，烹入米酒。

（3）转文火煲40分钟。

（4）加入油菜，转旺火煲沸。

（5）10分钟后，加盐调味。

绿豆煲汤时，尽量不要煮到豆皮裂开，这样去毒消肿的作用会更显著。

补肾壮阳茶饮

1. 杜仲茶

茶方　杜仲叶6克、红茶3克。

制法　混合后用沸水冲泡5分钟即成。每日1剂，多次饮服。

功效　预防衰老、补肝肾、降压、减肥。

2. 首乌红枣红茶

茶方　何首乌25克、红枣8粒、袋泡红茶2包。

制法　袋泡红茶用100毫升的开水冲泡，制成红茶汁；将何首乌、红枣洗净，红枣去核；向锅中加入300毫升水，放入何首乌、红枣用大火煮沸，再转小火煮30分钟；与红茶汁混合，分次饮用。

功效　性温和，具有补益肝肾的功效，能使头发乌润、皮肤细嫩、脸色红润。

3. 明矾红茶饮

茶方　红茶30克、明矾1块。

制法　将红茶、明矾用沸水冲泡,盖上盖泡10分钟。每晚1剂。

功效　适用于阳痿并有精神萎靡不振、乏力、四肢不温者。

4. 人参茶

茶方　茶叶3克、人参9克。

制法　将人参与茶叶放入锅中,倒入适量的水煎煮。每日1剂,温服。

功效　有壮阳补元、强肾益气的作用。

5. 太子参茶

茶方　红茶包1个、冰糖25克、太子参15克。

制法　取太子参15克,放入水中煎煮,20分钟后放适量冰糖,加入茶包,泡3分钟,取出茶包后即可饮用。每日1剂,1次饮服。

功效　益气补虚、生津止咳。

6. 核桃茶

茶方　核桃仁10克、绿茶3克、蜂蜜少量。

制法　绿茶用沸水冲泡3分钟,取汁;核桃仁研成粉,与茶汁、蜂蜜拌匀即成。每日1剂,分2次服饮。

功效　补肾强腰、敛肺定咳。

7. 刺五加茉莉花茶

茶方　刺五加10克、茉莉花茶5克。

制法　将刺五加和茶叶放入茶壶中,用沸水冲泡,盖上盖闷3分钟即可。代茶饮服。

功效　补肾填精、安神益智、治疗体质虚弱、气短乏力、神疲倦怠、神经衰弱、失眠、健忘、多梦、肾虚腰痛。

第七章 茶饮保健：轻松泡出好茶来

保健小贴士

男性补肾壮阳七道菜

在日常饮食中有很多食品都有补肾壮阳的作用，希望自己充满活力的男老师不妨一试。

第一道：猪肾1对剖开，将核桃仁10克、山萸肉9克、补骨脂8克纳入肾中，缝好切口，煮熟食用。

第二道：羊肉、菟丝子、核桃仁各150克，淮山药120克，肉苁蓉100克，葱白10根，粳米适量做汤食。

第三道：羊肾1对，肉苁蓉12克，熟地、枸杞各10克，巴戟8克，同炖熟，弃药渣，食肉饮汤，每日1次。

第四道：鹿肉50克，加枸杞子、何首乌适量共炖，弃药渣，食肉饮汤。

第五道：公鸡1只，去肠杂，切碎，加油、盐炒熟，盛碗内加糯米酒500克，隔水蒸熟食用。

第六道：韭菜子、菟丝子、五味子、女贞子、覆盆子、枸杞子各等份，共研细末，每次10克，每日2次，温开水送服。

第七道：猪肾1个，淮山药、枸杞子各15克，山萸肉12克，放砂锅内，加水适量煲汤，吃肉饮汤。

清热消暑茶饮

1. 生姜乌梅茶

茶方　绿茶4克，乌梅、生姜各5克，冰糖适量。

制法　生姜洗净切片，乌梅肉切碎，把生姜片、乌梅与绿茶一同放入茶杯中用沸水冲泡,加入冰糖调匀即可。代茶饮服。

功效　清热生津、止痢消食、温中。

2. 桂花绿茶

茶方　桂花3克、绿茶1克、冰糖适量。

制法　将桂花和绿茶放入壶中,用350毫升沸水冲泡。泡5分钟后加入适量冰糖调味饮用即可。

功效　桂花清香飘逸,浓郁致远;绿茶去火清热、解油腻。两者搭配能够清爽口气,去除口臭。

3. 草莓茶

茶方　红茶1包、蜂蜜2小匙、草莓果酱1大匙。

制法　草莓果酱放于锅中,倒入少量水煮沸,然后倒于茶杯中,放入红茶包,待温后放入蜂蜜拌匀即可。代茶饮服。

功效　润肺生津、清热凉血。

4. 丝瓜绿茶

茶方　绿茶3克、丝瓜100克、盐少许。

制法　丝瓜去皮洗净、切片,放入锅中,倒入适量水煮沸,然后放入绿茶略煮,加盐调味。代茶饮服。

功效　清热降火、通络、消滞减肥。

5. 藿香佩兰茶

茶方　茶叶6克,藿香、佩兰各9克。

制法　沸水冲泡饮用。中暑后可频繁饮用。

功效　解暑热、止吐泻。

6. 金银花绿豆茶

茶方　金银花8克、绿豆10克、薄荷5克。

制法　将所有茶材洗净后,放入锅中,倒入适量水一同煎煮成汁。代茶饮服。

功效　有效地消暑去湿、生津止渴。

7. 藿香降火茶

茶方　藿香30克、蜂蜜适量

制法　将藿香洗净,沥干水分,放进杯中,用350毫升沸水冲泡,放凉后去渣,取汁。饮用时加入蜂蜜调味即可。

功效　此款茶饮对中暑、上火有极好的调理作用。

8. 菊花消暑茶

茶方　菊花、金银花各10克,决明子20克,枸杞子5克。

制法　将所有茶材放入壶中,冲入1000毫升热开水,闷泡5分钟。滤除茶渣后即可饮用。

功效　金银花、菊花可清热解暑,为炎炎夏日带来一丝清凉。

9. 瓜皮荷叶茶

茶方　新鲜西瓜皮250克或干西瓜皮100克、鲜荷叶30克。

制法　西瓜皮与荷叶水煎。代茶饮,当天饮完。

功效　解暑除烦、止渴生津、清热利尿。

10. 玉叶茶

茶方　玉叶花藤、荆叶各30克,薄荷5克。

制法　将玉叶花藤、荆叶研制成末,与薄荷泡在一起,备用。开水冲泡,每日一剂,代茶饮。

功效　清热解暑,可防治中暑。

11. 霜茶

茶方　五倍子500克、酵糟120克、绿茶30克。

制法　将五倍子捣碎,研末过筛,加茶末、酵糟,同置容器中拌匀、捣烂、摊

平,切成约3平方厘米的小块,待发酵至表面出现白霜时取出,晒干,贮藏于干燥处备用。每次10克。白开水冲泡,代茶饮或含漱。

功效 适用于中暑者。

12. 竹叶麦冬茶

茶方 新鲜竹叶10~15片、麦冬6克、绿茶1克。

制法 将鲜竹叶、麦冬洗净,切片,与绿茶同放杯中,用沸水冲泡,加盖浸10分钟。随意饮用。

功效 清热养阴、生津止渴。适用于肺热型性咽炎患者。

13. 大青金银花茶

茶方 茶叶5克、金银花15克、大青叶(干品)20克。

制法 将所有茶材放入锅中,倒入适量水,煮沸即可。每日1剂,随时温服。

功效 清热解毒、祛暑。适用于流行性乙型脑炎、中暑高热者,并有预防作用。

保健小贴士

日常降温饮品

(1)山楂汤:山楂片100克、酸梅50克加3.5千克水煮烂,放入白菊花100克烧开后捞出,然后放入适量白糖,晾凉饮用。

(2)冰镇西瓜露:西瓜去皮、去子,瓜瓤切丁,连汁倒入盆内冰镇。然后用适量冰糖、白糖加水煮开,撇去浮沫,置于冰箱冷藏。食用时将西瓜丁倒入冰镇糖水中即可。

(3)绿豆酸梅汤:绿豆150克、酸梅100克加水煮烂,加适量白糖,晾凉饮用。

(4)金银花(或菊花)汤:金银花(或菊花)30克,加适量白糖,开水冲泡凉后即饮。

(5)西瓜翠衣汤:西瓜洗净后切下薄绿皮,加水煎煮30分钟,去渣加糖,凉后饮用。

（6）椰汁银耳羹：银耳30克洗净发开，与椰汁125克、冰糖及水适量，煮沸即成。

保健益寿茶饮

1. 黄芪茶

茶方　黄芪25克,红茶3克或红茶包一个,蜂蜜少量。

制法　将黄芪加水250毫升,煎沸10分钟；红茶浸泡3分钟制成浓茶汁；与前者兑和。每日1剂,分3次饮服。

功效　强心、补气。

2. 洋参茶

茶方　白茶3克、西洋参2克。

制法　将西洋参切薄片,与白茶一同放入茶壶中,用沸水冲泡即可。代茶饮服,最后食参。

功效　补气养阴、延年益寿、补肺止咳、生津止渴、固精安精。

3. 回味茶

茶方　花椒、姜片、桂皮末、蜂蜜各少量,绿茶3克。

制法　绿茶用开水冲泡3分钟,取茶汁；将蜂蜜、花椒、姜片、桂皮末等按比例放入细瓷杯,然后冲入热茶水即成。此道茶集甜、麻、辣、茶香于一体,饮时别有风味,令人回味无穷。

功效　祛寒利湿、强筋健体。

4. 参芪茶

茶方 党参、黄芪各 6 克,枸杞子 10 克,茶叶 3 克。

制法 茶叶用沸水冲泡取浓汁,与党参、黄芪、枸杞子混合再用沸水冲泡 15 分钟,即可饮用。

功效 益气养阴、行滞祛皱。

5. 蜂王浆茶

茶方 蜂王浆 5 克、茶叶 3 克。

制法 将茶叶用沸水冲泡 3 分钟,取汁兑入蜂王浆调匀即成。每日 1 剂,1 次饮服。

功效 延缓衰老、补脑壮体、提高机体抵抗力。

6. 女贞子枣茶

茶方 茶叶 8 克、女贞子 20 克、红枣 3 颗。

制法 将所有茶材一起放入茶壶,用沸水冲泡即可。代茶饮服。

功效 有益寿健体之功效。

7. 玫瑰参茶

茶方 干玫瑰花 2 克,西洋参 3 片,黄芪、枸杞子各 5 克,绿茶 3 克。

制法 将枸杞子、黄芪洗净,沥干备用。将干玫瑰花与绿茶混合后放入茶壶中,加入枸杞子、黄芪和西洋参片,冲入沸水后泡 5 分钟。滤渣取汁饮用即可,可反复冲饮直至味淡。

功效 此款茶饮能增强元气,提高人体免疫力,美容养颜又让人精神焕发、活力十足。

8. 糖水茶

茶方 茶叶、白糖各适量,矿泉水 400 毫升。

制法 将矿泉水加入白糖煮沸,然后冲泡茶叶即可。代茶饮服。

功效 可增强体力,并使皮肤柔软细腻。

保健小贴士

春季进补,药酒保健益寿

人们都习惯于在冬季进补。殊不知,春天进补同样可以使人延年益寿。有专家认为,春季进补以药酒效果最好。

(1)首乌酒:何首乌100克、白酒500克,先把何首乌研为细粉末,然后装入白酒中,每天晃动1次,10天后即可服用。每天服两次,每次20克。首乌酒可补肝益肾,乌发明目。对肝肾虚弱引起的早生白发者,以及腰酸膝痛、血虚头晕的人效果较好。如嫌酒味苦涩可在药酒中加入一些冰糖。

(2)樱桃酒:鲜樱桃500克、米酒1000克,将樱桃切碎或者捣烂,然后浸入米酒中,10天即可服用。此酒对中气不足、风湿病患者最为适合,该酒有补中气、祛风湿之功效,对身体虚弱、风湿性腰痛腿软、四肢麻木等效果较为明显。

(3)佛手酒:佛手30克、白酒1000克,先将佛手切成小方块,放入酒坛之中,将坛口密封,每两天将酒坛摇晃一次,10天即可饮用。该酒能疏解肝中之郁气,有调和脾胃的功能,适用于胃气虚寒、腹中冷痛及慢性胃炎等患者。

(4)玫瑰花酒:取玫瑰花50克、白酒500克,将两者同时置入瓶中,加盖并密封,每天晃动一次,20天后即可服用。每日2次为宜,饭后服。可理气解郁、和血行血,适合肝胃气痛、胸肋胀满、妇女经血不调、精神抑郁等病症。对不能饮白酒者,可用黄酒代替。

乌发养发茶饮

1. 首乌生发茶

茶方 何首乌、菟丝子、柏子仁各2克,牛膝、生地黄各1克,红茶3克,蜂蜜适量。

制法　将何首乌、菟丝子、柏子仁、牛膝、生地黄放入锅中,加入清水 400 毫升煮沸。倒出后滤渣取汁备用,将红茶用沸水冲泡 3 分钟后加入汁中。搅匀后稍凉,加入蜂蜜饮用即可。

功效　此款茶饮能补心脾、润肝肺、治疗失眠,并有利于头发生长。

2. 杏花露茶

茶方　杏仁 12 克、桂花 6 克、冰糖适量、高级绿茶 3 克。

制法　绿茶用 80℃的开水冲泡 3 分钟,取浓茶汁;杏仁捣碎投入锅内煮 15 分钟后投入桂花再煮 10 分钟,滤去渣质加入冰糖调味,与茶汁调匀即可饮用。

功效　乌发养颜、护肤祛斑。

3. 淮山药芝麻饮

茶方　淮山药 5 片、燕麦片 1 匙、黑芝麻 2 匙、冰糖适量。

制法　将淮山药研成细末。将淮山药细末与燕麦片、黑芝麻一起放入杯中。冲入沸水调匀后加入冰糖调味即可。

功效　此款茶饮能够滋润皮肤,有预防头发脱落和早生白发的功效。

4. 首乌当归茶

茶方　何首乌、当归各 10 克,红茶 3 克,蜂蜜少量。

制法　何首乌、当归混合后用沸水冲泡 15 分钟,茶叶用沸水冲泡 3 分钟,制成浓茶汁,与前者兑和,加入蜂蜜拌匀即可饮用。

功效　补肾养血、乌须黑发。

5. 何首乌茶

茶方　绿茶包 1 个,何首乌、泽泻、丹参各 10 克,蜂蜜适量。

制法　锅中加入 1000 毫升清水,放入绿茶包、何首乌、泽泻、丹参,小火煮沸后,继续煮 15~20 分钟。停火后,捞出绿茶包、何首乌、泽泻、丹参渣,将茶汤倒入杯中,调入适量蜂蜜即可。

功效　乌发延年、明目益智。

第七章 茶饮保健:轻松泡出好茶来

6. 黑芝麻茶

茶方　黑芝麻6克、茶叶3克。

制法　先将黑芝麻炒黄,再与茶叶一同用沸水冲泡。每日1~2剂,代茶饮服。

功效　可滋肝补肾、养血润肺、生发乌发。

7. 桑葚绿茶

茶方　桑葚10克(切碎的)、绿茶3克。

制法　将切碎的桑葚和绿茶放入杯中,加入200毫升沸水冲泡,再盖上盖闷约20分钟,然后倒入杯中,即可饮用。

功效　不仅可生发乌发,还可使皮肤润泽。

8. 黑豆茶

茶方　黑豆500克,茶末适量。

制法　将黑豆研成粉末,每次取用5克加入茶末冲泡后饮用。

功效　可以预防头发脱落、防止秃头。

9. 枸杞首乌茶

茶方　何首乌、枸杞子各10克。

制法　将何首乌、枸杞子择净,同置杯中,冲入沸水浸泡,代茶饮服。每日1剂,连续服用。

功效　可使头发乌黑发亮,对斑秃有疗效。

10. 黄芪枣茶

茶方　黄芪60克、红枣30克。

制法　把黄芪、红枣一同加水煎煮30分钟。每日1剂,代茶饮服。

功效　可营养肌肤,改善发质,防止黄发、白发。

11. 当归茶

茶方　川芎2克、当归5克。

制法　将川芎、当归一同放入杯中,以沸水冲后即可饮用。

功效　可滋润头皮毛发,延缓白发、黄发生成,使头发润滑光泽、乌黑发亮。

12. 草莓芝麻茶

茶方　黑芝麻5克、草莓50克、红茶2克、蜂蜜适量。

制法　先将黑芝麻炒干,再将草莓捣成糊状,然后把黑芝麻放入锅中倒入适量清水,加入红茶一同煮10分钟;倒入草莓搅拌,待温后调入蜂蜜即可食用。

功效　不仅可以使头发乌黑有光泽,还可养颜护肤。

13. 薰衣草茶

茶方　薰衣草3克,喜爱口味的茶包1个,蜂蜜或冰糖适量。

制法　将薰衣草与茶包置入茶壶中,加入适量热水冲泡开来,再调入冰糖,或放温后以蜂蜜调味即可。

功效　不但能美发护肤,还有缓解压力的功效。

14. 乌发茶

茶方　黑芝麻500克、核桃仁200克、白糖200克、红茶适量。

制法　将黑芝麻、核桃仁一同碾碎,再将白糖熔化后拌入,储存于密封罐中,每次取10克用红茶冲服。

功效　坚持服用可保持头发乌黑、滋润。

保健小贴士

自制护发剂四例

（1）大豆护发香波:取黑大豆500克,煮熟留汤,用大豆汤洗头发,再用清水漂净;最后滴几滴柠檬汁于清水中,用此柠檬水洗发一遍。此法可令头发乌黑、有光泽。

（2）蛋白护发香波：将鸡蛋清（短发用3个鸡蛋，长发用4~5个鸡蛋）搅拌打匀，使形成泡沫后，用以浸洗头发，保留3~5分钟，然后用清水洗净。此法可使头发滋润、光亮。

（3）柠檬护发液：将两片柠檬放入盛满水的脸盆中浸透（pH值可达5.0），用此水洗发，然后用清水漂洗。因酸性柠檬液有中和碱性的功效，故此方适合于受碱性洗发剂损伤的头皮和头发。

（4）绿茶护发水：用热水冲泡适量的绿茶，将头发用洗发露清洁干净后，再用泡好的茶汤浸湿头发，并轻轻按摩1分钟，然后冲净即可。这样不仅能有效去除头屑，还可以防治脱发。

护眼明目茶饮

1. 决明双花茶

茶方　决明子10克，金银花、玫瑰花各3克。

制法　将决明子稍微冲洗一下，沥干备用。将决明子、金银花和玫瑰花一同放入茶壶中，冲入500毫升沸水，加盖浸泡5分钟。散发香气后，倒入杯中饮用即可。

功效　此款茶饮能清肝明目、清心去火，可治疗口干舌燥、眼睛干涩。

2. 龙井白菊茶

茶方　龙井茶3克、杭白菊10克。

制法　茶壶中加入龙井茶与杭白菊，注入约150毫升的热开水，略摇晃清洗茶材后，倒出茶汤。再加入450毫升的热开水，静置2分钟后，即可饮用。也可重复回冲至茶味渐淡。

功效　此款茶饮有降血压、镇静神经的作用,能预防心血管疾病。

3. 清络茶

茶方　干荷叶 50 克、丝瓜皮 6 克、西瓜翠衣 5 克、普洱茶或乌龙茶 10 克。

制法　用纱布将干荷叶、丝瓜皮、西瓜翠衣包好,放清水中浸泡清洗后备用;砂锅中放水 5 杯,放入纱布包,煮沸;普洱茶或乌龙茶用沸水冲泡,取浓茶汁,与前者兑和,加入少量蜂蜜,即可饮用。

功效　清心明目,降脂减肥。

4. 芝麻绿茶

茶方　黑芝麻 30 克,绿茶、红糖各 10 克。

制法　将黑芝麻放入锅中炒至香味四溢后盛出备用。茶壶中加入绿茶,加入沸水 250 毫升略泡,2 分钟后加入黑芝麻同泡。最后加入红糖拌匀饮用即可。

功效　黑芝麻滋补内脏,绿茶缓解眼部疲劳。

5. 双乌茶

茶方　乌龙茶 5 克,何首乌 30 克,干山楂、冬瓜皮各 20 克。

制法　将何首乌、冬瓜皮、山楂同时入锅煮至山楂烂熟,滤渣取液,乌龙茶用沸水冲泡后,取浓茶汁,与前者兑和,即可饮用。

功效　清肝明目、降脂减肥、消食。

6. 菊花龙井

茶方　龙井茶 3 克、菊花 3 朵。

制法　混合后,用沸水冲泡 3 分钟。每天 3 剂,多次服用。

功效　清肝明目、祛风散热、降脂消食。

第七章 茶饮保健:轻松泡出好茶来

保健小贴士

茶制护眼明目品

(1)美目茶袋:冲泡过的茶叶(红茶除外)挤干,放于纱布袋里包好,将茶袋放在眼睛上,10~15分钟即可。不仅能够缓解眼部疲劳,还可改善黑眼圈。

(2)甘菊茶眼膜:取甘菊茶适量,用沸水冲泡,待茶凉后,用化妆棉蘸茶汁,均匀涂抹在眼部周围,待25分钟后洗净即可。能够有效去除眼袋,防止黑眼圈。

润肤美白茶饮

1. 珍珠茶

茶方 优质珍珠粉3克、高级绿茶3克。

制法 将高级绿茶用80℃左右的水泡3分钟后,用茶汤送服珍珠粉。每隔10天服用1次。

功效 延缓衰老,清热消炎解毒,养颜美白,消除皮肤上的"小痘痘",使皮肤红润、光洁。

2. 玉兰花茶

茶方 玉兰花2朵、绿茶5克、盐适量。

制法 将玉兰花瓣放入盐水中清洗干净、沥干,与绿茶一同放入杯中,用沸水冲泡即可。代茶饮服。

功效 可促进新陈代谢、美白肌肤。

3. 蔬果美白茶

茶方 草莓9个、桑白皮粉5克、苹果1个、蜂蜜15克、菠菜少许、柠檬片2片、冰块适量。

制法 先将草莓、苹果、菠菜洗净后,放入榨汁机中,打成果汁后,滤渣取汁,加入200毫升白开水稀释。将汁液倒入锅中,再加入蜂蜜,用小火煮至沸腾后关火。加入桑白皮粉冲泡,静置5分钟。倒入冲茶器内,放入柠檬片,饮用时加入少量冰块即可。

功效 此款茶饮不仅能美白皮肤,还能润肠通便、消除痘痘,一举三得。

4. 美白爽身茶

茶方 苹果丁4克、薄荷叶1克、柳橙半个、姜汁汽水160毫升、桂圆5颗、蜂蜜适量。

制法 将桂圆洗净,沥干;柳橙去皮,榨汁备用。锅中加200毫升水烧沸,放入苹果丁、薄荷叶焖煮3分钟后,再加入桂圆、橙汁与蜂蜜拌匀。锅中再倒入姜汁汽水,稍加热后离火,倒入茶壶中即可。

功效 以苹果肉和薄荷等组成的果茶粒,结合有美白效果的橙汁,再加上姜汁汽水,让人在美白的同时感觉到神清气爽。

5. 薄荷玫瑰茶

茶方 干玫瑰花4朵、鲜薄荷叶3片、蜂蜜适量。

制法 将玫瑰花放入茶杯中,用沸水冲泡,然后加入薄荷叶,待温后调入蜂蜜即可。代茶饮服。

功效 可嫩白肌肤、促进皮肤代谢。

6. 水果绿茶

茶方 绿茶1包,葡萄10颗,凤梨、柠檬各2片,蜂蜜适量。

制法 将绿茶包用沸水冲泡5分钟;葡萄和凤梨片榨成果汁,倒入泡好的绿茶,放入柠檬片,调入蜂蜜即可。代茶饮服。

功效 可促进血液循环,更新老化角质层,使皮肤光滑、白皙。

7. 芝麻核桃茶

茶方 黑芝麻15克、核桃仁15克、高级绿茶3克。

制法 将黑芝麻炒香研末,核桃仁研末。将高级绿茶用80℃的水冲泡3分钟,取出茶汁,在茶汁中加入黑芝麻和核桃仁,拌匀即可饮用。每天一次。

功效 具有益肤养肾的功效,对于皮肤干燥、粗糙、无光泽者,有一定的疗效。

8. 芝麻蜂蜜茶

茶方 黑芝麻15克、高级绿茶3克、蜂蜜5克。

制法 黑芝麻入锅内焙炒至焦黄出香,研末。取绿茶、芝麻冲泡约5分钟后,调入一小匙蜂蜜,搅拌均匀后可饮用,将茶叶与芝麻一并嚼食。

功效 具有润肤功效,对于皮肤粗糙、毛发干枯者有一定的疗效。

9. 西瓜茶

茶方 西瓜250克、绿茶3克。

制法 将西瓜肉取出榨汁备用;将绿茶用90℃的水50毫升,冲泡3分钟,制成浓茶汁;与西瓜汁兑匀,即可饮用。

功效 清热降火、养颜润肤。

10. 青果茶

茶方 青橄榄2枚、绿茶3克、蜂蜜少量。

制法 青橄榄、绿茶、蜂蜜一起投入杯中,用开水冲泡3分钟。

功效 清热润肺、滋养肌肤。

11. 山楂茶

茶方 山楂3只、绿茶3克。

制法 将鲜山楂切片,与茶叶用开水冲泡3分钟,即可食用。

功效 养颜润肤、健脾开胃。

12. 美肤茶

茶方　茶叶、龙眼肉各 3 克,菊花、山楂、枸杞子各 2 克,橄榄 2 枚。

制法　将所有茶材放入茶壶中,用沸水冲泡即可。代茶饮服,最后食橄榄。

功效　滋阴生血、润肤养颜。

13. 清香美颜茶

茶方　洋甘菊、苹果花、枸杞子各 3 克,柠檬 1 片。

制法　将洋甘菊、苹果花揉碎,与枸杞子一起放入纱布袋中,做成茶包。将茶包放入杯中,冲入沸水,静置 3~5 分钟,让其充分浸泡出味。再将柠檬挤汁入杯中,最后将整片柠檬再泡入杯中。可反复加入 300 毫升沸水冲泡直至味淡。

功效　苹果花中的苹果酚与柠檬中的维生素 C 都能养颜美白,再加上洋甘菊能清热解毒,可加速分解黑色素,提升美白效果。

保健小贴士

润肤美白茶制品

(1) 美白紧肤绿茶面膜:将一个蛋黄倒入 10 克面粉中,再加入适量的绿茶末搅拌均匀成糊状,涂于面部,然后再敷上一张微湿的面膜纸,待 20 分钟后揭下洗净即可。不仅美白紧肤,还可杀菌去痘。

(2) 清凉绿茶润肤乳:将适量的绿茶粉与润肤乳充分混合,放于冰箱冷藏,于炎炎夏日沐浴后,涂于身体各部位,滋养皮肤的同时还可享受清凉。

抗衰去皱茶饮

1. 乌龙除皱茶

茶方　乌龙茶 6 克、薏米 30 克、玫瑰花 10 克。

制法　将所有茶材研成末,搅拌均匀,制成冲剂,用沸水冲泡。每日1剂,分2次饮服。

功效　消除皱纹、活化细胞,使皮肤细腻、光泽。

2. 容颜不老茶

茶方　生姜300克、红枣30颗、沉香200克、丁香200克、茴香150克、甘草100克、盐适量。

制法　将所有茶材研成末,拌匀备用。每日取10克,用沸水冲泡。

功效　可消除皱纹、容颜焕发。

3. 芪参祛皱茶

茶方　黄芪、党参各6克,枸杞子10克。

制法　将黄芪、党参放入锅中,倒入适量水煮沸,然后放入枸杞子即可。代茶饮服。

功效　增加皮肤弹力,使皮肤光滑细致。

4. 养肤茶

茶方　柿叶、紫草各10克,薏米15克,白糖适量。

制法　将所有茶材放入砂锅中,倒入适量水,用小火煎煮20分钟,滤去渣,在茶汤中加入适量白糖调味即可。每日1剂。

功效　可清热润肤,增加皮肤弹性。

5. 美肤绿茶

茶方　绿茶3克、软骨素2克。

制法　将绿茶用滚水冲泡,然后将软骨素调和其中。

功效　美艳肌肤,使皮肤富有弹性。

6. 玉竹润肤茶

茶方　玉竹、菟丝子各15克,白术9克。

制法　将玉竹和白术放入锅中,倒入300毫升水煮沸,然后放入菟丝子再煮3分钟即可。代茶饮服。

功效　使肌肤光滑有弹性,健康有光泽。

7. 芦荟红茶

茶方　红茶1包、芦荟30克、菊花3克、蜂蜜适量。

制法　将芦荟去皮取出白肉,与菊花一同放入锅中,倒入适量水,用小火慢煮,待水沸后倒入杯中,放入红茶包,调入蜂蜜即可。代茶饮服。

功效　提高细胞活力,减缓肌肤老化。

8. 玫瑰红茶

茶方　红茶3克、玫瑰花3朵、方糖一块、柠檬一片。

制法　红茶用100℃开水冲泡3分钟,取茶汁,加入玫瑰花、方糖、柠檬,酸甜可口,夏天可加冰块。

功效　美容养颜,润肤有弹性。

9. 桑叶桑葚茶

茶方　桑叶10克、桑葚5粒、乌龙茶5克、蜂蜜少许。

制法　将桑叶用水洗净后,与乌龙茶一起用沸水冲泡5分钟左右,然后滤掉茶汁。将桑葚压碎,包入棉布袋中,挤出汁液,将挤出的桑葚汁倒入泡好的茶汁中,加入蜂蜜调匀即可。代茶饮服。

功效　使皮肤光泽,富有弹性。

10. 龙眼绿茶

茶方　绿茶、枸杞子各3克,龙眼肉5克,冰糖适量。

制法　将枸杞子与龙眼肉洗净放入茶壶中,然后加入绿茶倒入300毫升沸水,放入冰糖即可。每日1剂。

功效　可滋阴补血,红润肤色。

11. 养颜活力茶

茶方　天竺葵、迷迭香各 5 克,甜菊叶 3 克。

制法　将所有茶材放入茶壶中。冲入 500 毫升沸水,加盖静置 5 分钟后倒入杯中即可。

功效　此款茶饮能够促进血液循环,通过改善人体功能而改善皮肤的整体情况。

12. 桂花润肤茶

茶方　乌龙茶 2 克、干燥桂花 3 克。

制法　将干燥桂花和乌龙茶混合后一起放入茶壶中。冲入 400 毫升沸水,加盖泡 5 分钟至香气四溢,倒入杯中饮用即可。

功效　此款茶饮可以活血补气,改善气色,消除暗沉。

13. 珍珠绿茶

茶方　珍珠粉 10 克、绿茶 3 克。

制法　将绿茶放入茶壶中,冲入 300 毫升沸水后,加盖泡 3 分钟。将茶叶滤去,加入珍珠粉调匀饮用。

功效　促进肌肤细胞再生、解毒清热、抗皮肤氧化。

14. 迷迭香草茶

茶方　干玫瑰 6 朵,柠檬香茅、迷迭香、柠檬罗勒各 1 克。

制法　将柠檬香茅、迷迭香和柠檬罗勒剪成小段备用。将剪好的茶材与干玫瑰花一起放入茶壶中,冲入 700 毫升沸水。泡 2 分钟后饮用即可,可反复冲饮直至味淡。

功效　此款茶饮能帮助提神、提高注意力、增强记忆力、缓解衰老。

> **保健小贴士**
>
> **抗衰去皱茶制品**
>
> （1）绿茶去角质霜：将适量的绿茶粉与角质霜充分混合，用打圈的手法涂于脸部或其他需要去角质部位，然后用温水冲洗干净即可。可去除老化角质，深层清洁毛孔。
>
> （2）红茶抗皱面膜：将等量的红茶与红糖一同用水煎煮，待温后放入面粉搅成糊状，然后均匀涂在面部，敷 15 分钟，最后用温水清洗干净即可。可有效减少皱纹并使皮肤变得滋润光滑。

祛斑除痘茶饮

1. 红花净白茶

茶方　绿茶 3 克、红花 15 克、红糖 30 克。

制法　将所有茶材放入茶杯中，用沸水冲泡，盖上盖泡 10 分钟即可。代茶饮服。

功效　可活血、祛斑，改善肌肤的粗糙、晦暗。

2. 去斑白皙茶

茶方　葡萄柚、橙子各 2 个，柠檬半个，蜂蜜 15 克，红茶包 1 个。

制法　将葡萄柚、橙子和柠檬洗净，压出汁备用。锅中加 200 毫升水烧沸，加蜂蜜和果汁，搅拌均匀关火；再放入红茶包浸泡 5 分钟，倒入杯中即可。

功效　此茶富含维生素 C，能够有效淡化色斑。

3. 芦荟椰果茶

茶方 食用芦荟2根、椰果10克、红茶包1个、冰糖适量。

制法 将芦荟洗净,去皮取肉后切成小丁,用清水稍冲备用。将红茶包放入茶壶中,加入400毫升沸水浸泡5分钟。最后加入芦荟丁、椰果搅匀。饮用时依据个人口味加入冰糖调味即可。

功效 此款茶饮能够促进人体排出毒素,快速去痘。

4. 苹果去痘茶

茶方 苹果1个、橙子半个、红茶包1个、白芷粉3克。

制法 将苹果去皮,去核,洗净切块,放入榨汁机内打成泥状备用。橙子洗净,压出汁备用。锅中加400毫升水烧沸,放入苹果泥、橙汁与白芷粉调匀,关火后加入蜂蜜和红茶包泡5分钟,倒入杯中饮用即可。

功效 苹果能增强胃肠蠕动,排毒养颜;橙汁中的维生素C能有效淡化色斑。苹果与橙子搭配,可谓去痘、消斑的好搭档。

5. 茉莉美肤茶

茶方 茉莉花3克、丁香5粒、柠檬汁10毫升、蜂蜜30毫升、柠檬皮适量。

制法 将柠檬皮洗净,切成细丝备用。将茉莉花、丁香放入茶壶中,倒入300毫升沸水闷泡3分钟。加入柠檬汁、蜂蜜、切成丝的柠檬皮,充分拌匀饮用即可。

功效 此款茶饮能舒缓肌肤、增强肌肤弹性、消除疲劳,还能缓解肠胃不适、头痛等症状。

6. 祛斑茶

茶方 菊花5克,丹参、山楂各10克,决明子20克,莲心5克。

制法 将所有茶材放入锅中,倒入适量水用小火煎煮。代茶饮服。

功效 可祛斑、清火,使面色红润。

7. 白蔹玫瑰茶

茶方 白蔹 6 克、玫瑰花 3 朵、红枣 5 颗。

制法 将所有茶材放入茶壶中,用沸水冲泡,盖上盖泡 15 分钟即可。代茶饮服。

功效 适用于局部黑斑、雀斑或面部痤疮等。

8. 二山祛斑茶

茶方 红茶 6 克,花茶 5 克,淮山药 15 克,山萸肉、天冬、生地黄各 10 克。

制法 将淮山药、山萸肉、天冬、生地黄、红茶放入锅中,倒入 500 毫升水,煮沸 15 分钟,然后取茶汤冲泡花茶即可。每日 1 剂,随时温饮。

功效 适用于黄斑褐黑,伴有舌红、苔少等。

9. 桑芩夏菊茶

茶方 花茶 6 克,菊花、桑白皮、黄芩、夏枯草、赤芍各 10 克。

制法 将桑白皮、黄芩、夏枯草、赤芍和菊花用 500 毫升水煎煮 15 分钟,然后取沸汤冲泡花茶即可。每日 1 剂,随时温饮。

功效 清热祛湿,适用于湿热蕴结型粉刺、皮疹红肿疼痛。

10. 双花除痘茶

茶方 金银花、菊花各 6 克,连翘 10 克。

制法 将所有茶材放入茶壶中,用 600 毫升沸水冲泡,盖上盖泡 5 分钟即可。代茶饮服。

功效 清热解毒、去除青春痘。

11. 美容祛斑茶

茶方 枸杞子 10 克,红枣 5 颗,当归、参须、黄芪各 5 克。

制法 将所有茶材放入锅里,用 1500 毫升水煮沸、去渣。代茶饮服。

功效 调节内分泌,祛斑美容,还原肤色。

12. 淡斑薏仁茶

茶方　绿茶6克、薏仁50克。

制法　将薏仁放入锅里,加大量水煮成稀粥,取薏仁水,冲入绿茶中即可。每天服用。

功效　可淡化黑斑,美白肌肤。

13. 绿豆菊花茶

茶方　菊花、柠檬各10克,绿豆沙30克,蜂蜜少许。

制法　将菊花放入锅中倒入适量水煮沸,然后把柠檬榨汁,与绿豆沙一同放入菊花水中,搅拌,待温后调入蜂蜜即可。代茶饮用。

功效　排毒养颜、抚平脸部粗糙。

保健小贴士

祛斑除痘茶制品

(1) 绿茶去粉刺面膜:取30克的绿豆粉,加入10克白芷粉和5克绿茶粉搅拌均匀,倒入适量的清水搅拌成糊状,涂抹于脸部,大约10~15分钟后用温水洗净。可有效去除粉刺并有排毒功效。

(2) 绿茶排毒淡斑面膜:新鲜葡萄100克、绿茶粉1茶匙、白糖适量。先将葡萄去皮捣烂,加入绿茶粉和白糖,再加入适量冻沸水调匀,均匀涂在面部,敷15~20分钟,然后用温水洗净。有助于排毒和去除色斑,能令面部肌肤恢复润泽。

(3) 糖茶祛油面膜:将适量的白糖和面粉充分混合,然后加入5克绿茶粉,倒入适量清水搅拌成糊状,均匀地涂抹于脸部,待15~20分钟后洗净即可。能有效祛除油脂,消除粉刺。

消脂减肥茶饮

1. 健身降脂茶

茶方　绿茶、泽泻各10克,何首乌、丹参各15克。

制法　何首乌、泽泻、丹参三药研粗末,纳入热水瓶中,用沸水适量冲泡,泡20~30分钟,然后加入绿茶,轻摇。再泡5~6分钟。频频代茶饮用,1日饮尽。

功效　能活血利湿、降脂减肥。

2. 葡萄美容茶

茶方　葡萄100克、蜂蜜适量、绿茶3克。

制法　将绿茶用沸水冲泡、再将葡萄与白糖加冷水60毫升、然后与绿茶茶汤混合饮用。

功效　有减肥、美容的作用。

3. 三鲜茶

茶方　绿茶3克,鲜荷叶、鲜藿香、鲜佩兰叶各10克。

制法　将鲜荷叶、鲜藿香、鲜佩兰叶洗净、切碎,然后与绿茶一同放入茶壶中,用沸水冲泡即成。代茶饮服。

功效　可消暑生津、减肥消脂。

4. 玫瑰乌梅茶

茶方　红茶1包、乌梅3颗、玫瑰花5朵。

制法　将乌梅放入锅中,倒入250毫升水煮沸,然后用乌梅汁冲泡红茶,再放入玫瑰花浸泡即可。饭前饮用。

功效　可减去腹部脂肪,塑身功效明显。

5. 消脂红茶饮

茶方　红茶、生姜、诃子皮各5克。

制法　将红茶、诃子皮放入锅中倒入200毫升水煮沸,然后放入生姜片煎服。每日1剂,分2次饮服。

功效　可减肥,治积食。

6. 玫瑰普洱茶

茶方　普洱茶、玫瑰花各6克。

制法　将普洱茶放入茶壶中,先倒入适量沸水,然后倒掉;放入玫瑰花,再冲入沸水即可。可反复饮服。

功效　可降脂、美容、养颜。

7. 普洱菊花茶

茶方　普洱茶6克、菊花5朵。

制法　将普洱茶与菊花一同放入茶壶中,用沸水冲泡即可。随时饮服。

功效　有助于消化,消除油脂。

8. 葫芦荷叶茶

茶方　乌龙茶、干荷叶、橘皮各5克,陈葫芦10克。

制法　将干荷叶、陈葫芦、橘皮共研为细末,混入茶叶中。欲饮时,可取少量冲泡,反复冲泡至茶水清淡为度。

功效　降脂减肥、消食理气。

9. 桂枝收腹茶

茶方　桂枝6克、茯苓10克、甘草3克。

制法　将所有茶材放入锅中,倒入300毫升水煮沸即可。代茶饮服。

功效　可除去腹部多余脂肪,缩小腰围。

10. 塑身美腿茶

茶方　马鞭草、迷迭香、柠檬草、薄荷叶各3克。

制法　将马鞭草揉碎备用。将迷迭香、柠檬草、薄荷叶和揉碎的马鞭草混合均匀，缝入纱布袋中做成茶包。将茶包放入茶壶中，冲入500毫升沸水，泡3~5分钟至散发香味后饮用即可。可反复冲泡至茶味变淡。

功效　此款茶饮能减少体内多余水分，净化肠胃，促进消化，分解脂肪，轻松去除肥肉。

11. 银耳瘦身绿茶

茶方　干银耳20克、绿茶包1个、冰糖适量。

制法　杯中放入绿茶包，用沸水冲泡5分钟左右，即可取出绿茶包。将干银耳洗净，放入清水中泡发，取出放入锅中，加少量清水与冰糖，入锅炖熟。再把绿茶水倒入银耳汤中，搅拌均匀即可饮用。

功效　银耳可助胃肠蠕动，减少脂肪吸收。

12. 茉莉香草茶

茶方　茉莉干蕾、柠檬马鞭草干品、胡椒薄荷干叶各1克。

制法　把茉莉干蕾、柠檬马鞭草干品、胡椒薄荷干叶放入杯中。倒入沸水300毫升，泡3~5分钟，至散发出香味即可。

功效　饮用茉莉香草茶可解油腻，消解脂肪。

13. 玲珑消脂茶

茶方　柠檬马鞭草3克、柠檬香茅1克、甜菊叶5片、老姜适量。

制法　将柠檬马鞭草、柠檬香茅、甜菊叶洗净备用；柠檬香茅剪成小段，老姜切成片备用。将所有材料放入茶壶中，冲入沸水泡5分钟后饮用即可。

功效　此款茶饮能迅速分解体内脂肪，达到消脂塑身的效果。

14. 苦丁普洱茶

茶方　普洱茶5克、苦丁茶1克。

第七章 茶饮保健：轻松泡出好茶来

制法　混合后如同普洱茶泡饮。

功效　清热解毒、降脂减肥。

15. 苦丁乌龙茶

茶方　苦丁茶1克、乌龙茶5克。

制法　混合后冲泡如同乌龙茶。

功效　减肥降脂、清凉明目、降血糖。

16. 玫瑰红枣茶

茶方　干玫瑰花5朵、红枣2颗、蜂蜜适量。

制法　将玫瑰花与红枣一同放入茶壶中，用沸水冲泡，待温后调入蜂蜜即可。代茶饮服。

功效　去脂解油腻。

17. 荷叶乌龙茶

茶方　荷叶、乌龙茶各5克。

制法　荷叶与乌龙茶一起投入杯中，用100℃的开水浸泡2分钟，即可饮用。夏季可冰镇后饮用，味道更佳。

功效　润肠、减肥、清热解毒、洁肤润肤。

保健小贴士

要想酷请食醋

近年来，国外流行食醋减肥新方法。研究者认为，食醋中所含的氨基酸，不仅可消耗人体内的脂肪，而且能使糖、蛋白质等新陈代谢顺利进行。据研究，肥胖者每日饮用15~20毫升食醋，在1个月内就可以减轻体重3千克左右。所以追求时尚减肥法的人，不妨采用食醋减肥法一试。

第八章

中药保健：抗衰防老寿延年

"中药养生自古传，枸杞补身还童身。五味提神又保肝，健脾益气用淮山。当归补血又通脉，人参扶元把气转。白术利湿脾胃健，人们长寿熟地填……"这首《中药养生歌》生动地道出了中药不同寻常的养生功效。在人体明显出现气、血、阴、阳方面的不足，依靠食补已不能纠正其亏损时，可以选择适当的补益药物，补养气血阴阳不足，改善衰弱状态，治疗各种虚证，使人体重新回归健康平衡。

科学选药不滥用

有人认为自己的经济条件好了,经常服一些补益中药或保健品,可以达到"有病治病,无病养身"的目的,可这种养生观点是错误的。

补益中药并不是像有些商业宣传的那样"纯天然药物,无毒副作用","适用于各类人群",而是主要适用于体质偏于虚弱的人群,身体强壮的人没有必要服用补益药。

传统中医学认为,体质虚弱,主要是指机体的正气不足而出现生理机能减退、抗病能力低下的现象。主要表现是:面色苍白或萎黄、精神萎靡、疲倦乏力、心悸气短、形寒肢冷、自汗、五心烦热、口燥咽干、盗汗潮热等。

具体来讲,虚证可分为气虚证、血虚证、阳虚证及阴虚证四大类,其临床表现如下。

1. 气虚证

此证是指机体的脏腑功能衰退,元气不足而出现的全身性虚弱症状的总称。气虚证多因先天不足,后天失养,大病久病或衰老所致。临床表现主要为:神疲乏力、少气懒言、面色苍白、头晕目眩、心悸自汗、纳差等。此证可用补气中药进行滋补,如人参、西洋参、黄芪、灵芝等。

2. 血虚证

此证是指机体内血液不足,肢体脏腑百脉失于濡养而出现的全身性虚弱症状的总称。血虚证多因劳倦内伤、思虑过度、脾胃虚弱、失血过多等所致。临床表现主要为:面色无华或萎黄、唇色淡、头晕目眩、心悸失眠、手足发麻、舌淡等。此证可用补血中药进行滋补,如当归、阿胶、何首乌等。

3. 阳虚证

此证是指阳气不足,机能衰退而出现机体反应性低下,代谢活动减退,热量不足等症状的总称。阳虚证多因先天不足,后天失养,劳倦内伤,久病虚损所致。临床表现主要为：畏寒肢冷、面色苍白、倦怠乏力、少气懒言、自汗、小便清长等。此证可用补阳中药，如鹿茸、冬虫夏草、肉苁蓉等。

4. 阴虚证

此证是指机体内精血津液亏损而出现阴液不足，阴不制阳而出现机体功能虚性亢奋，热量偏多等症状的总称。阴虚证多因先天虚损，久病耗伤阴液，或热病伤阴所致。临床表现主要为：五心烦热、口燥咽干、潮热盗汗、舌红少苔等。此证可用补阴中药，如女贞子、麦冬、沙参、百合等。

> **保健小贴士**
>
> **谨防虚不受补**
>
> 一般而言，年高体弱者消化能力也弱，而补药又多滋腻之品，不易被肠胃吸收，用之可能反而会加重腹胀、纳呆等。因此，应用补药时一定要顾及脾胃是否能够吸收，必要时可先调理脾胃，或在补剂中适当配伍健脾和胃之品（如砂仁、白蔻仁等）同用。
>
> 此外，掌握进补剂量使用补益药品，一定要根据老人的年龄、体质等情况按医生规定的剂量进补。否则，剂量过小则杯水车薪，用量过大则易产生不良反应。在具体选用补品剂型时，短时间服用，或欲使疗效快一些，一般宜选用煎剂或炖服；若服用时间较长，则宜选用丸剂、散剂、片剂或膏滋补剂等。

抗衰老中药，让你长命百岁

中医在防病强身、延缓衰老方面有独到之处，并研究出很多抗衰老的药方和成药，如延年益寿不老丹、容颜不老方等等。而且据研究证实：不少中药能使人体免疫活细胞数明显增多，生长旺盛，免疫功能增强，从而提高抗病能力，寿命延长。这里，选取部分经中西医都证实有抗衰老作用的中药做简要介绍。

1. 何首乌

宋代《开宝本草》称其"久服长筋骨,益精髓,延年不老"。现代研究发现,何首乌能够促进神经细胞的生长,对神经衰弱及其他神经系统疾病有辅助治疗作用,并可调节血清胆固醇,降低血糖,提高肝细胞转化和代谢胆固醇的能力。何首乌还具有良好的抗氧化作用。

2. 黄芪

中医认为"脾为后天之本"。脾胃派代表人物李杲认为黄芪"益元气而补三焦",清代的黄宫绣称黄芪为"补气诸药之最"。现代研究发现,黄芪不仅能扩张冠状动脉,改善心肌供血,提高免疫功能,而且能够延缓细胞衰老的进程。

3. 人参

《神农本草经》认为,人参能"补五脏,安精神,定魂魄,止惊悸,除邪气,明目开心益智。久服轻身延年"。现代研究发现,它还具有抗氧化、抗衰老、抗疲劳、保肝、调节心血管功能、兴奋造血系统功能等作用。吉林中医研究所霍玉书等研究人员用人参果皂甙对 50 岁以上年龄的人进行抗衰老研究,证实人参果皂甙有"返老还童"的功效。

4. 三七

清代名医赵学敏在他所著的《本草纲目拾遗》中说:"人参补气第一,三七补血第一,味同而功亦等",称三七为"中药之最珍贵者"。现代研究发现,三七的化学成分、药理作用和临床应用与人参有相似之处。其所含人参总皂甙含量甚至超过了人参的含量。三七可扩张血管,降低血管阻力,增加心输出量,减慢心率,降低心肌耗氧量和毛细血管的通透性,在心血管病防治方面比人参有明显的优势。

5. 刺五加

《本草纲目》称之"久服轻身耐老","宁得一把五加,不用金玉满车"。现代研究发现,刺五加有抗衰老、抗疲劳(其抗疲劳作用比人参皂甙还强)、强壮作用,还能调节神经系统、内分泌系统、心血管系统功能,且有抗菌消炎和一定的抗癌作用。

6. 灵芝

《神农本草经》认为,灵芝能"补肝气,安魂魄","久食,轻身不老,延年神仙"。现代研究证实,灵芝具有免疫调节、清除自由基、平衡代谢等功能,对神经系统、呼吸系统、心血管系统功能都有调节作用,并直接影响人体衰老进程。

7. 枸杞子

《神农本草经》称枸杞子"久服坚筋骨,轻身不老,耐寒暑"。《本草汇言》赞之"使气可充,血可补,阳可生,阴可长"。枸杞子有类似人参的"适应原样"作用,且具有抗动脉硬化、降低血糖、促进肝细胞新生等作用,服之有增强体质,延缓衰老之功效。

8. 红景天

在古代本草中没有红景天的记载,是近代才发现的抗衰老新秀。它有补益元气、清热、解毒、止血、宁神益智的功效。现代药理和临床研究发现,红景天有类似人参的补益作用,具有抗缺氧、抗寒冷、抗疲劳、抗辐射、抗病毒、抑制癌细胞生长,提高工作效率,延缓机体衰老的作用。

9. 绞股蓝

绞股蓝为葫芦科植物,在古代本草中不见其名。日本科学家发现其组成成分中有多种成分与部分人参皂甙结构相同,近年来研究发现,绞股蓝具有抗衰老、抗疲劳、抗癌、调节内分泌功能,能提高人体应变能力和免疫力,对降低胆固醇和转氨酶、预防肿瘤、抑制溃疡、缓解紧张、镇静镇痛等具有明显的疗效。

10. 蜂王浆

蜂王浆是蜂制品中的珍品,含有丰富的营养成分,可促进蛋白质合成,促进

细胞生长,增进机体的新陈代谢,增强组织再生能力。同时,因其含有丰富的超氧化物歧化酶及维生素 C、E,是不可多得的抗衰老良药。

> **保健小贴士**
>
> **女人产后多用阿胶、益母草**
>
> 妇女产后因分娩时产创和失血,容易导致血虚和血瘀。
>
> 产后血虚多表现为头晕、发热、大便困难、缺乳、身痛、手足抽搐等。阿胶为补血佳品,可用阿胶 15 克,配以其他补气血、活血安神的中药,如党参 15 克、红枣 15 克、龙眼肉 20 克使用。注意阿胶应烊化后加入药液中服用。也可选用驴胶补血冲剂、阿胶当归合剂。
>
> 产后血瘀表现为腹痛、发热、恶露不尽等症。益母草是产后最好的化瘀中药,取 20 克加丹参 15 克、当归 15 克、川芎 10 克,煎水服。也可选用中成药益母草膏或益母草颗粒。

名贵药材选用全攻略

一些价格昂贵的中药滋补品,如人参、燕窝、冬虫夏草、鹿茸等的奇特功效是众所周知的,但是仍然有许多人不清楚如何选用才能取得事半功倍的进补效果。这里就给大家作一简单的介绍。

1. 阿胶

适宜人群 适合需要滋阴补血的人群,而胃功能差、湿热体质的人要谨慎服用,患病时要停服。

挑选与服用 原则是选择信誉较好的品牌,好的阿胶闻起来没有臭味,色泽黑棕,略透光时如琥珀,有光泽。主要食用方法有三种:患病者与药汁一起烊化;普通人群打粉后以开水或牛奶冲服,或与红枣、核桃、芝麻、黄酒一起制作膏方。

保存要点　在适合的环境下可存放五年,温度湿度都不能太高,放冰箱之前要包装严实,防止受潮和串味,服用时吃多少拿多少。如果要制成阿胶膏,建议吃多少做多少,不要一次做太多存放。

特别提示　阿胶生产出来的第一年会带有火气和燥气,建议生产期后第二年服用最佳。

2. 燕窝

适宜人群　适合各类人群,但对蛋白质过敏、脾胃虚弱的人士要谨慎。

挑选与服用　普通人群选择白燕为宜,血燕只是矿物质多一点而已。而燕窝并非价格贵的营养价值一定就高,挑选适合自己的即可。此外,市场上即食燕窝众多,但很多是经过了多道处理的,使营养价值受损且价格还不菲,因此,建议购买天然燕窝后文火炖制。

保存要点　不要挤压,刚买回来时晒一晒,然后放在阴凉之处,不要受阳光直射。

特别提示　保存时间不宜过长。此外,燕碎、燕角、燕条价格比较实惠,很适合自家吃。

3. 冬虫夏草

适宜人群　作用缓和,适宜人群广泛。主要建议中老年人、病后或病后体虚者、肺不好的人士服用。

挑选与服用　经济允许的话服用大的,因为虫体粗大的生长周期长,珍贵营养物质更丰富。每天两克即可,最好的吃法是煮水、炖鸡或打粉后冲服。

保存要点　建议随买随吃,或者3年内一定吃掉,不可放太久。虫草是重合菌复合体,特易生虫、发霉、受潮,建议风干后放在广口瓶或塑料袋里。如果是长期存放,建议每年五六月及八九月各时检查一下,看是否有明显变化,如果受潮应及时晾干。

特别提示　购买时要仔细查看有无霉点、虫蛀现象。

4. 鹿茸片

适宜人群 主要功效是壮元阳、补气血、强筋骨,建议阳虚体弱者对症服用,服用前咨询医生,阴虚内热者谨慎服用。

挑选与服用 以购买整只鹿茸为佳,但市场上少见,所以要学会如何挑选鹿茸片。鹿茸制成片后分为腊片、粉片、沙片和骨片,以鹿茸顶端的腊片功效最强、价格最贵,粉片次之。主要服用方法为嚼服、泡酒、炖汤、打粉,注意不可过量。

保存要点 要放在干燥通风之处,一定不要受潮,可用布包一些花椒放在鹿茸旁边,防止虫蛀。

特别提示 气血极度虚弱者、病人可以用腊片,普通滋补吃粉片和沙片即可。

5. 西洋参(花旗参)

适宜人群 适合气阴两虚、体内有热者,可滋阴清热、补气生津。但湿热未尽者要谨慎服用。

挑选与服用 一般西洋参呈长圆柱形或长圆锥形,长度如手指,表皮粗而且有密集环纹,断面呈白色、粉质。而西洋参片色泽土黄、味道稍苦、香气明显。服用前咨询医生是否对症,服用时从低剂量开始慢慢添加。

保存要点 放在密封的袋和罐中干燥保存,注意避光、防潮以及防虫。

特别提示 西洋参的主产国原为美国、加拿大和中国,但并非进口的就一定更优,国产的质量现在也可与进口的媲美。服用西洋参时忌吃萝卜、藜芦、咖啡。

6. 雪蛤油

适宜人群 适用于身体虚弱、肾亏精神不足、心悸失眠、盗汗不止、痨嗽咳血等患者,更适合女士美容使用。

挑选与服用 市场上假冒雪蛤油不少,要注意真品颜色不可能是单一琥珀色,每块应有点色差,而且有种独特的腥味。

保存要点 可存放在冰箱,要注意密封干燥。

特别提示 雪蛤油雌激素含量较高,孕妇、未成年人、乳腺增生和乳腺癌患者要禁服。

第八章 中药保健：抗衰防老寿延年

保健小贴士

买中药材别贪色泽鲜艳

不少人选择中药材倾向于外观，比较喜欢大片、颜色鲜艳的，即形状看起来很漂亮的药材。但医药专家提醒，用硫磺过度熏制可使药材外观鲜亮，熏蒸药材的硫磺含有较多的铅、汞等重金属，如果食用量较大或长期食用，会引起慢性中毒。

辨别硫磺熏蒸药材可通过看外表、干湿度、重量和气味来辨别。从气味上来说，硫磺熏蒸过的药材会有一股淡淡的类似于酸味一样的味道；从重量上看，硫磺熏蒸药材要比未熏蒸的药材重，就连质地疏松的草药也可明显感觉到重量的差别；从干湿度上看，硫磺熏蒸药含水量要多于未熏蒸的药材，在正常情况下，药材所含水分为总重量的8%左右；从外观上来看，硫磺熏过的药材色泽比较鲜艳，甚至艳丽得不正常。硫磺熏过的药材如果放置时间较长，就会变成黄色，因为形成了亚硝酸。

名贵中药的"平价替身"

说到进补，大家会想到冬虫夏草、人参、鹿茸等经典名贵药材。近年来，由于一些商家的宣传误导，很多消费者认为，药材的价格越贵越"滋补"，加之一些不法药商的人为炒作，导致这些名贵药材的价格不断攀升，有些甚至超过了黄金价格。那么，有没有一种既廉价又同样有效的滋补品，来替代这些昂贵而又不太让人放心的"名贵中药"呢？

研究证明，绝大多数名贵药材的功效并非独一无二、不可替代，在实际应用中，很多价格便宜的药材完全可以代替名贵药材使用而不会降低疗效。下面介绍几种名贵药材的廉价替代品。

1. 名贵中药：海参→替代品：鸡蛋、泥鳅、鲫鱼

海参中含有的蛋白质，特别是白蛋白比较高，如果想补充白蛋白质，用鸡蛋替代就可以。此外，泥鳅、鲫鱼也可替代，因为海参除富含维生素 A、镁外，其余与泥鳅和鲫鱼差不多。

2. 名贵中药：冬虫夏草→替代品：枸杞子、山药

冬虫夏草具有滋阴、润肺、补肾、增强免疫力的作用，其实价格只有几十元钱一斤的枸杞子具有同样的效果，其补肾功效甚至超过冬虫夏草，一般来说，每天像吃葡萄干一样吃枸杞子 15 克，就能达到进补效果。另外，山药也有类似的补肾作用。

3. 名贵中药：人参→替代品：党参

人参是补气佳品，除非用于危重症的抢救，否则党参完全可以取代人参。一般来说，即使是人工栽培的人参，其价格也是党参的 4 倍。对于容易出汗、语声低微的肺脾气虚者来说，可用党参 15 克泡水代茶饮。

4. 名贵中药：鹿茸→替代品：肉苁蓉、韭菜子、仙茅、巴戟天

鹿茸是补肾壮阳的良药，适合阳虚者服用，但它的功效并非无可替代。临床上常用肉苁蓉、韭菜子、仙茅、巴戟天等相对便宜的药来代替鹿茸。如阳虚体质的老人，冬季养生多用鹿茸，其实也可用肉苁蓉羊肉粥来代替，做法很简单：取肉苁蓉 30 克，精羊肉、粳米各 100 克，精盐少许，葱白、姜末各适量。将肉苁蓉放入砂锅内，加水适量煎煮至沸，去渣取汁，用此汁液与粳米、切碎的羊肉共煮至熟，加入精盐、葱白、姜末，稍煮一两沸即可食用。

第八章 中药保健：抗衰防老寿延年

> **保健小贴士**
>
> **自制药茶降血脂**
>
> （1）决明子茶：在众多的高血脂患者中，有很大一部分人出现过头痛、大便干燥等症状，这类人大多肝热偏盛、阴虚阳亢，是典型的高血脂伴高血压患者，平时可取决明子30克，开水冲泡代茶饮，可反复冲泡3~5次。
>
> （2）银杏叶茶：血脂高除了会让血液变黏稠外，还会影响血管的弹性。所以，高血脂伴动脉硬化的人可取绞股蓝20克，银杏叶30克，将其洗净后放入砂锅内加水适量煎煮至300毫升，分6次当茶饮，当日服完。
>
> （3）菊花绿茶：在众多的降血脂药茶中，绿茶、菊花和山楂片的组合非常著名。将绿茶2克，菊花10克，山楂片25克，用400毫升水煮沸5分钟，分3次服下，对治疗伴有头晕、视力减退的高血脂患者效果显著。
>
> 此外，在血脂偏高的同时若感觉大便干燥、口舌发干严重，不妨用绿茶6克，决明子20克，水煎代茶饮。

秋季干燥，中药调理

中医有"燥主秋令"的说法，进入深秋季节后，很多人会出现"秋燥"症状，表现为不同程度的皮肤干燥、咽干唇燥、鼻子出血、干咳少痰、心烦、便秘等。轻者吃点梨、蜂蜜、芝麻等润肺生津、养阴润燥的食物即可缓解，若上述症状较重，则需中药调理。常用的解除秋燥的药物有百合、玉竹等。

1. 百合：秋燥合并失眠、多梦

中医认为百合味甘，性微寒，归心、肺经。具有养阴润肺止咳的功效，用于肺阴虚的燥热咳嗽、痰中带血，如百花膏。如百合固金汤，治肺虚久咳、劳嗽咯血，还具有清心安神的功效，用于热病余热未清、虚烦惊悸、失眠多梦等。药用

时煎服,10~30克。

2. 玉竹：糖尿病合并秋燥

玉竹又名葳蕤,味甘微寒,具有滋阴润肺、养胃生津的作用。对秋燥所致的肺阴受损、肺燥咳嗽、干咳少痰以及胃热津伤、咽干、口渴等症均有较好的防治作用,且本品具有补而不腻、养阴而不敛邪的优点,因此,秋燥患者合并感冒时,可以用玉竹。现代药理研究表明,玉竹还可通过提高胰岛素的敏感性起到辅助降低血糖的作用,特别适合糖尿病合并秋燥者食用。常用量为10~15克,水煎代茶饮,也可与大米一起煮粥食用。

3. 二冬：秋燥且便秘

二冬即天门冬和麦门冬的简称。在抗燥药膳中,常并肩作战,对付口干口渴、咽干鼻燥、便秘等,通便润肠的效果显著,脾胃虚弱腹泻者不宜服用。

可取等比例的天门冬、麦门冬,放入砂锅中,加水适量浸泡30~60分钟后,再加热煎煮,每20分钟取煎液一次,加温水再煎,共取煎液3次,合并煎液,并以小火将煎液加热、煎熬、浓缩,至黏稠如膏时,加蜂蜜1杯,至沸停火,冷却后装瓶密封,置于冰箱冷藏室内保存。每日早晚各取1汤匙,以沸水冲化饮服。

此外,沙参、黄精也是"抗燥"中药中的重要成员,对秋燥所致的干咳、少痰、声音嘶哑、咽干口燥等均有较好的防治作用,可在医生的指导下辨证服用。

需要说明的是,上述药物均为滋阴润燥之品,易助湿邪,凡脾虚有湿、咳嗽痰多或咳痰清稀者均不宜服用。

保健小贴士

自制药饮,喝出清凉

在炎热的夏季,喝上一杯清凉可口、防暑降温的中药饮料,既可起到生津止渴、清热除烦的作用,又能收到健身防病、促进食欲的功效。下面介绍几种常用的防暑中药饮料的配制,大家不妨试试。

(1)山楂麦冬饮：山楂、麦冬各30克,水煎后晾凉饮用。此饮有健脾和胃、

第八章 中药保健：抗衰防老寿延年

生津止渴、补阴清热等功效。

（2）决明清凉饮：决明子15~30克，炒黄后水煎，晾凉后饮用。此饮有祛风散热、清肝明目、利水通便等功效，适用于高血压症及便秘、目赤肿痛的病人，对防治夏季急性眼结膜炎也有一定的效果。

（3）菊花蜂蜜饮：干菊花50克，放锅中加入清水2000毫升，加热煮沸，加入蜂蜜250克，搅拌溶解，放凉后饮用。此饮清肝明目、健脾润肺。

（4）翠衣冰糖饮：新西瓜翠衣（西瓜皮）适量，削去外皮，取淡绿向脆部分，切块加水煮沸，凉后加入冰糖适量，溶化后置冰箱内冰冻，约1小时后饮用。此饮清爽可口能祛暑除烦。

（5）乌梅薄荷饮：乌梅10克、薄荷3克，加水煮沸，凉后加入白糖适量，搅匀后饮用。饮后头目清爽，全身舒适，增进食欲。

（6）银花解毒饮：银花20克，加水2000毫升，煮沸，加入适量蜂蜜，放凉后饮用。此饮清热解毒、润肠通便。

补药乱吃也能"药命"

炖汤来点天麻，泡酒来点枸杞，养颜美容来点燕窝，气虚疲乏时便想到各种药物保健品。"虚则补之"已成为许多人的养生理念，工作疲劳补一补，气血虚补一补，头晕难受补一补，"补"已成为他们的习惯，"有病治病，无病健体"。

这些热情的"补药族"往往认为补药百分百对健身有好处，殊不知，弄不好，补药乱吃也能"药命"。

1. 要记住，补药也是药

对于中医的认识，相信不少人的印象里都有着这样一幅画面：浓浓药味中，一个个提着小秤的药师正站在高高排列的中药柜前，不停歇地拉开小抽屉抓取药物细细称量。国人对中医中药多少都有着天生的信赖。

随着中医文化的发展,中医的理念除运用于治疗之外还被广泛地运用到保健养生之中。现在不仅是中老年人,甚至在青年人中,也掀起了一股"吃补药"的热潮,用他们的话来说,总觉得自己"这虚""那虚",总觉得自己需要"补补"。但他们不了解自己到底是什么体质,也不知道自己到底是"阴""阳""气""血"哪方面"虚",大多数人甚至抱着"有病治病,无病养生"的心理,人参、鹿茸、阿胶、西洋参等等,一概拈来用之。但人们往往忽视了这个问题,补药也是药!

2. 人参也能"药命"

都说人参大补、人参续命。是的,传统药典记载,人参能够固本回元,护命强身,延年益寿。然而,如果使用不当,人参也能"药命"。据报道,有一位家长为了使自己不满周岁的婴儿长得强壮,用不到1克的人参煎汤给孩子喝,结果服用后孩子出现烦躁、口唇发紫、抽搐、呼吸急促、心跳减慢等不良症状,最后不幸夭亡了。

中医专家认为,人参能大补元气,生津安神,但是也得在对应的"气虚""阳虚"上发挥作用。体质壮实的人是不需服用人参的,单纯阴虚的如体质清瘦、大便干燥,也不宜服用人参。健康人,尤其是小孩子滥用人参,不仅没有好处,反而会引起体内功能紊乱,出现口腔溃疡、鼻出血、胸闷心烦、食欲减退、大便秘结、腹泻、失眠等症状,甚至出现不愿见到的惨剧,故古人有句话叫做"人参杀人无药医"。

3. 偏选西洋参太盲目

听到人参药性太强,有些人立即想到了西洋参。西洋参一直以不温燥、不上火,有一定的抗疲劳、抗缺氧和提神醒脑作用,被视为众多补药中的上品。

随着西洋参的普及,有些人甚至随身携带西洋参含片,闲暇之时含上一片,仿佛既方便又补身体。曾经有一则报道讲道,一位女士买了一些西洋参,她没有去咨询专业人士自己适不适合,就开始大量服用。一个星期后,她出现食欲不振、腹痛腹泻,然后头昏、上下肢出现水泡、抽搐等症状,送至医院后经抢救无效死亡。

中医专家指出,虽然西洋参无毒但性凉,错吃、服用太多就会出现畏寒、体温下降、食欲不振、腹痛腹泻、头昏、出汗、抽搐、出现过敏反应甚至死亡。

4. 随性进补不靠谱

在中医来说,是讲究辨证施治的,补药也并不是什么都能补,因吃法、用量、体质等的不同,"是药三分毒",补药也可能变成致命杀手。所以,老中医总说"无病进补要不得,虚证才需服补药",却常常被人所忽略。

中医专家指出,在现在"吃补药"成为潮流的趋势中,人们犯的最严重的错误就是太随性,很多人在没有得到专业的指导,没有对自己的身体状况有一个正确认识的情况下,就盲目随众地购买各类补品,这是极其不靠谱的做法。

如果想用补药进补,应在对自己身体状况有一个正确认识的情况下,根据医生的医嘱服用,避免错吃补药。在食用时,也不能一下就"大补",更要切忌长期食用补药。

进补需注意灵活变通

人体是一个有机整体,在生命活动过程中,气血阴阳相互依存,所以在虚损不足的情况下,也常相互影响,如阳虚多兼气虚,而气虚也可导致阳虚;阴虚和血虚都可表现出机体精血津液的损耗,阴虚多兼血虚,而血虚也可导致阴虚。因此,补气与补阳,补血与补阴往往相须为用。至于气血两亏、阴阳俱虚之证,则当采用气血双补或阴阳兼顾的办法。

对于虚实夹杂之证,又要根据实际情况变通进行;如采用补泻双施,或消补兼施,或以通为补,或先消后补等,不可拘泥。

六大进补误区,让你越补越虚

亚健康问题被提得越来越多,进补也成了很多女性迫切的需求,你可能会认为吃些保健品、补品一定对健身有好处,殊不知,弄不好,你的身子会越补越虚弱!

1. 盲目相信广告

广告中,关于各种补品的"神奇""灵验""包治百病"功效的宣传,往往夸大其词。

保健品不同于食品,也不同于药品。在国外,对这类保健品称为"功能食品",它既不能针对某一种疾病有效,也不能使你在原有健康的基础上更加强壮。它仅能使你的亚健康状态恢复到正常的健康状态。

2. 进补等同于养生保健

只有身体出现问题的人才需要进补,营养充足、无病无痛的人,就不必吃补药了。这好比衣服残破要修补,不残、不短、不破、不洞穿的衣服,则无需缝补。过去许多长寿者,居于深山老林,粗茶淡饭,照样身强体健。反过来看,自秦始皇统一中国后到清代,酷爱进补的短命天子倒不少。

3. 不辨证进补

即使你身体虚,也不能盲目进补。身体虚有许多种,每一种虚证,都有针对性的补方补药,不对证,不但无效无益,有时反而有害身体。

老一辈中医师的用药是十分严谨的,即使是现成的补药或补膏,也要观其处方成分然后辨证使用。因此,如何根据各人的身体体质和机能状况进补、调理,服用哪一类补品更为合适、收效更大,应当在医生的诊断和指导下进行。

4. 用补品代替一日三餐

人体对营养的摄取,主要是靠一日三餐,而绝不能仅仅依靠营养补剂。《皇帝内经》就明确指出：补品只能用于调养虚弱的体质，机体的营养供给，还得让位于五谷、五果、五畜、五菜等日常生活所必需的饮食。现代营养学证明，只有一日三餐饮食均衡，才能保证身体健康无病痛。

5. 用进补代替锻炼

医学家对人们提出忠告："生命需要运动，只有配以必要的体育锻炼，营养补剂才能更好地发挥作用"。

因为无论是正常营养的摄取，还是营养补品的吸收和利用，都必须依赖于人体健全的消化、吸收和利用的功能。有些人缺乏运动，体质虚弱，胃肠消化功能差，代谢利用率低，吃下了营养补品，也不能很好地消化吸收，甚至会因体质虚弱或进补不当而产生副作用。

6. 认为补品越贵越有功效

高价补品大多是加了一些价格昂贵的中药材，如龟板、鳖甲、藏红花、虫草等，但是，没有针对性的用药，一般不会显出特殊效果。况且，补药中能有几两鳖甲？所以说，药价高低不能完全代表疗效的优劣。

保健小贴士

六味地黄丸不可随意充当"壮阳药"

很多人把六味地黄丸当成补肾壮阳的补药常年食用，一旦觉得有点腰酸背痛，就买上几瓶补一补。

其实，六味地黄丸并非人人适用。中医进补讲究"阴阳气血"，缺什么补什么，很多人往往觉得自己身体似乎有点亏，但具体是阴亏还是阳亏，血亏还是气亏，却分不清楚。这个时候如果自行服用六味地黄丸，不仅达不到治疗效果，反而可能引发其他疾病。

六味地黄丸只适合阴虚患者，并不适合气虚、阳虚的患者。肾阴不足的人，特别是中年人，且通常伴有口干舌燥总想喝水，同时还有头晕耳鸣、腰膝酸软、失眠心烦、睡觉出汗、手足心热等症状才可食用。如果是年轻人或者肝脾湿热、

肺热的人则可能越补身体越不适,甚至使原有病情加重。所以六味地黄丸在服用前一定要咨询医生,弄清是否对症,千万不能当成补品来随便吃,也不能过量吃。

用药如用兵,科学使用方剂才治病

方剂是用几味药酌量配合起来的药物,它针对某种病症,使药物更能充分发挥药效,而不产生不良反应。只有科学运用方剂,才能治好疾病。

1. 方剂的剂型

随着医药的发展,历代医家在长期临床实践中,创造了多种剂型,如汤剂、散剂、丸剂、膏剂、丹剂、酒剂、茶剂、药露、锭剂、饼剂、条剂、线剂、灸剂、糖浆剂、片剂、冲服剂、针剂、胶囊剂等。

方剂的剂型各有特点,同一方剂,尽管用药、用量完全相同,但剂型不同,其作用亦异。但这种差异只是药力大小与峻缓的区别,在主治病情上有轻重缓急之分而已。如抵当汤与抵当丸,两方基本相同,前者用汤剂,主治下焦蓄血之重证。后者用丸剂,主治下焦蓄血之轻证。

2. 煎中药时有五项注意

通过煎药制作出来的汤剂是中医临床上应用最广泛的一种剂型。煎药的目的,就是把药物中的有效成分经过物理、化学的作用(如溶解、扩散、渗透和脱吸附等),转入到汤液里去。然而,煎药不是简单地用水煮,它还需注意一些原则、方法和条件,否则会影响药物的疗效。

一般说来,需要注意以下几个问题:

(1)用具 砂锅因为传热均匀缓和且材质稳定,不会与药物成分发生化学反应,因此,煎药最好用砂锅。这也是从古至今人们一直使用砂锅煎药的原因。另外,煎药时也可选用搪瓷锅或不锈钢锅或玻璃容器,但绝对不能使用铁锅或铜锅,这是因为铁锅或铜锅的化学性质不稳定,在煎煮药时极易与中药中的成分发生化学反应,影响药物的疗效。

(2)水质　一定要保证水质的清洁。另外,在煎药前,最好先用冷水将中草药浸泡30分钟,然后再煎,这样做可以使药物中的有效成分更好地溶解到水中去。

(3)温度　小火(文火)为宜。因为用大火(武火)煎药常会使植物性中药中所含的蛋白质凝固,影响有效成分的析出。

(4)时间　一般以煎30分钟左右为宜。但发汗类药物或挥发性类药物只需煎20分钟左右(在水沸后再煮5分钟左右)就够了;而对于壮阳补气类药物则要煎得更久一些。

(5)次数　每剂一般只需煎两次即可。而对一些较难煎出有效成分的药料,如矿物药、贝类药等,则需要煎3次或更多次。

另外,有些药物如矿物类的紫石英、寒水石等,因其在水中的溶解度很小,所以一般需先将其单独煎一段时间后再加入其他药物同煎,有的还须先打碎后再煎。还有一些药物,如发汗药(薄荷、荆芥等)或芳香健胃药(如木香、丁香等),因其含有挥发性的有效成分,所以不宜久煎,须待其他药物先煎一段时间后再将其加入同煎。

以上的煎药方法只在一般情况下适用。所以我们在煎中药之前还应询问医生,看看在我们所煎的药中有没有需要特殊煎煮的药物。如有这样的药物,须按医嘱煎煮。

3.服用方剂的注意事项

服药是否合适,对疗效有一定影响。服法包括服药时间和服药方法。

(1)服药时间　一般来说,病在上焦,宜食后服;病在下焦,宜食前服;补益药与泻下药,宜空腹服;安神药宜睡前服;对胃肠有刺激的,亦应食后服;急性重病则不拘时服,慢性病应按时服;治疗疟疾的方药,宜在发作前2小时服。这些服药时间对提高疗效都有重要的意义。

（2）服药方法　服用汤剂，一般1日1剂，分2~3次温服。根据病情需要，有的1日只服1次，有的可以1日数服，有的又可煎汤代茶服，甚至1日连服2剂。另外，还有热服、冷服。通常是治疗热证可以寒药冷服，治疗寒证可以热药热服，这样可以辅助药力。但若病情严重时，又应寒药热服，热药冷服，以防邪药格拒。对于服药呕吐者，宜加入少量姜汁，或先服姜汁，然后服药，亦可取冷服、小量频服的方法。对于昏迷或口噤的患者、吞咽困难者，可用鼻饲法给药。使用峻烈药与毒性药时，宜从小量开始，逐渐加量，取效即止，慎勿过量，以免发生中毒和损伤正气。

保健小贴士

服汤药，这些方法可以减少苦味

一般来讲，汤药都很苦，而加糖又会影响药效，以下方法可以减少汤药的苦味：

（1）控制温度：药液温度冷却至20~36℃，易快速服下，且感觉不太苦。因为正常人口腔内的温度为36.2~37.2℃，当汤药温度与口腔温度相近时，味觉神经的感觉最灵敏，此时喝汤药感觉味道最苦；而当汤药的温度高于38℃或低于36℃时，味觉神经不太灵敏，苦味就会减弱。不过，汤药高于38℃有可能会烫伤口腔黏膜，因此20~36℃之间是最好的选择。

（2）掌握位置：舌头上感受苦味的味蕾集中在舌根，因此喝药时应尽量避免舌根过多地接触药液；服用较苦的药丸时，也应将药放在舌尖，然后用温开水迅速送服。

（3）喝药速度：喝药的速度越快，受苦味的影响越小。喝汤药时最好使用吞饮法，饮满一口后快速吞下；也可用汤匙直接将药液送至舌根而顺势咽下。

（4）凉水漱口：喝药后立刻用凉水漱口，然后喝适量温开水。这样既有利于胃肠道对药物的吸收，又可在一定程度上缓解药液的苦味，必要时可嚼一块口香糖。

（5）适当添加调味品：在一些补益类汤药中加入大枣或甘草可减轻汤液

苦味，还可以增强补益作用。但是在有海藻、大戟、芫花的方子中不宜加甘草。在晾凉的药汤中加一勺蜂蜜也可以减轻苦味，但是腹泻和糖尿病患者不适宜。如果服汤药时出现了恶心、呕吐现象，可在喝汤药前喝少量生姜汁或嚼服2~3片生姜片。

有色"药引"让你吃中药不那么苦

与西药用白开水送服不同，某些中成药在服用前讲究搭配"药引子"，以补充中成药的不足。药引子一般是日常生活中经常见到的药物或普通的食物，可起到引药入经，直达病变部位，提高药效、扶助正气、调和药性、降低毒性、矫味矫臭、方便中药服用等作用。但药引子多则上百种，少则也有十几种，用前该如何选择和搭配呢？

1. 黄色药引：姜汤、米汤、蜂蜜水

姜汤是用生姜（3~5片）水煎取汁，因其具有散风寒、暖肠胃、止呕吐等功用，一般用于送服治疗风寒感冒、胃寒呕吐或脘腹冷痛等病症的中成药，如藿香正气丸、银翘丸、银翘解毒片、温胃舒等。

米汤主要指黄色的小米汤，能保护胃气，减少苦寒药对胃肠的损伤，比如服用寒性较重的牛黄清胃丸、黄连等药物可用米汤送服来保护肠胃，但一定要在温热的状态下服用。一般在服用补气、健脾、利尿及滋补性中成药前，可先喝一碗米汤。

蜂蜜当然是起到润肺止咳、润肠通便的作用，服用麻仁丸、润肠丸等药物时，可先用温开水搅匀蜂蜜（1~2汤匙）送服，以增强药效。另外，蜂蜜还能减少药物异味，使患者顺利用药。

2. 红色药引：大枣汤、红糖水

大枣可促进食欲、保护脾胃、养血安神。用大枣（5~10枚）水煎取汤则是脾胃、产后虚弱者的常用药引子，比如服用人参健脾丸、归脾丸、香砂养胃丸等，可用大枣汤送服。

红糖水则有补血活血、散寒祛瘀等功效，妇科治疗血寒、血虚症状时可用红糖水当药引子，如服用痛经灵冲剂可用红糖水送服。

3. 白色药引：盐水、葱白汤

中医认为，咸味能入肾，所以盐水能引药入肾，就像靶子一样，可引导补肾药集中作用于肾脏，从而更好地发挥对肾脏的治疗作用。因此，用补肾药（主要是滋补肾阴的药物）大补阴丸、六味地黄丸等，宜用淡盐水送服。

因为葱白能发散风寒、发汗解表，有助于增强疗效，因此，可用葱白汤送服风寒感冒的药物如感冒冲剂、九味羌活丸等。葱白汤的做法是将葱白2~3根切碎，煎水。

保健小贴士

滋补药别跟牛奶一起服

如今，许多人有早晚喝牛奶的习惯，同时也吃点滋补药，特别是在老年人中这种情况较多。其实，这种食用方式是不正确的，滋补药不宜与牛奶同服。

牛奶富含钙、磷、铁以及大量的蛋白质、氨基酸、脂肪和多种维生素。而滋补药的有效成分一是糖、多糖及其衍生物；二是蛋白质、多肽与氨基酸类；三是一些有机成分如人参皂甙、甘草砒素以及各种维生素、挥发油、有机酸等；四是微量元素。

牛奶中的钙、磷、铁容易和中药中的有机物质发生化学反应生成难溶并稳定的化合物，使牛奶和药物的有效成分受到破坏。如补血药当归含有二价铁离子，与牛奶同服后铁离子将会失去活性。其余补药中的生物碱也易与牛奶发生反应而失去疗效，甚至产生刺激或过敏反应。所以滋补药不要与牛奶同服。

第九章

传统保健：动静适宜巧按摩

《类经附翼·医易》说："天下之万理，出于一动一静。"我国古代养生家们一直很重视动静适宜，主张动静结合、刚柔相济。动为健，静为康，动以养形，静以养气，柔动生精，精中生气，气中生精，是相辅相成的。实践证明，能将动和静，劳和逸，紧张和松弛这些既矛盾又统一的关系处理得当，协调有方，则有利于养生。

按摩健身原理

中医学认为,经络是运行人体气血,沟通五脏六腑,联系人体各部使之统一协调活动的系统。在经络上有些特定的点,在这些点上施加针刺按摩手法可起到特定的治疗作用,这一点称为腧穴,俗称穴位。也就是说,人体的躯干、四肢乃至五脏六腑都与人表皮的某一部位,即穴道与经络有着深刻的联系。

按摩古称"按跷",原理就在于通过各种不同的按摩方法,作用人体皮肤、肌肉、关节等组织以及经络和腧穴,平衡阴阳以及协调脏腑功能,疏通经络、活血化瘀、强身壮骨、增强人体抗病能力等,从而达到扶正祛病的目的。西医认为推拿按摩不但可以调整内分泌、加强胃肠蠕动、拨离组织粘连、复位等作用,而且具有调节大脑皮层、皮质功能,使大脑神经产生冲动,进而达到兴奋或抑制神经作用。人体接受推拿按摩以后,能使大小循环系统畅通,血流丰富,改善血液循环,加速人体各器官组织的新陈代谢,消除疲劳,增强体质,缓解疼痛,具有延年益寿之功效。

由于保健按摩法属于自然"绿色"疗法,一无污染,二无损伤,且简便易行,平稳可靠,所以受到养生家的重视,并将其作为益寿延年的方法,积累、整理、流传下来,成为我国传统的摄生保健方法之一。

- 疏通经络 《黄帝内经》里说:"经络不通;病生于不仁,治之以按摩。"说明按摩有疏通经络的作用。从现代医学角度来看,按摩主要是通过刺激末梢神经,促进血液、淋巴循环及组织间的代谢过程,以协调各组织、器官间的功能,使机能的新陈代谢水平有所提高。

- 调和气血 明代养生家罗洪在《万寿仙书》里说:"按摩法能疏通毛窍,能运旋荣卫。"这里的"运旋荣卫",就是调和气血之意。因为按摩就是以柔软、轻和之力,循经络,按穴位,施术于人体,通过经络的传导来调节全身,借以调和营卫气血,增强肌体健康。现代医学认为,推拿手法的机械刺激,通过将机械能转化为热能的综合作用,以提高局部组织的温度,促使毛细血管扩张,改善血液和淋巴循环,使血液黏滞性减低,降低周围血管阻力,减轻心脏负担,故可防治心血管疾病。

- **提高肌体免疫能力** 有人曾在同龄儿童中分组进行保健推拿,经推拿的儿童组,发病率下降,身高、体重、食欲等皆高于对照组。以上临床实践及其他动物实验皆证明,推拿按摩具有抗炎、退热、提高免疫力的作用,可增强人体的抗病能力。

也正是由于按摩能够疏通经络,使气血畅流,保持肌体的阴阳平衡,所以按摩后可感到肌肉轻松、关节灵活,使人精神振奋,消除疲劳,对保证身体健康有重要作用。

常用的按摩手法

按摩属于中医外治法,和针灸一样,是人类最早的防治伤病的方法之一。历代医家对按摩的论述散见于大量古典医籍中。如《诸病源候论》说:"卒然损伤于腰,不能俯仰而致伤者,可两手回转七遍。"至明清以后,则有《小儿按摩经》、《推拿捷径》等按摩专著问世。常用的按摩手法如下:

1. 按法

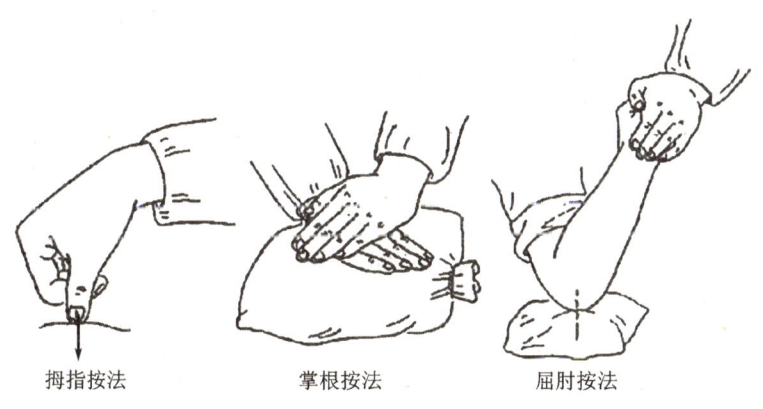

拇指按法　　掌根按法　　屈肘按法

按法

用手指、手掌或肘部按压适当部位及穴位一定时间称为按法。按压时施压要由轻而重,须达肌肉深部,使被按者有酸胀感及无痛感。在穴位上按,指不移动,只是力度增加。沿经络按,则作移动,并间断性地按。按法有疏通经络、宣通气血的作用,可治疗局部肌肉肿胀、麻木、痹痛、瘫痪及扭挫伤等。

2. 摩法

用指腹或整个手掌在某部位或穴位上作环形有节律的摩动,称为摩法。摩法施力宜轻,力量应保持恒定,不能时轻时重,手法应轻软柔和,不宜过快,使患者感到皮肤微热为宜。摩法有祛风散寒、舒筋活络、除痹止痛、松解肌肉、解除痉挛等作用。

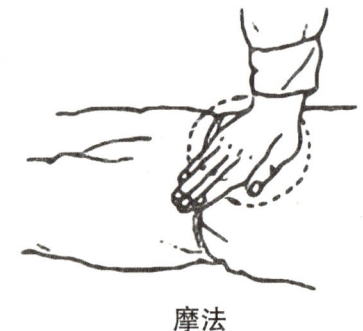

摩法

3. 推法

用指腹及一侧或双侧手掌着力于肌体的一定部位,做单方向的直线或弧形移动称为推法。推法施力应大于摩法,宜达肌肉深处,使被按摩者有舒畅、轻松的感觉。其常用于胸、腹及大腿部,有舒筋活络、消肿止痛、开郁散结之效。其可用于后背痛、腰腿痛、胸腰胀痛、肢体麻木等。

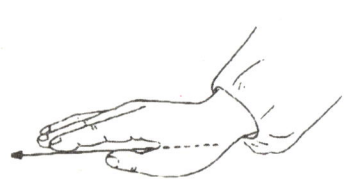

推法

4. 拿法

以一只手或双手的拇指与其余四指的指腹相对提捏肌肉,一提一松,称为拿法。拿法用力要均匀,动作要有节律性,不可用指尖抠抓体表。其常用于颈、肩、四肢部,有活血通络、祛风散寒、缓解痉挛之效,可用于颈椎病、肌肉痉挛或麻痹、关节疼痛等。

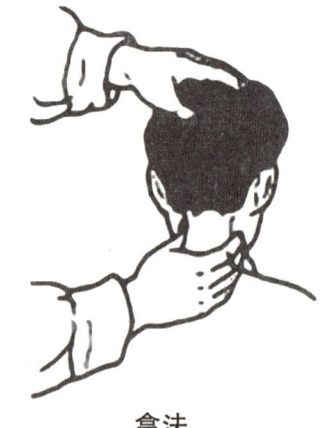

拿法

5. 揉法

用手指的指腹、手掌、掌根、大小鱼际和肘部紧贴体表部位或穴位做回旋揉转称为揉法。揉法宜轻柔缓和,有消肿、止痛、祛风散寒、活血通络、理气和中之效。

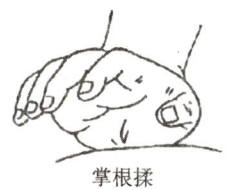
掌根揉

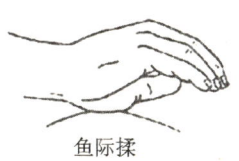
鱼际揉

揉法

6. 捏法

用指腹相对着挤压并做揪捏、捻转或拿挤扯提的对称用力动作称为捏法。捏法用力要均匀适宜,要连贯而有节律,以局部温热红润为度,时间不宜过长,次数不宜过多。捏法有祛风散寒、通经活络、消肿止痛的作用,可治疗头、颈、腰背及四肢疼痛等。

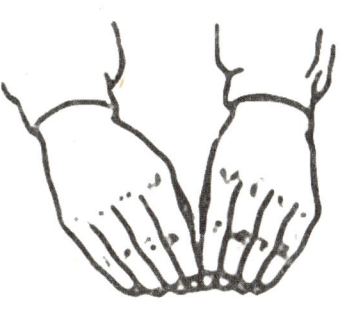
捏法

7. 滚法

用手背近小指侧部分,施一定压力,附着患处或有关治疗部位,利用腕关节伸屈及内外旋的连续复合动作带动手背做往返滚动称为滚法。施滚法时要注意肘关节微屈,手腕放松,用力均匀,动作协调而有节律,切忌跳跃及拖擦皮肤,速度以 120~150 次/分为宜。滚法活动面积广,渗透力强,适于腰、背臀、四肢等肌肉丰厚的部位,

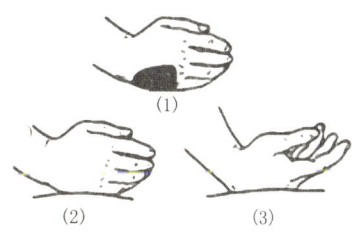
滚法

有祛风散寒、疏风通络、活血止痛、松弛肌肉、缓解痉挛、舒利关节等作用,可用于风湿酸痛、肢体麻木、瘫痪及软组织损伤等引起的运动功能障碍。

8. 打法

打法是用手的不同部位叩击体表的一定区域。其用力宜均匀适宜,要有节

奏。打法有舒筋通络、行气和血、提神解疲等作用，常用于风湿痹证、筋骨酸痛、肢体麻木、腰肌劳损、困倦无力等。家庭成员相互按摩或自我按摩，对健身祛病具有积极意义。当然必须明确，结核菌及化脓菌所致的关节病变、极度饥饿后、某些肿瘤病人、血栓性静脉炎、脊髓型椎间盘突出症等，均不宜做家庭按摩。

鸣天鼓——醒脑怡神鸣天鼓，倦怠时刻做一做

如果感觉头脑昏昏沉沉、倦怠无力时，不妨做一做"鸣天鼓"健身方法，可立即醒脑，耳目一新，思路敏捷，精神为之一振。

• 准备动作

调整呼吸，让心完全平静下来。

• 动作1

用双手手掌，紧密地捂住双耳。

• 动作2

手指放置于后脑勺，食指压于中指之上，然后食指向下轻弹，中指向上弹起，再回复原位（食指压中指），如此反复进行。

• 动作3

做20至30下，双手轻柔地捂耳5~10秒。

梳头——头贵为精明之府，日梳三百不老春

我国古人很重视梳发，将梳发作为养生的一种重要功法。成书于春秋战国时期的中医经典文献《内经·素问·脉要精微论》认为："诸阳之神气皆上会于

第九章 传统保健：动静适宜巧按摩

头,诸髓之精气皆上聚于脑,头为精明之府。"中医理论认为,头是"诸位之首",人体之重要十二经脉和四十多处大小穴位以及十多个特殊刺激区均汇聚于头部。头顶中央(即前发际后5寸与后发际前7寸处)有百会、四神聪、上星、头维穴;项后枕骨一带有风池、哑门、医明、玉枕、翳风穴,两鬓有太阳、率谷穴,额前还有印堂穴。由于经络或直接汇集头部,或间接作用于头部,因此通过简便易行的梳头,如以梳子替代小银针,经常梳理头发,对这些穴位和经脉进行"针灸性"的按摩或刺激,可以起到疏通经络,调畅气血,聪耳明目,醒脑提神,防治头痛的养生保健目的,甚至也能起到意想不到的美容效果。古话说,"发为血之余",常梳头还可使头发根部血液循环加快,并使发根坚固,发色黑润,减缓头发脱落、分叉和早衰。

中国传统上把立春到立夏的3个月时间称为"春三月"。《养生论》说:"春三月,每朝梳头一二百下。"意思是说,春季每天早上梳头一二百下可以起到很好的养生保健的作用。春三月,是万物生长的季节,冬季收敛内藏的阳气此时要焕发出来。梳头能通达全身的阳气,而早上起床正是需要及时调动阳气焕发到全身的时候,所以春天在早上梳头能更好地养生保健。

宋代大文豪苏轼说:"梳头百余梳,散头卧熟寝至明。"可见,他将梳头视为养生保健的措施之一。隋代巢元方的医著《诸病原候论》中亦有记载:"千过梳头,头不白。"看来,梳头不仅是为了仪表美容,且具有良好的保健功效。据说南宋诗人陆游因为坚持长年梳理头发,到了晚年,他那稀落的白发中竟长出许多黑发来。清宫的《起居注》记载,慈禧太后每天起床后的第一件事就是让太监用特制的梳子为她边梳发边按摩。因此,她在花甲之年仍然满头秀发,精力充沛。

现代研究认为,头部是五官和中枢神经所在,梳头的保健机制在于梳齿与头皮不断接触和摩擦,可产生电感应,能刺激头皮能刺激头部的神经末梢,有效地调节改善大脑皮层的兴奋与抑制过程,加速血液循环,改善了头部的供氧能力及营养条件,增强新陈代谢,提高头发黑色素细胞的活性,有利于调节大脑神经功能,故可消除大脑疲劳,提高大脑的思维和记忆能力,延缓大脑和头发的衰老。梳头疗法还可以治疗头皮发痒和头皮脱屑,有利于治疗神经性头痛、高血压病、神经衰弱、动脉硬化等多种疾病,对白发、脱发、斑秃等慢性疾病的防治更为理想。因神经衰弱而失眠、头痛、心悸的人，每天坚持用梳子梳头 3~5 次，每次 5 分钟左右，对消除病症有很好的作用。当脑力劳动者紧张工作感到疲倦后，梳头数分钟，会产生轻松舒适之感，进而消除疲劳，有助于恢复精力。尤其是对脑中风能起到很好的预防作用。俗话说："梳头 10 分钟，预防脑中风"，就是个道理。

梳头法主要有两种，一是用手指梳，一是用梳子梳。

指梳的方法：

（1）先将手指微屈，掌心向头，十指紧贴头皮，一般以顺经络的走向为宜，以额前正中开始，以均匀的力量（不感到疼痛为宜），向头部、枕部、颈部按顺序边梳边摩揉，然后再梳划左右两侧。发多而厚的人，可用手指插入发中，用手指肚划圈按摩，逐步向后推移，发少的人可用手指一梳到底。一般每次梳 100 次左右，如头皮发痒或出现少量脱发，则可增加 100 次。一定要全头梳，不论头中间还是两侧都应该从额头的发际一直梳到颈后的发根处。

（2）用指尖按摩穴位密集的后脑和侧脑。这样的梳理、拍打、按摩可提高脑力，防止衰老，还能防治眩晕、心悸、中风、高血压、顽固性失眠症以及颈部酸痛等症。

（3）微屈五指，稍分开，成梅花状，用一手或两手同时从头部前方往后叩击，叩击应轻快则有节奏。这种手法刺激性大，效果也更强，适合成人。小孩头皮和颅内组织太娇嫩，不宜为此。

"日梳五百不嫌多"，最好晨起后梳一回，中午休息后梳一回，晚上休息前再梳一回，每回以两分钟梳 60~100 次为宜，梳到头皮有热、胀、麻的感觉。只要你持之以恒地梳头，就会感到头清目明，精力充沛，睡眠良好，白发变黑，食欲增加。勤梳头的确是一种保养人体精、气、神的最简单经济的长寿保健方法。梳头的同时，最好边梳边握紧一小束头发向上拉扯，再抖一抖，可防止和减少脱发。

用梳子梳头要紧贴头皮，轻重适宜，从前额一直梳到后脑勺下，用梳子梳头要注意选择牛角、桃木、竹子或玉制的梳子，梳齿短而稀疏，不宜用梳齿过密、过尖锐的梳子。同时梳头时应用力均匀，不宜硬拉，以免损伤毛囊，使毛发折断、脱落。尼龙、塑料的梳子容易产生静电，对头发、皮肤有损伤，不宜使用。

拉耳——人之肾气通于耳，扯拉揉搓健全身

明朝李中梓的《医宗必读》认为：人体的先天之本在于肾。而肾气的强健却与双耳息息相关，有着极为重要的内在联系。中医经典《灵枢·口问》《灵枢·脉度》《寿世青编》《外台秘密要》等书也有"耳者宗脉之所聚也"、"肾气通于耳"、"肾开窍于耳"、"一身之气贯于耳"的说法。显然，古人无非是在强调肾耳合一，互为作用；肾主内，耳主外；耳为肾唯一之上外窍，耳健则肾通；肾气充足，肾精盈满，则听觉灵敏，绣针坠地能闻其声。

拉耳保健法的操作方法是：以右手从头上引左耳14下（用右手绕过头顶向上拉左耳），再用左手从头上引右耳14下（即用左手绕过头顶向上拉右耳）。此法简便易行，效果良好，如再辅以按、摩、搓、揉、点、捏等手法，则更能强身健体，滋养肾气。

现代医学认为：耳朵上的49个穴位和各部位与体内的五脏六腑等器官以及十二经脉、三百六十五络有着密不可分的内在联系，因此把它形容为"缩小了的人体身形"。临床实践证明：采用扯、拉、按、摩、搓、揉、点、捏等手法，实际上就等于对双耳进行特殊的物理刺激和针灸性治疗。如果长期不间断，除了具有激发潜能、疏通十二经脉、加快血液循环、调理五脏六腑、健脾胃、补肾元和平衡阴阳、扶正祛邪、清肝明目、消疲安神、增强新陈代谢等功能外，还能促进胆汁分泌，有利于胆道的通畅，防止胆囊炎、胆结石等疾病的发生发展；增强免疫力，调节肝脏抗病毒的能力，对肝炎的恢复有一定的帮助。总之，只要持之以恒，就能收到延年益寿的奇效。

"耳为宗脉之所聚"，十二经脉皆通过于耳，所以人体某一脏腑和部位发生病变时，可通过经络反应到耳廓相应点上。经常按摩耳部能疏通经络，运行气血，调理脏腑，达到防病治病的目的。人体各部位在耳廓的分布好似一个倒置的胎儿，具体投射区按摩方法如下：

（1）耳垂相当于面部，当内火上炎而致齿耳肿痛，或面部生疖时，可用双手拇指揉捏耳垂，直至双耳发红发热。每日2次，经常按捏耳垂，还有美容养颜作用。

（2）正对耳孔开口处凹陷叫耳甲腔,此处相当于胸腔内脏器官,经常刺激这个部位,对心脑肺和血液系统有补益作用。具体做法是：将食指放到耳孔处,拇指放到耳的背面对捏即可,每日3次。

（3）对应于耳甲腔的上方凹陷叫耳甲艇,按摩此处有强肾、健脾、助消化之功。

（4）耳廓的外周耳轮相当于躯干四肢,颈肩腰腿痛患者宜多按压耳轮。

（5）将耳轮向耳屏对折,耳廓的上缘尖端处,按摩此处有退热、镇痛、消炎、降压的作用。

叩齿漱津——朝暮叩齿三百六,日咽唾液三百口

1. 朝暮叩齿三百六

叩齿,就是指上下牙有节奏地反复相互叩,民间俗称"叩天钟"。清朝尤乘的《寿世青编》说："齿为筋骨之余,宜常叩击,使筋骨活动,心神清爽……"中医经典《类经》说："肾主骨,齿者骨之余也。"《素问·上古天真论》说："肾生骨髓,肾气实,齿更发长。"也就是说：人体骨骼体质有赖于骨髓的营养,而骨髓则为先天之本肾精所化生。肾精衰少,则不能充养骨髓,代表"肾之标,骨之本"的齿就会生长迟缓,新陈代谢功能低下,或松动,或质蚀,或病变,或脱落。

经常叩齿,不仅能强肾固精,平衡阴阳,疏通局部气血运行和经络畅通,从而增强整个机体健康,还可促进口腔、整个牙体及周围组织的健康,使牙齿变得更加坚硬稳固、整齐洁白、润丰光泽;保持并增强咬肌和牙齿根基部的整体机能,延缓老年性机体萎缩带来的凹脸瘪嘴状。最为可贵的是,经常叩齿还能十分有效地增强牙周黏膜组织纤维结构的坚韧性,提高牙齿抗龋能力和咀嚼功能,促进口腔、牙床、牙龈和整个牙齿的血液循环,增加唾液的分泌量,改善并及时充盈其中组织营养,增强牙齿的抗病抗菌能力。民谚"朝暮叩齿三百六,七老八十牙不落",就是这个意思。

具体做法是：精神放松,口唇微闭;心神合一,默念叩击;先叩臼牙,再叩门牙;轻重交替,节奏有致。终结时,再辅以"赤龙（舌头）搅海,漱津匀吞"法则,会使效果更佳。

2. 日咽唾液三百口

唾液，即口水，呈半透明液体状。《辞海》解释说："唾液腺分泌的液体和口腔壁上的许多小腺体所分泌的黏液，在口腔里混合在一起成为唾液。"唾液是由遍布口腔黏膜深处的许多大大小小的唾液腺分泌出来的。大的唾液腺有三对：腮腺、颌下腺、舌下腺；小的有唇腺、舌腺、颊腺、腭腺等。正常成人每日可分泌唾液1000~1500毫升。唾液除含水分外，还含有人体健康必需的淀粉酶、溶菌酶、粘蛋白、磷酸钙、氨基酸、钾、钠、钙、镁等多种成分。其中，有一种叫"唾液腺激素"的物质能促进细胞的生长和分裂，并能加速核糖酸蛋白质的合成。

我国古代养生学十分重视唾液，用汉字表现，便是一个"活"，可见唾液对于人的生命活动多么重要。"日咽唾液三百口，一生活到九十九。"唾液在我国传统医学中被称为"金津玉液"。中国古代的一些养生大师总结出了许多有益的养生经验，"赤龙搅华池，天河水逆流"就是其中的一条。"赤龙"为舌头，"华池"即口腔。也就是说，在没有摄取饮食的情况下，经常用舌头在口腔内搅拌，使体内的水分上升至口腔，通过唾液腺变为唾液，再徐徐咽下，从而达到健身祛病、延年益寿的目的。中医认为，唾液从口腔壁涌出后，经舌根、咽喉、传肺，入肝脏，进肾经，贮于丹田，再化津还丹，遂成精气，起到和脾健胃，濡润孔窍，润泽四肢五脏，强肾补元，滑利关节，补益脑髓的作用。唐代医学家孙思邈提倡"早漱津令满口乃吞之"，乾隆皇帝也总结了"津常咽"的养生秘诀。

现代医学认为：唾液具有快速止血，软化收缩血管，溶解细菌，灭杀微生物，健齿强肾，抗病毒，助消化等功能。据研究，唾液中的物质同软组织、软骨、骨的发育所需的营养有关。唾液分泌障碍会引起皮肤萎缩、色素沉着、脱发等病变。吞食唾液可促使唾液分泌，从而改善皮肤和骨骼的功能，达到延年益寿的目的。唾液中的溶力酶有极强的抑菌作用，大部分细菌遇到唾液后很快就失去活性而死亡。因而说唾液可起到消炎杀菌作用。

唾液中还有一种过氧分物酶，可以抑制致癌物质的毒性。近年来，日本学者研究发现，将发霉食物中的致癌物质黄曲霉素与唾液混合后再作用于动物体细胞，结果其原来具有较强致癌的毒性几乎全都消失。此后，又发现唾液能消灭亚硝酸、苯并芘等多种致癌物质的致癌作用。唾液的这种灭毒作用，在于它能够消除致癌物所产生的超氧自由基。目前认为，癌肿、动脉硬化、糖尿病、心脏病、衰老等的发生，均与超氧自由基有关。美国乔治亚大学医学院专家的研究表明，致癌作用很强的黄曲霉素和苯并比及亚硝酸盐与唾液接触30秒后就会消失。

  如何发挥唾液的防癌功能？进食时细嚼慢咽，让食物与唾液充分混合，能有利于唾液清除致癌物产生的超氧自由基。医生建议，摄入一口食物最好能咀嚼30次。因为消除致癌物的毒性需30秒，咀嚼一次大约1秒钟，使食物中的超氧自由基能在咀嚼中充分被消除。看来，充分咀嚼既可防癌，又可减少疾病，还能延缓衰老，真是一嚼值千金。

  如果有老年人常抱怨说口干，夜间还要饮水，对此我们就要注意了，应考虑到是否患有某种慢性疾病，如哮喘、脑动脉硬化、糖尿病等。老人由于长期服用某些药物（如抗高血压药、抗心绞痛药、镇静药等），导致唾液腺破坏，引起唾液分泌减少，口腔干燥。这不仅容易导致各种口腔疾病，而且由于味觉有赖于唾液的存在，唾液减少，味觉顿减。因此，虽美味佳肴，食之味同嚼蜡，何来"口福"？此外，大多数口干者，往往口有异味，在交际中也会造成不愉快的感觉。因此，老年人应该定期接受健康检查，生活多加注意，谨慎用药，发现疾病尽早治疗。因此，我们要倍加爱护、珍惜自己的唾液和唾液腺，经常运动舌体，保持唾液腺的旺盛分泌，有利延缓衰老，保持人体健康。

擦胸——提升免疫勤擦胸，防癌防病又延年

  要获得较强的免疫力，除了用一些药物调节外，擦胸是调节胸腺素，提高免疫力的一条重要途径。具体来说，胸腺是什么呢？

  胸腺是主宰人体整个免疫系统最重要的免疫器官之一，胸腺位于胸骨后面，紧靠心脏，呈灰赤色，扁平椭圆形，分左、右两叶，由淋巴组织构成。青春期前发育良好，青春期后逐渐退化，为脂肪组织所代替。在人体中，胸腺是造血器官，能产生淋巴细胞，并运送到淋巴结和脾脏等处。这种淋巴细胞对肌体的细胞免疫具有重要作用，具有强大的抗癌作用。生长激素和甲状腺素能刺激胸腺

第九章 传统保健：动静适宜巧按摩

生长,而性激素则促使胸腺退化。长久以来,西医忽视了胸腺的作用,只要遇到与胸腺有关的疾病,一般都是主张将胸腺切除。其实,这种做法是错误的。

鉴于胸腺有巨大的保健功能,所以经常擦胸能使"休眠"的胸腺细胞处于活跃状态,增加胞腺素分泌,作用于各脏器组织,提高免疫功能,对防治疾病,推迟衰老极为有益。而擦胸的方法很简便,取坐位或仰卧位均可。将双手擦热后用右手掌按在右乳上方,手指斜向下,适度用力推擦至左下腹;然后再用左手掌从左乳上方,斜推擦至右下腹,如此左右交叉进行。一上一下为1次,共推擦36次。还可兼做擦背动作,用双手反叉于背后,沿着腰背部(脊柱两旁)用力上下来回擦背,一上一下为1次,共擦36次。擦背有助于激活背部免疫细胞,促进气血流通,调适五脏功能。擦胸摩背通常每天起床和晚上睡前各做1次,可在中饭后1小时后加做1次。每天坚持用手掌上下揉拍前胸(上至颈部下至心窝部)100至200次,就会激活胸腺,起到防癌防病、健身延年作用。

实践证明,坚持擦胸锻炼,可改善脏腑血液循环,促进胃肠和肺肾的代谢,提高免疫功能,对冠心病、高血压、肺心病、糖尿病、肾炎、腰痛症及各种胃肠道疾病有良好的辅助疗效,如患有肿瘤、出血症时应停止锻炼。只要持之以恒,就会出现奇效。

揉腹——闲来揉腹一百遍,调和气血求安康

在中医学的经典《黄帝内经》一书就有记载:"腹部按揉,养生一诀。"我国唐代名医、百岁老人孙思邈也曾经写道:"腹宜常摩,可祛百病。"宋代著名的文豪苏东坡,善于自摩丹田养生术,并吟出过"一夜丹田手自摩"的诗句。

中医理论认为,腹为人体"五脏六腑之宫城,阴阳气血之发源",认为脾胃居中,负责运化水谷精微和统摄精血神液来充养敷布全身,令五脏六腑常壮无恙。通过揉腹,可以收到调理脾胃,调和气血,培补神元,敷养肾精,充实五脏,驱外感之诸邪,清内伤之百症等功效。肚脐为神厥穴,常被养生学家誉为保健"要塞"。经常按摩肚脐有防治便秘、中风等作用。

现代医学证实,腹部按揉可增加腹肌和肠平滑肌的血流量,增加胃肠内襞

肌肉的张力及淋巴系统功能，使胃肠等脏器的分泌功能活跃，从而加强对食物的消化、吸收和排泄，明显地改善大小肠的蠕动功能，防止和消除便秘，这对老年人尤其需要。还有利于人体保持精神愉悦，促进血液、淋巴液循环，故有治疗便秘、胃肠溃疡、肾炎、高血压、冠心病、糖尿病、肺心病的疗效。如经常按揉腹部能有效地防止胃酸分泌过多，并能预防消化性溃疡的发生。睡觉前按揉腹部，有助于入睡，防止失眠。尤其难得的是，揉腹还能促进腹壁脂肪的自行收缩和消减，是行之有效的"减肥法宝"。这是因为按揉能刺激末梢神经，通过轻重快慢不同力度的按摩，使腹壁毛细血管畅通无阻，促进脂肪的吸收和运走，防止人体变成大腹便便的样子，以收到满意的减肥效果。

腹部按揉的具体操作方法是：一般选择在夜间入睡前和起床前进行，排空小便，洗清双手，取仰卧位，双膝屈曲，全身放松，左手按在腹部，手心对着肚脐，右手叠放在左手上。先按顺时针方向，绕脐揉腹50次，再逆时针方向按揉50次。按揉时，用力要适度，精力集中，呼吸自然，持之以恒，一定会收到明显的健身效果。

另外，值得注意的是，由于腹藏五脏，经络甚多，除饱食或空腹不宜施行外，凡腹部有急性炎症如肠炎、痢疾、阑尾炎、肠梗阻等病症，不宜按揉，以免炎症扩散；腹部有癌症，也不宜按揉，以防癌症扩散或出血。揉腹时，出现腹内温热感、饥饿感，或产生肠鸣音，排气等，也属于正常反应，不必担心。

捶背——夫妻之间互捶背，解疲强身可防病

背部有数十个重要穴位，传统医学认为捶打背部可促进气血运行，疏通经络，进而调和全身的内脏器官与组织。脊柱是养生学家极为关注的区域，它是人体两条最大的经脉之一督脉的行经之地。经常按摩脊柱，则可疏通经络，气血运行畅通，从而有益于全身器官的滋养而健身。

现代医学也认为，适当的捶背能刺激背部的皮肤和皮下组织，促进血液循环，并借由神经的传导，强化内分泌与免疫系统，对增强体质及预防疾病的产生，具有不错的保健效果。

第九章 传统保健：动静适宜巧按摩

其功能：

- 舒筋活络　使肌肉和神经放松，有利于防治腰酸背痛及腰肌劳损，特别对现代人长期处于紧张、压力的工作与生活状态下，具放松与消除疲劳之效。
- 促进血液循环，调节神经机能　白日捶背使人头清目明，精神振奋，防治神经衰弱；睡前捶背可安心宁神，催人入睡，对防治失眠有较好效果；
- 增强人体免疫功能，防病抗癌　日本学者早就发现，经常捶背可以促进胸腺肽的分泌，而胸腺肽具有很强的抗病毒、抗毒素和抑制细胞变异的作用，因此可有效地增强人体免疫力和防病抗癌能力。对感冒、肠胃功能不佳也有效果。捶背通常有拍法和击法两种。拍法，即用虚掌拍打；击法，即用虚拳击打。虚，意即轻。手法要协调均匀，着力富有弹性，每天一次即可，每次捶背50~60下。为方便起见，捶背最好在夫妻间进行。

• 方法1

（1）采坐姿或立姿均可，身体微向前倾。
（2）双手握拳沿背脊两侧由上向下轻轻捶打。
（3）连续捶打5至10次，休息片刻再捶打。

• 方法2

（1）若请他人捶打则采坐姿或卧姿。
（2）手握空心拳，用腕出力，沿着脊背自上而下捶打。
（3）速度可加快，每分钟约50~100次。
（4）再由下往上打。

• 方法3

（1）用木棍自上而下捶背。
（2）力量适度。捶击力量以身震而不痛为原则。
（3）捶打5~10次，休息片刻再捶打。

搓腰——夜间尿频养生操，保肾固本体自强

传统医学认为肾阳虚弱或脾肾两虚时尿量将增多，下面"搓背腰际"的动作，是防止夜间尿频的秘功，频尿者或步入中年的人，不妨每天在睡前适度按摩，可有效地改善夜间尿频症，舒适一觉至天明。

- **动作 1**

坐在床铺、椅子或地板上均可，先调整自己的呼吸，让心智完全平静下来。

- **动作 2**

双手合掌，摩擦生热。

- **动作 3**

上半身略往前倾斜，双手放置于身后背腰际，做上下来回的摩擦动作，约 20 至 30 回，直到腰部感觉温热为止。每天睡前做一回。

收肛——日撮谷道一百遍，治病消疾身轻松

谷道，俗称肛门；撮，即收（提）缩也。撮谷道，就是做收缩肛门的小动作。唐朝医学家孙思邈极为推崇此法，他在《枕中方》一书中规劝世人："谷道宜常撮。"认为肛门周围的肌肉要间歇性地处于运动状态才能养生健体，尤其对防治痔疮有特别疗效。

现代医学也认为，肛门及周围的提肛肌和肛门括约肌至少每天要间歇收（提）缩一百次，每次约 1~2 分钟。如大便后，要及时做提肛运动，并将提肛时间延长到 2~3 分钟。这样既有利于控制排便的肛门外括约肌功能的快速恢复，又能预防外括约肌损伤而引起大便失禁等疾病。据研究，日撮谷道一百遍，最大的作用在于促进肛周血液循环，防治静脉淤血以及由此而引起的内痔、外痔、肛

第九章 传统保健：动静适宜巧按摩

裂、脱肛、肛门湿疹、便秘、慢性肠炎等，同时对治疗和预防冠心病、高血压、下肢静脉曲张、肛周炎症、肛周皮肤损伤等慢性疾病有显著效果。

撮谷道的具体做法，大致概括为"吸、舔、撮、闭"四字诀。即放松全身，将臀部及大腿用力夹紧，配合吸气，舌舔上腭，向上收提肛门，稍闭气，然后慢呼，全身放松。

手指操——全身经络连手指，活动活动巧养生

1. 扳指运动

手部的经络与人体的器官组织相对应，扳指运动可刺激大脑中枢，将信息传至身体的反射部位，进而达到保健或改善症状效果。

方法　用一只手的大拇指、中指及食指，轻握住另一双手的第一关节，将手指向手背方向轻轻后仰，至感觉微酸痛为止，停约10至15秒。

五只手指各承担下列不同的保健疗效：

大拇指——手太阴肺经，主要调整皮肤与呼吸功能。

食指——手阳明大肠经，主要调整消化器官功能。

中指——手厥阴心包经，主要调整心脏与神经功能。

无名指——手少阳三焦经，主要改善眼睛、耳朵及脸部不适症状。

小指——手少阴心经、手太阳小肠经，主要改善心血管功能及颈部、手腕、耳朵的不适症状。

注意事项：

（1）不可过猛拉扯，避免伤及关节。

（2）被扳的手部，需轻松地伸直，让气血疏通。

（3）每次运动，先活动一下手指。

（4）高龄者在初期时，不宜扳过度，待柔软度足够，才可安心扳动。

2. 弹指运动

手指和大脑有密切关系，经常予以刺激可强化人体经络，进而消除全身疲

劳、增强体力、预防脑痴呆,并且手指前端的经穴,可镇定神经,有助稳定心情。尤其是随着年龄增长,运动神经和手指肌肉会变弱,因此,多做以下简易的弹指运动,可防止老化。

  方法 用大拇指指腹压住小拇指(指甲面),然后作弹指动作,再依次作其他三指之弹指运动,反复作6~10回,双手均进行。

3. 对指运动

  大拇指指腹和食指指腹相对,然后依次和其他三指作对指运动,作6~10回,双手均进行。

  不论是休息、等车、搭车、看电视、开会中等空档时间均可做,尤其是读书后或写字后,更可以让大脑借此充电一下。

4. 握拳

  中国传统养生方中讲求"保持精力"来强身保健,其中方法很多,但最简便的方法之一是——握拳。

  握拳强身和导引术中的握固道理相同,亦即不让精气随意流失。专家认为,握拳可以提神,让头脑感觉清醒,尤其是疲倦时,握拳可明显地消退倦意,使人更能专心一致地工作或学习。

  正确的握拳方法:

  (1)单手或双手紧握,同时全身也使点力,感觉手心发热为止。

  (2)最后,双手握拳,按照小指、无名指、中指、食指与拇指的顺序分别伸展,再握拳后十指同时迅速伸展,练习10次。这样,通过刺激手掌、手背与手指,使经络畅通,气血调和。

  建议在工作或学习的空当,握握拳,为自己的体力及脑力随时充充电吧!

穴位指压——合谷内关足三里，日压一遍身体健

1. 足三里穴

足三里穴位于膝关节外膝眼直下四横指处，在胫骨和腓骨之间，为"足阳明胃经"主穴，它具有调理脾胃、补中益气、通经活络、疏风化湿、扶正祛邪之功能。中医认为脾胃为后天之本。人出生后，成长和健康的维持与脾胃的功能密切相关。这条经脉受到刺激可以影响五脏六腑与全身各器官的功能，从而达到保健长寿的效果。

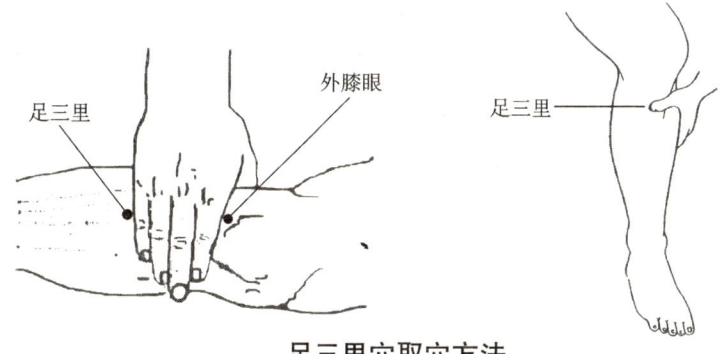

足三里穴取穴方法

现代科学研究证实，针灸或指压刺激足三里穴，能从X线钡餐透视中清楚地观察到胃肠蠕动变得有力而规律；能提高多种消化酶的活力，增加食欲，帮助消化，并可增强大脑工作能力，改善心功能；增加红细胞、白细胞、血色素和内分泌激素含量，提高机体抗病能力；对胃痛、呕吐、便秘、腹泻、肝炎、胆囊炎及高血压、卜腹疼痛、瘫痪有良好的防治效果。

2. 合谷穴

合谷穴是"手阳明大肠经"的一个重要穴位，位于手背面第一、二掌骨之间，近第二掌骨桡侧，也可以用另一只手的拇指第一个关节横纹正对虎口边，拇指屈曲按下，指尖所指处就是合谷穴。经常按压该穴位可以保持牙齿健康，减少口腔疾病

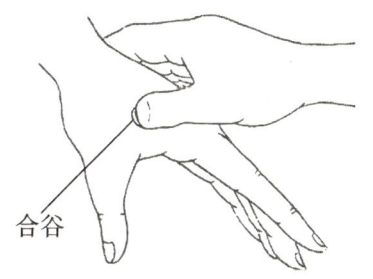

合谷穴取穴方法

的发生。另外，凡是头上面的疾病，像头疼、面瘫、发热、口干、流鼻血、脖子肿和其他五官科疾病都有效果。所以古人有"面口合谷收"的说法。

3. 内关穴

内关为"足厥阴心包经"要穴，位于手腕正中，手腕横纹向上量2寸约三横指（三个手指并拢的宽度）处，在两筋之间取穴。经常指压内关穴，顺逆时针按摩18圈，同时辅之以呼吸，一边用口念笑，能把体内浊气、病气、烦恼排出去。对心脏和肺脏疾病有相当的效果，特别是对心律不齐的病人和心动过速的病人有奇效。此外还主治高血压、癫痫、哮喘、胃痛、恶心、呕吐等。

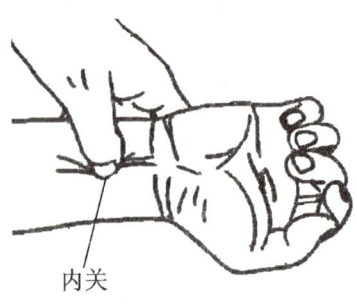

内关穴取穴方法

足三里、合谷、内关为历代医家强身治病之三大要穴。近年来，我国学者发现，对此三穴进行按压，对全身的神经、肌肉、组织、器官可起到显著的兴奋作用，有病则治病，无病则强身，其效果为任何一种体育运动都无法比拟。具体方法是每天定时用大拇指或中指分别按压足三里、合谷、内关穴一次，每穴每次按压5分钟，每分钟按压15~20次。

按摩脚心——脚可谓第二心脏，常搓涌泉保平安

人的脚有26块骨，19块肌肉，33个关节，50多条韧带，50多万条血管，4万多个汗腺……故科学家把脚掌称为人的"第二心脏"。

祖国医学认为：脚部乃"三阴交之始，三阳交之终"，脚上的60多个穴位与五脏六腑的12条经脉有着密切的联系，布满了相关全身器官的反射区。但由于脚部离心脏甚远，抵抗力低下，是人体的主要薄弱环节，容易遭受寒湿邪气的侵袭，可见人体健康与否，和脚部健康关系极大，所以脚部的保健就比其他部位显得尤为重要。

人体健康与否，在于脚健。健脚益体，当首推热搓涌泉穴（屈趾时脚心凹陷

处）。涌泉穴是"足少阴肾经"的起点，按摩这个穴位，有滋阴补肾、颐养五脏六腑的作用。针灸经典文献《灵枢·本输》说："涌泉属足少阴肾经"，"肾出于涌泉"。意思是说，肾经之经气犹如水井中泉水一样，将从这里源源不断地涌出，长久不断，经常以热水泡脚后搓此穴，可以温补肾经，益精填髓，舒筋活络，平衡阴阳，排泄体内毒素杂物；既可以促进下肢血液循环，御寒暖体，缓解肌肉紧张，消除各种疲劳，又可以舒肝明目，清肺理气，祛风湿，助消化，通大便，止泻痢；同时，还能治疗头顶痛、肾炎、性功能衰退、失眠、高血压、冠心病、心悸、咽喉肿痛等几十种疾病。经常按摩脚心，还能防止腿脚麻木，行动无力，脚心凉冷等现象。因此，涌泉穴又有"健身之穴"之誉称。北宋大文学家苏东坡年逾花甲仍然精力旺盛，其重要原因之一是他坚持按摩脚心。

按摩脚心时，还要多动脚趾。传统医学认为，大脚趾是肝、肺两经的通路。多活动大脚趾，可舒肝健脾，增进食欲，对肝脾肿大也有辅助疗效。第四趾属胆经，按摩可防便秘、肋骨痛。常按摩脚心、脚趾，对神经衰弱、顽固性膝踝关节麻木痉挛、肾虚、腰酸腿软、失眠、慢性支气管炎、周期性偏头痛、肾功能紊乱等都有一定的疗效或辅助治疗作用。

按摩脚心的手法要正确，否则达不到祛病健身的目的。每晚用热水洗脚后坐在床边，将腿屈膝抬起，放在另一条腿上，脚心歪向内侧，按摩左脚心时用右手，按摩右脚心时用左手，转圈按摩，直到局部发红发热为止。

古代养生家方开的延年九转法

延年九转法是一种转摩脘腹为主的动功。本功法由清初方开所编授，后由叶至诜收辑在《颐身集》中。该功法有理气宽中、和胃降逆、健脾润肠等作用。防治胃脘不舒、腹胀嗳气、纳谷不香、大便不畅等。

方开，清代安徽新安（歙县）人，是康雍年间著名养生家，他创编的"延年九转法"，对保养身心、消除疾病有奇效。据雍正年间长白人颜伟记载：颜伟因身体瘦弱请方开治病，亲见方老年近百岁，声若洪钟，身高七尺，童颜鹤发，力大无穷，行走如飞。方开向他传授了"延年九转法"，颜伟坚持练功常年不间断，身体也一天天好起来。亲友们都说此功有奇效,于是"延年九转法"在民间广为流传。

1. 功法

第一节　用两手中三指(食指、中指、无名指)按心窝(剑突下),由左向右顺时针旋转摩动21次。

第二节　用两手中三指,由心窝顺摩旋转而下,一边摩一边移动,至脐下高骨(耻骨联合)为止。

第三节　用两手中三指,由高骨处向两边分摩而上,一边摩一边移动,至心窝,两手交接为度。

第四节　用两手中三指,由心窝向下,直推摩至高骨21次。

第五节　以脐为中心,用右手由左下向右上,绕摩脐腹21次。

第六节　以脐为中心,用左手由右下向左上,绕摩脐腹21次。

第七节　以左手叉腰,大指向前,四指托后,轻轻捏定;以右手中三指,自左乳下直推至腿夹(大腿根)21次。

第八节　以右手叉腰,大指向前,四指托后,轻轻捏定;以左手中三指,自右乳下直推至腿夹21次。

第九节　自然盘坐,两手握固,分按两膝上,两足趾稍收曲。将上身自左前转向右后旋转21次。然后再自右向前转向左后旋转21次。摇身时可以逐渐将身向前后倾出,即向前摇时,可将胸肩摇出膝前,以至摇伏膝上;向后摇时,也尽量后仰。

2. 功效、适应症

本法有理气宽中、和胃降逆、健脾润肠的作用,简便易学,动作柔缓,锻炼时不受时间、场地等限制,也无任何偏差之弊。特别适宜于一些消化系统疾病,诸如胃下垂、胃炎、胃神经功能紊乱、习惯性便秘、慢性结肠炎以及肺结核、高血压、神经衰弱、慢性肝炎等患者。常练此功,还有助于治疗遗尿、尿潴留等,对于女子痛经、月经不调亦有一定的辅助治疗作用。

3. 注意事项

（1）练功前一般要求解开衣裤，以直接揉摩为宜。姿势第一至第八节，以正身仰卧为主，或自然站式。

（2）预备姿势，首先应全身放松，集中思想，调匀呼吸，舌抵上腭，意守丹田，然后按顺序进行操作。

（3）揉腹时必须凝神静虑，动作和缓均匀，摇转上身时不可过快过急，切忌闭气着力。练功后应自感轻松舒适、无疲劳感为度。

（4）练习期间，由于胃肠蠕动增强等生理功能的变化，常会出现腹内作响（肠鸣音）、嗳气、腹中温热或易饥饿等现象，这属正常反应，可顺其自然，无须作任何处理。

（5）依次做完前八节为1度，每次可做2~3度，最后以第九节摇身收功。

初练功者早晚各做一次，三个月后改每日一次，不可间断，只要持之以恒，必见成效。

（6）凡腹内患有恶性肿瘤、内脏出血、腹壁感染及妇女妊娠期间均不宜练此功。

健康之"三脖"养生术

人体的腕、踝、颈，俗称手脖、脚脖、脖子，这三个部位，简称为三脖。根据中医经络学，三脖部位囊括了人体二十条经络中的十八条，而且穴位众多。

三脖健康按摩区分别位于腕横纹上、内外踝上、第七颈椎上四横指宽的环形带。在三脖健康按摩区运用传统的推、拿、搓、揉等手法，先轻后重进行自我保健按摩，每日每区各按摩5~10分钟，大多一个月即见成效。

一般健身强体三脖都要按摩，治疗疾病则各有侧重。心、肺、大肠、小肠之病重点按摩手脖；胃、胆、膀胱、脾、肾之病以按摩脚脖为主；头、胸、腹、四肢之病则重点按摩脖子。

热敷保健法

热敷属中医外治法之一,方法是用毛巾或净布浸热水或药液后,轻轻绞去水,覆于患处,治疗对寒湿聚集、气滞血淤引起的疼痛等有较好疗效。老年人常用头部热敷,还能起到防病保健的效果。

热敷法主要有以下几种功效:

1. 护眼

将毛巾放入稍烫手的热水中,浸透折叠。然后将其放在合闭的双眼上,双手在毛巾上轻柔地揉眼。待毛巾稍冷后,要用热水重浸再次热敷摩揉。每次做时保持呼吸自然,心情放松,每次可做3~5遍,每天1~2次,能起到消除疲乏、保护视力的作用,对预防老花眼、近视也有效果。

2. 聪耳

用热水(手能耐受为度)浸透过的毛巾掩盖在耳上,每次两耳交替重复做3~5遍,每天1~2次,能增加耳部的气血流量,可预防耳部疾病及老年人常见的耳聋。

3. 健脑

将热毛巾(方法同上)放于脑后枕骨左右两侧,俗称"脑后门",每次进行4~8遍,每天1~2次,可起到健脑作用,提高反应力和思维能力,对老年人常见的头晕、高血压等有一定防治效果。

热敷时温度不宜过高,以面部或手部能耐受为度。热敷法需长期进行,少则3个月,多则1年方能取得满意效果。

图书在版编目（CIP）数据

老师早，身体好 / 孙建光等主编 . -- 青岛：青岛出版社，2018.6
ISBN 978-7-5552-7110-9

Ⅰ . ①老… Ⅱ . ①孙… Ⅲ . ①教师—保健—基本知识 Ⅳ . ① G478.2

中国版本图书馆 CIP 数据核字（2018）第 119057 号

书　　　名	老师早，身体好
主　　编	孙建光
副 主 编	邵　红　高　鹏　孙习东
编　　委	安　宁　王　镇　林　孜　刘秉栋　赵　灿　刘　薇
	郑　磊　张新芳　林小亮　张明弘　陈进雪　徐　斌
	张凌云　李　娟　于　洋　刘长森　苏延青　徐天佑
	崔修英　刘安鲁　张庆伟　刘　彬　于　瑾　陈亚莉
	张宪桐　杜广芝　王秋华　张红吉
出版发行	青岛出版社
社　　址	青岛市海尔路182号（266061）
本社网址	http://www.qdpub.com
邮购电话	13335059110　0532-68068026（兼传真）85814750
责任编辑	傅　刚　E-mail:qdpubjk@163.com
封面设计	刘　欣
照　　排	青岛新华印刷有限公司
印　　刷	青岛新华印刷有限公司
出版日期	2018年6月第1版　2018年9月第3次印刷
开　　本	16开（710mm×1000mm）
印　　张	16.5
字　　数	200千
印　　数	20001-35000册
书　　号	ISBN 978-7-5552-7110-9
定　　价	45.00元

编校印装质量、盗版监督服务电话：4006532017　0532-68068638
本书建议陈列类别：大众健康